KB117206

테크노 사피엔스

테크노 사피엔스

디지털로 입고, 먹고, 자는 신인류

이재형 최화준 김선무 류성일 변형균 윤대명 윤준희
이정찬 이휘재 최성민 허주연 외 공저 | 김진우 감수

중앙books

감수의 글

2030년 디지털 신인류 테크노 사피엔스는 무엇을 입고 먹으며 무엇에 열광할까?

"미래 소비자들은 앞으로 무엇을 입고 먹으며 무엇에 열광할까? 그리고 어떻게 하면 하루가 다르게 발전하는 신기술을 기존 비즈니스에 효과적으로 적용할 수 있을까?"

이 책은 이러한 질문에 대한 답을 하기 위해 시작되었다. 2030년 최첨단 디지털 신기술에 둘러싸여 매 순간 숨쉬듯 자연스레 기술을 사용하게 될 인류는 '테크노 사피엔스'로서 살아갈 것이다. 이 책은 디지털 신인류 테크노 사피엔스의 일상 영역을 푸드, 패션, 주거·라이프, 경제·금융, 교육, 헬스케어, 엔터테인먼트, 교통, 개인·사회, 종교, 환경으로 구분해 살펴본다. 이 11가지 영역은 각각 우리 삶에서 중요한 비중을 차지하고 있으며 인류의 전반적인 삶의 질과 직·간접적으로 연결되어 있다.

이 책을 통해 각 영역별로 현재 우리 주위에서 일어나고 있는 신기술로 인한 변화를 알아보고, 이를 단서로 앞으로 우리에게 다가올 새로운 미래 모습에 대해 구체적으로 알아본다. 또한 각 영역에서 변하지 않는 가치는 무엇인지, 그 가치와 신기술을 접목하기 위해서는 어떤 준비와 노력이 필요한지도 살펴본다.

1장에서는 '푸드'에 대해서 다룬다. 신기술은 식문화를 어떤 모습으로 변화시킬까? 비록 고기는 1g도 들어가 있지 않지만 육즙이 철철 넘치는 버거를 먹으려면 우리는 어떤 준비를 해야 할까? 맛있는 것을 좋은 사람들과 함께 먹고 건강해지고 싶다는 인류의 근원적 욕망은 미래에도 계속될 것이다. 앞으로 10년 안에 음식의 미래는 신기술을 통해 조리법이 좀 더 간편해지고, 개개인의 특성에 맞는 식단과 취향에 맞는 맛을 제공하는 동시에 환경을 해치지 않는 쪽으로 발전되어 갈 것이다.

2장에서는 '패션'에 대해서 다룬다. 영화 '스파이더맨'에 나오는 슈트처럼 자신의 능력을 증강시키면서도 자신의 개성을 드러내는 옷을 입기 위해서 우리는 어떤 노력을 기울여야 할까? 외부 환경으로부터 자신을 보호하고 자신의 개성을 표출하고자 하는 의류 본연의 가치는 미래 기술을 만나 초개인화될 것이다. 이에 따라 옷을 입는 사람들에 대한 데이터 수집과 관리는 보다 고도화될 것이다.

3장에서는 '주거&라이프'에 대해서 다룬다. 영화 '아이언 맨'에 나오는 토니 스타크의 집과 같은 주거 공간을 대중화하기 위해 우리는 어떤 노력을 기울여야 할까? 심적·육체적으로 편하게 쉴 수 있는 공간, 집이 가진 쉼터의 가치가 미래 기술과 만나 거주자의 취향에 딱 맞으면서도 효율적인 주거 비용으로 건강까지 살펴주는 스마트홈으로 발전될 것이다.

4장에서는 '경제&금융'에 대해서 다룬다. 비트코인과 공유 플랫폼을 통해서 좀 더 윤택한 삶을 살 수 있는 시대를 맞이하기 위해 우리는 어떤 준비를 해야 할까? 희소한 자원을 효과적으로 활용해 부를 창출하고자 하는 바람은 미래 기술과 만나 현금이나 은행 대신 공유경제 플랫폼과 데이터 기업이 큰 역할을 담당하게 되는 금융 환경으로 변모할 것이다.

5장에서는 '교육'에 대해서 다룬다. 영화 '죽은 시인의 사회'에 나오는 키팅 선생님 같은 로봇이 우리의 일상생활에서 학생들을 수시로 코칭해 주는 시대가 올 것이다. 그런 시대를 맞이할 우리는 어떤 준비를 해야 할까? '의미'와 '재미'라는 교육의 불변 가치가 미래 기술을 만나면 미네르바 스쿨이나 에콜42와 같은 새로운 교육기관이 나올 것이다.

6장에서는 '헬스&케어'에 대해서 다룬다. 개인의 건강 및 유전자 정보가 효과적으로 수집·관리되고, 이를 통해서 각 개인의 건강 관리를 체계적으로 지원하는 서비스를 제공하기 위해서 기업은 어떤 준비를 해야 할까? 아프지 않고 건강하게 여생을 보내고자 하는 인류의 바람은 미래 기술을 만나 새로운 차원의 의료 건강 서비스를 만들어 낼 수 있을 것이다.

7장에서는 '엔터테인먼트'에 대해서 다룬다. 영화 '라이온킹'의 제작진들이 경험했던 가상현실 공간에서 티몬과 품바와 함께 거대한 초원을 뛰어 다닐 수 있는 세상을 맞이하며 우리는 무엇을 준비해야 할까? VR을 필두로 작은 공간 안에서 상상하는 모든 것이 이루어지는 유토피아를 경험할 수 있게 될 것이다.

8장에서는 '교통'에 대해서 다룬다. 과학 상상화에 단골로 등장하는 하늘을 나는 자동차가 현실화되기 위해 우리는 어떤 준비를 해야 할까? 자유로운 이동이라는 가치는 미래 기술과 만나 자율주행과 공유경제라는 2개의 큰 흐름을 가지게 된다. 종래의 자가용 개념을 떠나서 미래는 이동 서비스를 제공하는 방향으로 발전될 것이다.

9장에서는 '개인&사회'에 대해서 다룬다. 소니의 '아이로봇'이나 '지보' 같은 가정용 로봇 펫부터 시작해 인공지능 로봇 '소피아'와 같은 새로운 가족이 어느 날 우리 집에 온다면 우리는 어떤 변화를 준비해야 할까? 사랑과 신뢰를 기반으로 긍정적인 인간관계를 구축하는 가정의 고유 가치는 미래 기술과 만나 새로운 가족 구성원을 만들어 낼 것이다.

10장에서는 '종교'에 대해서 다룬다. 전지전능한 로봇이 신의 자리를 넘본다면 우리는 어떤 자세로 종교를 마주해야 할까? 불완전한 현실에서 보다 나은 삶을 향유하고자 하는 인간의 염원은 미래 기술과 만나 영화 '인류멸망보고서'에 나오는 것처럼 인공지능 승려와 신부를 만들어 낼 것이다. 앞으로는 종교적 의미를 좀 더 구체적인 모습으로 제공하는 인공지능 제품이나 서비스를 필요로 하는 시대가 올 것이다.

11장에서는 '환경'에 대해서 다룬다. 물을 사먹듯 공기를 사먹는 시대가 온다면 우리는 어떤 준비를 해야 할까? 좀 더 윤택한 삶을 누리고자 하는 인간의 욕망으로 인해 환경적으로 너무 큰 희생을 치렀다. 이제는 자연과 환경의 질서가 유지되는 선에서 지속 가능한 기술 개발이 이루어져야 할 것이다.

이 책은 '변화하지 않는 가치'라는 시각에서 시시각각으로 '변화하는 기술'을 바라본다. 인간이 가진 가치와 변화하는 기술 사이의 접점을 찾아내 현대 세상을 사는 우리들에게 새로운 인사이트를 제공하고자 한다. 수없이 쏟아지는 새로운 기술이 우리 생활에 미치는 영향을 균형 잡힌 시각으로 바라보고자 하는 독자들, 이를 활용하고자 하는 기업, 그리고 정부 및 연구기관에게 이 책이 조금이나마 도움이 되기를 기원한다.

연세대학교 대학원 기술경영학협동과정

주임교수 김진우

서문

테크노맹이 되지 않기 위한 노력

2030년이 되면 4차 산업혁명 시대에 각광받고 있는 기술들(IoT, 빅데이터, 클라우드, 인공지능, 로봇 등)은 어떠한 모습으로 진화할까? 이러한 기술의 진화로 인해 인류의 삶은 어떻게 달라질까? 기술의 진화가 인류의 삶에 미치는 명明과 암暗은 무엇이며, 시대의 변화에도 불구하고 변치 않는 본질과 가치는 무엇일까? 그렇다면 우리들은 무엇을 준비하고, 어떤 노력을 해야 할까?

이 책은 이러한 흥미로운 질문들에 대한 답을 찾고자 시작되었다. 이러한 질문과 탐색 과정이 중요한 이유는, 앞으로의 기술이 '인류의(of the human), 인류에 의한(by the human), 인류를 위한(for the human) 기술'로 진화해야 하기 때문이다. 4차 산업혁명뿐 아니라 다가올 2030년에도 기술은 '기술' 자체가 아니라, '인간 중심의 기술'로서 자리해야 그 진가를 제대로 인정받게 될 것이다.

따라서 이 책에서는 인간 중심의 관점에서 기술의 진화와 인류의 삶의 변화를 조망하고, 변하지 않는 본질과 가치를 탐구하고자 한다. 기술에 대해 잘 모르는 사람들도 이 책을 읽고 나면 기술의 발전으로 삶이 어떻게 변화하는지 파악할 수 있도록 하는 데 중점을 두었으며, 전문적인 이론에 대해 다루기보다 다양한 사례 중심으로 최대한 쉽고 재미있게 전개하고자 노력했다.

또한 개인에게는 발전된 기술을 받아들이고 변화하는 사회에 적응할 수 있도록, 기업에게는 기술과 경영을 접목해 우리 삶에 필요한 새로운 인사이트와 비즈니스 가치를 창출할 수 있도록 나름의 성공 전략과 가이드라인을 제시했다.

이 책의 집필진은 현재 연세대학교 대학원에서 기술경영MOT, Management Of Technology을 공부하고 있는 박사 및 석사들이다. '기술경영'은 기술을 전략적으로 활용함으로써 새로운 사업 기회를 창출하고 혁신적 제품을 고안하는 등 공학과 경영학을 통합한 개념이며, 기업의 입장에서 첨단 기술을 이용하여 어떻게 새로운 비즈니스 가치를 창출할 것인지를 고민하는 분야다.

4차 산업혁명이 누구에게나 익숙한 단어가 되었지만, 이를 일상에서 체감하는 사람들은 많지 않다. 나날이 발전하는 기술과 일상생활의 간극을 좁히기 위해 이 책을 썼다. 기술 자체는 잘 몰라도 되지만, 기술이 우리의 삶을 이롭게 하려면 어떤 분야에서, 어떻게 활용하면 좋은지 알 필요가 있다. 또 어떤 부작용이 생길 수 있는지, 방지책은 무엇인지도 알아야 한다. 그렇지 않으면 '컴맹(컴퓨터 문맹: 컴퓨터를 잘 다루지 못하는 사람들을 낮추어 부르는 말)'처럼, '테크노맹(기술과 기술의 활용을 잘 이해하지 못하는 사람들을 낮추어 부르는 말 – 대표 저자의 정의)'이 될 것이다.

17명의 저자가 공동으로 집필하는 과정이 쉽지만은 않았지만 김진우 주임교수님께서 잘 이끌어주시고 모든 집필진이 적극적으로 참여한 덕분에 세상에 선보일 수 있게 되었다. 본 책을 집필할 수 있도록 적극 후원해 주신 연세대학교 대학원 기술경영학협동과정과 김진우 주임교수님, 그리고 연세대 미래융합연구원 디지털 트랜스포메이션 기술경영연구센터(DT기술경영연구센터)와 책임자이신 이정훈 교수님께 감사의 인사를 드린다. 마지막으로, 기술이 인류의 번영과 더 나은 세상을 구현하는 강력한 엔진이 되길 희망하며, 이 책을 읽는 독자분들께 감사의 인사를 드린다.

대표 저자

이재형

차례

9장 로봇과 사랑에 빠질 수 있을까? : 개인&사회

10장 기술이 신의 영역을 대체할 수 있을까? : 종교

11장 오염된 지구, 기술로 다시 살린다 : 환경

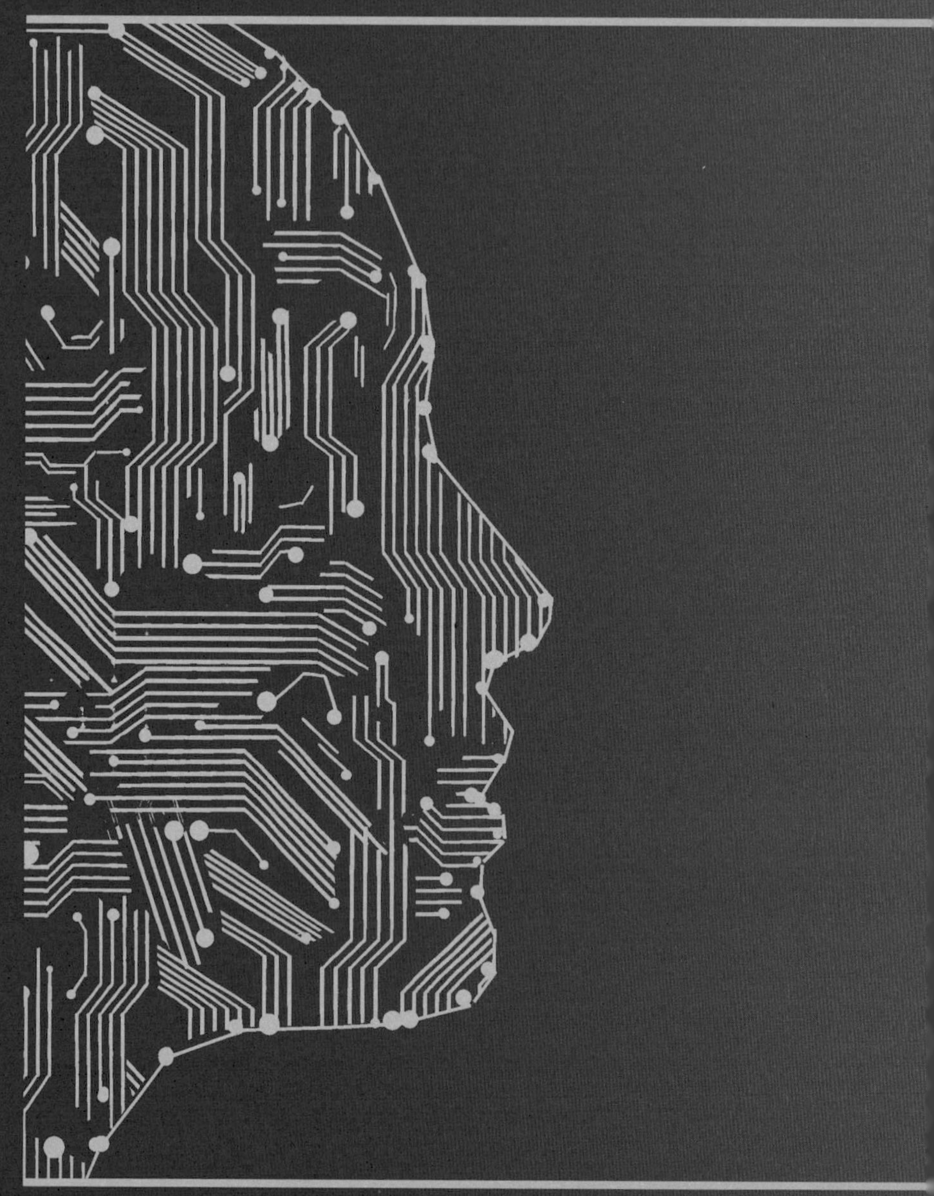

1장

테크노 사피엔스는 무엇을 어떻게 먹을까?

: 푸드

#스마트 키친

#식물성 고기

#클린 미트

#3D 음식 프린팅

#음식 공유 서비스

#유전체 맞춤 식단

FOOD

01

식탁 혁명의 시작, 푸드테크

"당신이 먹은 것이 무엇인지 말하라. 그러면 당신이 어떤 사람인지 알려주겠다(Tell me what you eat and I shall tell you what you are)."

미식가로 잘 알려진 프랑스 변호사 앙텔름 브리야사바랭Anthelme Brillat-Savarin이 『미각의 생리학The Physiology of Taste』에서 한 말이다. 어떤 음식을 먹는지를 보면 그 사람의 정체성identity을 더 잘 이해할 수 있다는 말이다. 음식은 지리, 기후, 역사, 종교 등 사회 문화를 형성하는 모든 요소를 포괄하기 때문이다.

어떤 음식을 먹는다는 행위에는 무엇을 음식으로 선택하는지에 대한 특유의 문화적 배경과 그 먹거리가 생산되는 과정뿐만 아니라 그것을 소비하는 방식까지 포함되어 있다. 따라서 음식에 대해 이야기한다는 것은 음식의 종류와 맛을 넘어 총체적인 것을 의미한다.

이처럼 복합적인 의미를 가진 음식에 ICT정보통신기술가 접목되어 푸드테크Food-Tech라는 영역이 만들어졌다. 푸드테크란 식품Food에 ICT를 융합해 새로운 음식뿐만 아니라 음식과 연관된 산업에 새로운 부가가치를 창출하는 것을 뜻한다.

인공고기처럼 신기술과 재료를 기반으로 새로운 식품을 만드는 것뿐만 아니라 이미 국내에도 활성화된 배달앱 및 요리하는 로봇의 개발 등 푸드테크의 범위는 지속적으로 확대되고 있다. 정보기술이 인간의 모든 분야를 재편하고 있는 가운데, 음식 영역도 푸드테크란 이름으로 급격한 변화가 진행되고 있는 것이다.

식문화를 발전시키는 편의 욕구

푸드테크는 인간 생활의 핵심인 식품을 보다 편리하면서도 효율적으로 소비하고자 하는 욕구에서 출발한다. 사실 푸드테크의 역사는 식품의 역사와 함께해 왔다. 예를 들어, 영국의 피터 듀랜드Peter Durand란 상인이 1810년에 발명한 통조림, 프랑스의 생화학자 루이 파스퇴르Louis Pasteur가 1864년에 개발한 저온살균법 등이 대표적인 사례다. 식품의 생산과 보관, 유통 및 판매와 관련된 분야에서 지속적으로 기술 발전이 있었던 것이다.

최근 푸드테크는 4차 산업혁명의 핵심인 빅데이터, 인공지능 및 ICT와 함께 발전하면서 농산물의 생산, 식품 제조와 관리, 식품 및 식당 검색, 주문과 배달, 소비 등 농업부터 식품 산업의 전 가치사슬value chain을 근본적으로 변화시켰다. 푸드테크로 대표되는 구체적인 사례를 살펴보자.

① 집 앞으로 마트가 온다: 신선식품 배달 서비스

'6AM 도착, 신선한 식탁'. 새벽 배송 서비스를 제공하는 한 마트의 슬로건이다. 전날 저녁에 주문하면 다음 날 아침 집 앞에서 식재료를 받을 수 있다. 이렇듯 인터넷의 확산, 모바일 기기의 대중화와 결제, 배송 등 각종 기술 및 인프라의 발달로 온라인 및 모바일 쇼핑시장은 비약적으로 발전하고 있다. 특히 맞벌이 부부, 1인 가구의 증가 등 인구 구조의 변화는 새로운 식품시장의 성장을 가속화시키고 있다.

가공식품 중심이었던 온라인 식품시장은 신선식품으로까지 그 영역을 확장하고 있다. 통계청이 발표한 신선식품(농축산물) 온라인 거래액 추이를 보면 2000년대 초반 수백억 원에 머물던 규모가 2010년부터 급속하게 성장해 2017년 기준으로 2조 원을 훨씬 넘어섰다.

신선식품은 과일·채소류, 고기류, 해산물류 등 3종류로 분류되며, 변질되기 쉽기 때문에 유통 과정상 철저한 관리를 필요로 한다. 신선식품 배달에서는 생산 시점의 신선도를 최대한 유지한 상태로 저장·유통해 좋은 품질을 소비자에게 전달해야 하기에 가공 처리는 최소화하고 품질은 최대화시키는 것이 중요하다. 이에 냉장·냉동 식품의 신선도 및 품질 유지를 가능하게 하는 콜드체인cold chain 시스템이 더욱 중요해지고 있다.

미국의 아마존 프레시Amazon Fresh, 중국의 허마셴셩, 영국의 오카도OCADO, 독일의 레베REWE, 한국의 마켓컬리Market Kurly와 같은 기업들은 각종 데이터 분석과 알고리즘, 인공지능, 물류 로봇 등 모든 기술을 활용해 고객의 식생활에 어떻게 더 가까이 다가갈지를 치열하게 고민하고 있다.

② 맛집 음식도 집에서 즐긴다: O2O 서비스

최근 벌어지고 있는 푸드테크의 대표적인 사례는 온라인과 오프라인을 연결한 O2O Online to Offline 서비스라고 볼 수 있다. 국내 음식 배달 서비스인 배달의 민족, 요기요, 배달통, 미국의 그럽허브 GrubHub, 중국의 어러머, 독일의 딜리버리히어로 Delivery Hero가 바로 O2O 서비스를 제공하는 기업이다. 딜리버리히어로는 유럽, 중동, 중남미, 아시아 등 세계 40여 개국에서 음식 배달 서비스를 운영 중인 글로벌 회사로, 2019년 12월에 배달의 민족 운영사인 우아한 형제들을 인수했다.

O2O 서비스는 배달앱을 통해 제품 및 서비스를 제공하는 업체를 확인하고, 주문, 결제, 도착의 전 과정에 대한 서비스를 제공한다. 사용자가 자신의 거주 지역에 어떤 음식점이 있는지, 음식점 메뉴는 무엇인지를 상세히 확인할 수 있고, 대화를 하지 않고도 원하는 음식을 배달해 먹을 수 있다는 점이 배달앱의 지속적인 인기 요인이다.

바야흐로 로봇의 시대다. 제조 기업들은 기업의 경쟁력을 확보하고자 조립, 용접, 포장, 검사 과정에 로봇을 도입한 스마트 팩토리를 운영하고 있다. 이러한 산업용 로봇의 확산과 더불어 가정이나 공항, 호텔 등에서 청소 로봇, 안내 로봇 등 서비스 로봇도 등장하고 있다.

푸드 로봇의 등장

최근 식품 업계에 일손을 감소시켜주는 '푸드 로봇'이 도입되고 있다. 식당에 들어서면 로봇이 요리하고 서빙까지 하는, SF 영화에서나 볼 법한 장면들이 이제 조금씩 현실이 되고 있다. 국내에서도 로봇 바리스타가 이미 상용화됐고, 카페와 자판기의 중간 형태로 고객들에게 편리함을 제공하고 있다.

미국 보스턴에서 영업 중인 로봇 식당 스파이스SPYCE는 미슐랭 스타급 요리사와 함께 개발한 레시피대로 로봇이 요리를 하는데, 7대의 로봇이 1시간에 200인분의 요리를 완성한다. 푸드 로봇은 인간과 달리 고된 노동을 두려워 하지 않기 때문에, 무인화를 통한 인건비 절감은 기본이고 일정한 품질의 음식을 짧은 시간에 많은 사람에게 제공할 수 있다는 장점을 가진다. 다관절 로봇Articulated, 스카라 로봇SCARA, 병렬 로봇Parallel, 원통 좌표 로봇Cylindrical 등 다양한 형태의 푸드 로봇들이 요리 현장의 상황에 맞춰 지속적으로 시장에 진출하고 있다.

나만을 위한 특별한 셰프, 스마트 키친

첨단 정보기술을 접목해 훨씬 편리하게 요리할 수 있는 환경을 만드는 스마트 키친도 푸드테크의 하나다. 최근 인공지능과 같은 첨단 기술을

>> 로봇 레스토랑 '스파이스'　　(출처:spyce.com)

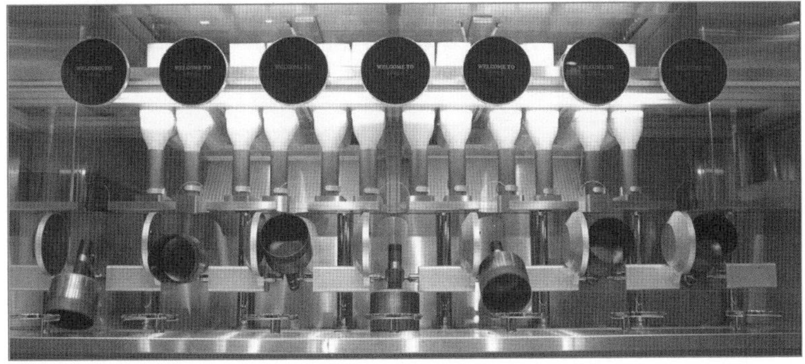

탑재해 삶을 편리하게 만드는 가전제품이 많이 나오고 주방 가전이 발전하면서 관련 시장 규모가 빠르게 확대되고 있다.

가장 익숙한 것은 냉장고 내부에 카메라를 달아 어떤 재료가 남아 있는지 스마트폰을 통해 알려주는 기능, 식재료가 떨어지면 쇼핑할 수 있도록 쇼핑 서비스로도 이어지는 기능이다. 또한 오븐에 음식을 넣으면 오븐 안에 내장된 카메라가 음식을 인식해 완벽한 상태로 조리해 주는 기능, 도마 위에 식재료를 올려놓으면 카메라가 감지해 바로 칼로리·성분 등 여러 영양소 데이터를 측정하고, 그 결과를 스마트폰과 태블릿PC에서 확인할 수 있는 기능 등이 있다. 각종 사물인터넷 기술이 주방 안으로 들어오고 있는 것인데, 이렇게 수집한 정보를 토대로 냉장고에 남아 있는 식재료가 들어간 요리를 추천하면서 메뉴에 대한 고민까지도 해결해줄 수 있다.

영국의 몰리 로보틱스Moley Robotics라는 기업은 세계 최초로 '로봇 주방robotic kitchen'을 개발했는데, 5개의 손가락을 가진 양팔 로봇이 부엌에서 요리를 만들어 준다. 이 로봇은 요리사의 레시피를 재현할 수 있는 '셰프 로봇'으로, 사용자가 원하는 메뉴를 선택한 후 재료만 준비해 두면 자동으로 음식을 만든다. 특히 요리사가 음식을 조리하는 모습을 녹화한 후 분석하여 그 동작을 재현할 수도 있다. 요리사의 섬세한 칼질과 손동작을 따라 하면서 유명 요리사의 음식 맛을 완벽하게 구현해낸다.

음식은 정치, 경제, 사회 등 여러 요인이 복합적으로 어우러진 문화의 정수다. 또한 식문화는 변화에 대한 보수성이 다른 분야에 비해 견고해서 한 번 만들어진 방식이 쉽게 바뀌지 않는 분야다. 이러한 측면에서 대부분 10년 내 식문화의 급진적인 변화를 예상하기보다는 식문화를 구성하고 있는 파트가 점차 자동화·스마트화될 것으로 예측한다.

지금부터 음식 소비와 관련된 소비자 여정에서 변화를 일으키는 기술과 예상되는 미래 이슈를 알아보자.

>> 음식 소비자 여정과 기술·미래 이슈

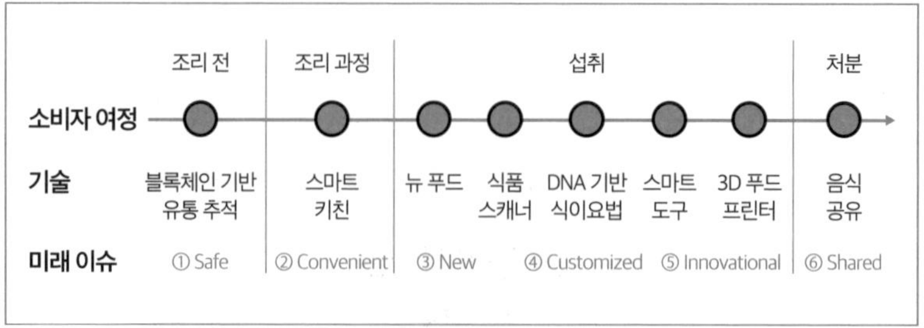

투명하고 스마트해진 소비 프로세스 6

① Safe: 음식이 식탁에 오르기까지의 과정을 한눈에

사람들은 내가 먹는 음식이 어디에서 어떻게 만들어졌고, 어떤 과정을 거쳐 내 식탁에 올라왔는지 정확하게 알고 싶어 한다. 우리나라의 경우, 특히 후쿠시마 원전 사고 이후, 방사능 오염으로부터 안전한 먹거리에 대한 소비자의 관심이 계속 늘어나고 있다.

ICT 기술을 사용하면 각종 식재료의 재배와 사육, 수확과 도축 등 농축산물 유통 과정의 모든 정보를 소비자가 투명하게 알 수 있게 된다. 예를 들어 농축수산물 관리에 블록체인blockchain 기술을 사용할 경우, 어떤 문제가 발생했을 때 문제의 원인을 찾는 시간이 단 몇 분으로 줄어들게 된다. 이러한 기술이 상용화된다면 생산에서 유통까지의 과정이 투명하게 공개되어 소비자가 음식을 안심하고 먹을 수 있게 된다. 또한 안전성 측면에서 논란이 되고 있는 GMO유전자 변형 식품의 유통 전반에 대해서도 투명하게 알 수 있기 때문에 'GMO 완전표시제'가 시행되지 않더라도 GMO 식품 여부를 알 수 있을 것이다.

② Convenient: 효율적인 주방 관리가 가능한 스마트 키친

과거에는 미래 주방을 어떤 모습으로 상상했을까? 냉장고에 부착된 스크린을 통해 구비된 식재료를 파악하고, 그 재료들로 만들 수 있는 음식의 레시피를 추천받으며, 필요한 식자재를 알아서 주문하고, 로봇이 설거지를 하는 것 등을 상상했을 것이다.

이는 현재 상당 부분 실현되고 있다. 이케아IKEA는 2015년 이탈리아 밀라노에서 개최된 '디자인 위크Design Week'에서 '콘셉트 키친concept kitchen 2025'를 공개했다. 이케아가 선보인 '키친 테이블'은 식재료를 테이블에 올려 놓으면 카메라가 그것이 무엇인지 인식하고 조리법, 요리 지침, 타이머를 표면에 직접 투영한다. 테이블 이면에는 코일이 내장되어 테이블에 조리 도구를 올려놓으면 바로 요리를 할 수도 있다. 이는 요리에 미숙한 소비자들에게 유용한 시스템이 될 것이다. 또한 온도 및 습도를 자동으로 조절하는 스마트 수납용기가 개발되면 유통기한이 지나거나 상해서 버려지는 음식을 크게 줄일 수 있다.

③ New: 뉴 푸드, 식물성 고기와 클린 미트

향후 10년간 식품 업계에서 예상되는 가장 큰 변화 중 하나는 사람들의 육식 행태에 있을 것이다. 2018년 기준 전 세계 인구는 76억 명이며, 2050년에는 100억 명에 육박할 것으로 예상된다. 문제는 소, 돼지 등의 육류가 전 세계 식량 소비의 50%에 가까운 상황에서 증가하는 세계 육류 수요를 충족시키기 어렵다는 점이다. 또한 환경오염 등의 문제점을 가지고 있어 지속 가능한 육류 시스템으로 변화시켜야 하는 엄청난 도전에 직면해 있다.

게다가 지구 온난화와 도시 확장으로 경작 가능한 토지가 줄어들고 있는 상황에서 육류 증대를 위한 사료를 생산하기 위해 땅을 지속적으로 확대하는 것도 어렵다. 또한 가축 전염병을 피하기 위해 항생제를 사용하는 것이 사람의 항생제 내성을 유발하여 건강에 큰 위험을 초래할 것이라는 우려도 많다.

상황이 이렇다 보니 앞으로 산업화된 대규모 축산업을 필요악으로 여기는 소비자들이 증가할 수밖에 없다. 따라서 여러 기업은 기존의 육류 생산을 더욱 최적화하는 대신, 재래식 육류를 대체하기 위한 새로운 식품, '뉴 푸드new food' 개발에 노력을 집중하고 있다. 가장 대표적인 것이 식물성 재료를 활용해 소, 돼지, 닭고기를 대체하는 '인공 고기' 개발 산업이다.

인공 고기는 크게 2가지로 구분된다. 첫째는 식물성 고기vegan meat다. 식물성 고기는 완전히 식물 기반 재료로 만들어지기 때문에 동물성 재료는 필요하지 않다. 대표적으로 '붉은 육즙이 가득한 채식 버거'로 잘 알려진 미국의 '임파서블 푸드Impossible Foods'다. 임파서블 푸드는 2011년 스탠퍼드 대학교 생화학과 교수인 패트릭 브라운Patrick O. Brown이 창업한 대체 육류 회사로, 임파서블 버거를 만드는 데 필요한 토지 면적은 소고기 버거를 만들 때의 5%인 반면, 온실가스 배출량은 기존의 10% 수준이라고 한다.

둘째는 배양된 고기cultured meat다. 클린 미트clean meat, 세포 기반 고기, 또는 도축되지 않은 고기라고도 불리는 이 고기는 기하급수적인 세포 성장을 통해 만들어진 고기로, 최근 몇 년 동안 집중적으로 개발되어 왔다. 이 분야의 첫 스타트업 중 몇몇 업체가 다양한 시제품을 공개했지만, 아직 상업적인 제품은 판매되지 않고 있다.

경영 컨설팅 기업 AT커니AT Kerney는 향후 10년 이내에 전 세계 육류 공급의 약 3분의 1정도가, 2040년에는 60%가 이러한 신기술 기반 고기로 제공될 것이라고 예측했다. 뉴 푸드 기업은 수십억 마리에 이르는 가축의 사육과 도축을 멈출 수 있다. 또한 지구의 환경 개선에 획기적인 역할을 할 수 있어서 향후 발전 가능성이 높다고 판단되어 상당 규모의 펀딩이 지속적으로 이루어지고 있다.

그 밖에 '곤충' '해조류' '인공 생선'도 주요 먹거리로 부상하고 있다. 유엔 식량농업기구의 보고서에 따르면, 곤충은 이미 적어도 20억 명이 소비하고 있다고 한다. 곤충을 먹는다는 생각에 역겨워하는 사람도 있겠지만 곤충에는 지방, 단백질, 비타민, 섬유질, 미네랄 함량이 높다. 게다가 곤충을 먹는 것은 가축을 소비하는 것보다 더 환경친화적이며, 몇몇 곤충은 놀랍게도 우리에게 익숙한 사과, 베이컨, 땅콩 버터, 생선 같은 맛이 난다.

해조류는 작은 녹색 생물이 많은 단백질, 지방, 탄수화물을 생산하므로 좋은 영양분을 공급할 수 있다. 최근의 연구에서 몇몇 종류의 해조류들이 심장 건강을 증진시킬 수 있는 지방산과 오메가3를 많이 함유하고 있다는 것을 발견했다.

인공 고기에 대한 많은 연구가 있듯이 인공 생선에 대한 연구 또한 지속되고 있다. 붉은 녹조로 합성 새우를 만든다든지, 배양된 고기를 제조하는 방법으로 배양된 생선을 만드는 등의 시도가 계속되고 있다.

④ Customized: 개인 맞춤형 식단과 식습관을 교정해 주는 스마트 도구

현재 소비자들은 유통 과정뿐만 아니라 자신이 무엇을 먹고 있는지, 음식에 어떤 물질이 포함되어 있는지 정확히 알지 못한다. 자신이 먹는 음식이 건강에 좋은지 혹은 체질상 소화가 잘 되는지도 모른다. 미국에서는 가족 구성원 3명 중 1명이 식품 알레르기를 가지고 있어 가족 식단에 영향을 미친다고 한다.

>> 식품 스캐너 '텔스펙' (출처: tellspec.com)

이에 대한 해결책은 '식품 스캐너food scanner'에서 나올 수 있다. 텔스펙Tellspec 같은 스마트 기기로 음식을 스캔하면 재료, 열량, 영양소는 물론 화학 물질이나 알레르기 유발 성분의 포함 여부 등의 정보가 연동된 어플에 표시된다.

뿐만 아니라 DNA 유전체 분석에 드는 비용이 저렴해져서 일반 사람들도 쉽게 서비스를 이용할 수 있다면, 각자 어떤 음식을 먹어야 더 생산적이고 건강한지, 어떤 음식을 피해야 하는지 등에 대한 맞춤형 정보를 알 수 있을 것이다. 즉, 모든 사람이 동일한 식단을 따르는 것이 아니라 나에게 맞는 식단을 만들 수 있는 것이다.

이를 가능하게 하는 영역이 DNA 기반 식이요법DNA-based diet과 영양유전체학Nutrigenomics이다. 영양유전체학은 유전체와 영양소 간 상호 작용을 분석하기 위해 대량의 유전자 분석 기술을 영양학에 적용하는 학문이다.

>> 스마트 포크 '하피포크' (출처: facebook.com/hapilabs)

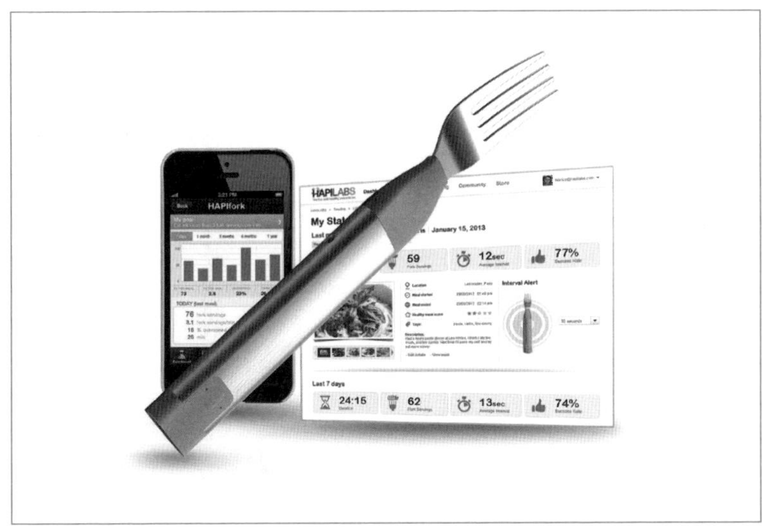

이 학문에 따르면 개인의 유전체적 특성에 따라 주요 영양소와 비타민 등의 미세 영양소를 체내에 흡수하여 작동하는 방식이 상이하다. 따라서 사람마다 필요한 영양소가 다르므로 각자에게 맞는 음식을 먹어야 한다는 것을 강조한다.

이 외에 우리는 스마트 도구smart utensils를 활용해 건강한 식습관을 형성하는 데 도움을 받게 될 것이다. 예를 들어 하피포크Hapifork라는 이름의 스마트 포크는 음식을 천천히 먹으면서 즐기는 법을 가르쳐준다. 음식을 너무 급하게 먹으면 소화가 잘 안 되고 체중 감량에 방해가 된다. 하피포크는 음식 먹는 속도가 빨라지는 경우 경고음이나 진동을 통한 알람으로 사용자가 식사를 적정하게 할 수 있도록 도와준다. 이처럼 스마트 도구가 식습관을 감시하고 추적하여 최종적으로 변화시키는 데 상당한 역할을 할 것으로 예상된다.

⑤ Innovational: 원하는 음식을 즉석에서 제작하는 3D 음식 프린팅

식사 준비나 요리에 소요되는 시간을 단축하는 데 중점을 둔 연구자들은 3D 프린터에 주목하고 있다. 3D 프린팅 기술은 개인의 취향이나 신체적 특성에 맞는 음식과 체내 흡수를 조절하는 음식의 미세 구조까지 만드는 플랫폼이 될 수 있다. 2018 실험생물학 대회Experimental Biology Meeting에서는 "사람들이 3D 프린팅으로 기호나 필요에 따라 혼합해 요리할 수 있는 가루 성분들이 포함된 카트리지를 갖게 될 것"이라고 예측하기도 했다. 3D 음식 프린팅은 체질, 알레르기, 영양 조절, 기호 등을 고려하면서도 다품종 소량생산이 가능한 소비자 맞춤형으로 식품을 만들 수 있다.

수년 전부터 단순한 3D 음식 프린팅 기계가 출시되고 있었지만 가격이 비싸 보급이 쉽지 않았다. 그러나 최근 네덜란드에 3D 음식 프린팅 기술 기반의 전문 레스토랑이 등장하고, 미군은 3D 프린팅을 활용해 병사들에게 맞춤형 영양소와 전투식량 보급을 계획하고 있다고 한다. 또한 일본의 스타트업인 오픈밀스Openmeals는 '8비트 초밥'이라 것을 만들 수 있는 픽셀 푸드 프린터Pixel Food Printer를 출시했다.

⑥ Shared: 음식의 낭비를 줄이는 공유 서비스

영국의 경우 매년 1,000만 톤(약 23조 원 규모)의 음식을 낭비한다는 통계가 있는데, 국가별 음식 낭비를 다 합치면 천문학적인 숫자가 될 것이다. 이 문제는 기술의 도움으로 먹는 방식에 변화를 줌으로써 해결할 수 있다.

실제로 제과점, 슈퍼마켓, 호텔 뷔페, 일반 식당 등 당일에 판매되지 않으면 버려야 하는 재고 식품을 폐점 시간에 맞춰 싼 가격에 판매하고 구입할 수 있도록 연결해 주는 서비스가 있다. 덴마크 스타트업 투굿투고

Too Good To Go는 식당에서 기한을 넘겨 먹지 못하는 음식을 '마감 할인'이란 방식으로 소비자를 연결하는 플랫폼이다. 서비스 사용자는 본인 주변에 위치한 상점 중 식품의 재고가 있다고 등록한 업체에 폐점 직전에 찾아가 상품을 전달받을 수 있다. 2015년 창업 이후 4년 만에 영국·미국 등 15개국으로 확장했다.

전 세계적으로 이러한 음식 공유를 위해 제작된 애플리케이션들이 활성화된다면, 지속 가능한 음식 문화를 만들어 낼 수 있을 것이다.

음식의 변하지 않는 가치

먹는 행위는 어떤 동물이든 마찬가지로 생존을 위한 본능적 행위다. 하지만 인간이 먹는 음식의 종류는 다른 동물과 비교해볼 때 무척이나 다양하다. 또한 불을 사용해 재료를 익히고 섞어 요리해서 먹는 것은 인간만이 가능하다.

식욕은 수면욕, 성욕과 함께 인간의 본능적 욕구로서 음식은 탐욕의 대상이 되어왔다. 도대체 먹는다는 것은 인간에게 어떤 의미인가?

맛있는 음식에 대한 영원한 열망

과거 우리는 21세기가 되면 음식을 먹지 않고 알약 몇 개만으로 필요한 영양을 공급받으며 살 수도 있을 것으로 예상했다. 물론 그 예상은 맞지 않았다. 인터넷에서 맛집을 검색하면 블로그, 광고, 지도에 이르기까지 여러 맛집 관련 정보를 보여주고, 지역명과 맛집은 자동 완성 기능으로 지원할 정도로 사람들이 많이 찾는 단어가 되었다. 그야말로 미식美食의 시대다.

몇 해 전부터 음식 먹는 방송인 '먹방' 열풍이 불었다. 어느 채널을 봐도 맛난 음식을 요리하는 방법을 알려주거나 유명한 맛집을 소개하고, 때로는 과하다 싶을 정도로 오버해서 음식을 맛있게 먹는 모습을 통해 식욕을 자극하는 프로그램을 쉽게 접할 수 있다. 사람은 심리적 혹은 신체적으로 어려운 상황에 처하게 되면 불안과 위협의 심리 상태에서 벗어나기 위해 음식을 찾는 경향이 있는데, 이러한 프로그램의 증가는 우리 사회의 분위기를 잘 반영하는 것으로 보인다.

그렇다면 우리는 왜 끊임없이 맛있는 음식을 갈구하는 걸까? 진화심리학자들은 현대인의 심리적 특성은 수만 년 전 수렵·채집하는 생활에 여전히 적응해 있고, 아직 그 안에 살고 있기 때문이라고 주장한다. 과거에는 먹을 것이 부족하고 칼로리가 높은 음식도 드물었기 때문에 쉽게 손에 넣을 수 있는 과일처럼 달콤한 음식을 발견하면 누가 보기 전에 최대한 빠르게 먹어 치우는 것이 합리적 행동이었을 것이다. 연구에 따르면, 인간이 맛있는 음식을 먹었을 때 뇌 신경 세포의 흥분을 전달하는 도파민 분비가 활발해진다고 한다. 이렇듯 우리는 생존뿐만이 아니라 즐거움과 쾌락을 위해 맛있는 음식을 끊임없이 탐닉한다.

친환경 제품에 대한 인식 확산

우리나라에 신토불이身土不二란 말이 있듯이, 중국에는 약식동원藥食同源, 우의우식寓醫于食이란 말이 있다. '약과 음식은 같은 뿌리고, 병을 고치는 약 또한 먹는 것이니 사람은 먹는 것에 의존할 수밖에 없다'는 뜻으로, 건강한 삶을 위해서는 먹는 것의 중요성을 올바로 알고 건강한 식생활을 해야 한다는 의미로 이해할 수 있다. 사실 많은 현대인은 건강 문제가 과식과 폭식, 건강하지 않은 음식의 섭취 등 먹는 행위의 불안정함에서 온다는 것을 잘 알고 있다.

친환경 음식이 우리 주변 먹거리로 관심을 받기 시작한 것은 오래되지 않았다. 건강식품은 1980~1990년대를 지나 2000년도에 이르자 대중적으로 퍼져가기 시작했다. 음식의 질과 건강에 대해 생각하게 된 것은 고도성장기로 대표되는 산업화 이후 유행한 웰빙식품 바람을 타고 나서다. 육체적, 정신적 건강의 조화를 기반으로 행복한 삶을 추구하는 웰빙well-being에 대한 관심이 커지기 시작하면서 친환경·유기농 제품에 대한 관심이 증가한 것이다.

'친환경'이란 환경과 조화를 이뤄 환경에 이로운 영향을 주고 환경적인 피해는 입히지 않는 것을 말하고, '유기농'은 화학비료 등의 합성 물질을 사용하지 않고 유기물이나 미생물을 이용한 농업 방식을 의미한다. 음식을 둘러싼 각종 사건·사고가 끊이지 않자 더 안전한 먹거리에 대한 관심이 점점 늘어나고 있으며, 소비자들의 의식 또한 높아지고 있다. 또한 식품 하나를 구매할 때도 친환경적 요소가 있는지를 확인하는 사람들이 꾸준히 증가하고 있다. 친환경 식품을 구입하는 것이 온실가스의 대량 배출을 막는 환경친화적 행동이란 인식도 점차 확산되고 있기 때문이다.

음식 소비 행태 변화에 따른 기업의 과제

푸드테크는 식품의 생산, 유통, 소비 시장 전반에 대한 기술 혁신이다. 앞서 소개한 푸드테크의 지향점을 곰곰이 살펴보면, 미래 푸드 시장의 변화는 맛·쾌락, 편리함, 건강·영양, 친환경이라는 인간의 본질적 욕구를 극대화하려는 기업들의 노력이 뒷받침되어야 함을 알 수 있다. 그렇다면 푸드테크의 발전과 그에 따른 음식 소비 행태의 변화에 대한 예측을 기반으로 기업들이 고민해야 할 것들은 무엇일까?

인간의 본질적 욕구의 극대화

① 맛과 쾌락

인간의 욕구 중에서 음식에 대한 욕구가 가장 강력하다. 음식을 먹는 행위에는 쾌락과 즐거움이 있고, 그 정점에는 육식이 있다. 폴 샤피로의

『클린 미트』에 따르면, 1960년 이후 전 세계 인구가 2배 늘어나는 동안 육식의 소비는 5배가 증가했다. 게다가 인도나 중국처럼 인구가 가장 많은 국가들의 경제적 수준이 나아지면서 고기나 유제품 등의 수요가 꾸준히 증가하고 있다. 문제는 고기를 싼 가격에 더 많이 먹고자 발전한 공장 축산이 기후 위기, 토양 오염, 항생제 내성, 가축 전염병과 같은 문제의 원인이 된다는 사실이다.

따라서 기업들은 육식 행태의 변화가 촉발할 육식 시장의 공급망, 생산 시설, 유통 채널 전반의 변환을 폭넓게 조망할 필요가 있다. 한편으로는 새로운 식물성 육류vegan meat 대체와 배양육cultured meat에 관한 광범위한 특허 및 브랜드 포트폴리오가 얼마나 빨리 확산될 수 있는가를 예의주시할 필요가 있다. 특히 식품은 윤리적 측면과 소비자 건강, 웰빙 측면에 초점을 맞추고 있기 때문에 강력한 브랜드 자산 구축의 중요성을 점검해봐야 한다.

② 건강

앞으로는 '개인화된 영양personalized nutrition'이라는 개인형 맞춤 식단을 통해 건강한 식습관 서비스가 활성화될 것으로 예상된다. 따라서 의료, 식재료, 고객과의 생태계를 구축하는 것이 매우 중요해질 것이다. 이러한 측면에서 기업들은 한 번의 판매로 끝내는 것이 아니라 고객과 장기적으로 관계를 맺고, 어떻게 개인화된 영양 서비스를 발전시킬 수 있을 것인가에 대한 질문을 해야 한다. 특히 개별적인 식이요법을 위해 빅데이터를 기반으로 한 가장 적합한 진단 기술은 무엇이며, 이러한 정보를 제품화시키거나 서비스화시키는 방안은 무엇인지 고민해 볼 필요가 있다.

그리고 식품 소매업체, 식당 및 배달 서비스가 어떻게 맞춤형 영양 솔루션을 위해 역할을 분담하고 고객을 유치하고 유지할 수 있을지도 주요 관심사가 될 것이다. 더불어 건강식이 중요해짐으로써 아래와 같은 질문에 명확한 답을 하는 기업들은 자신의 비즈니스를 활성화할 수 있을 것이다.

- 맛taste이나 식감texture을 잃지 않고 음료와 음식의 설탕, 소금, 지방을 줄이거나 대체하는 방법은 무엇인가?
- 맛과 편의성을 줄이지 않으면서 영양과 건강 문제를 해결하는 차세대 식품을 어떻게 개발할 것인가?
- 우리에게 익숙한 과자와 같은 제과 산업, 정크푸드junk food를 어떻게 변화시킬 수 있을 것인가?

③ 편의성

맛이 좋으면서도 내게 맞는 건강한 음식을 편리하게 먹을 수 있도록 배려하는 제품과 서비스는 크게 확산될 것이다. 이러한 비즈니스 활동을 하는 기업들은 고객 및 고객 니즈에 대한 데이터를 어떻게 수집할 것이며, 수집된 방대한 양의 데이터를 어떻게 활용할 수 있을지 고민할 필요가 있다. 이를 통해 고객의 가장 큰 고충pain point과 미충족된 니즈unmet needs는 무엇이며, 어떻게 해결해나갈 것인지 지속적으로 질문해야 할 것이다.

더불어 고객의 기대를 이해하고 충족하기 위해 인공지능 기술을 가장 성공적으로 활용할 수 있는 방안은 무엇인지, 고객의 상호 작용, 소매 전략 및 공급망 혁신 측면에서 인공지능이 어떤 역할을 할 수 있을지 궁리해야 할 것이다.

④ 친환경

음식물 쓰레기는 식품의 생산, 유통, 가공, 조리과정에서 발생하는 농수축산물 쓰레기나 먹고 남은 음식 찌꺼기를 말한다. 식생활이 고급화되고, 상차림이 푸짐해지면서 음식물 쓰레기가 전체 쓰레기의 30% 이상을 차지하게 되었다.

특히 배송 식품이 인기를 끌면서 가장 문제가 되는 것이 과대 포장된 패키지다. 이는 신선 식품을 배달하는 모든 업체들의 공통된 문제점이며, 소비자들도 주문한 식품보다 쓰레기가 더 많이 나온다는 점에 큰 부담을 느끼고 있다. 따라서 기업들은 재활용이 가능한 친환경 소재를 활용하고 포장재를 최소화하는 방법을 적극 모색해야 할 것이다.

푸드테크는 음식의 맛과 편의성을 극대화하면서도 환경 문제를 해결하고 소비자 특성에 맞는 맞춤형 서비스를 제공하는 형태로 진화할 것이다. 그러므로 기업들은 "어떻게 하면 음식을 맛있고 편리하게 먹으면서도 건강과 환경을 해치지 않을 수 있을까"라는 소비자의 고민을 해결해 줄 수 있어야 한다. 따라서 "기술이 어떻게 사람들의 보다 나은 식생활에 도움을 줄 수 있는가?"가 기업들이 던져야 할 가장 근본적인 질문이 될 것이다.

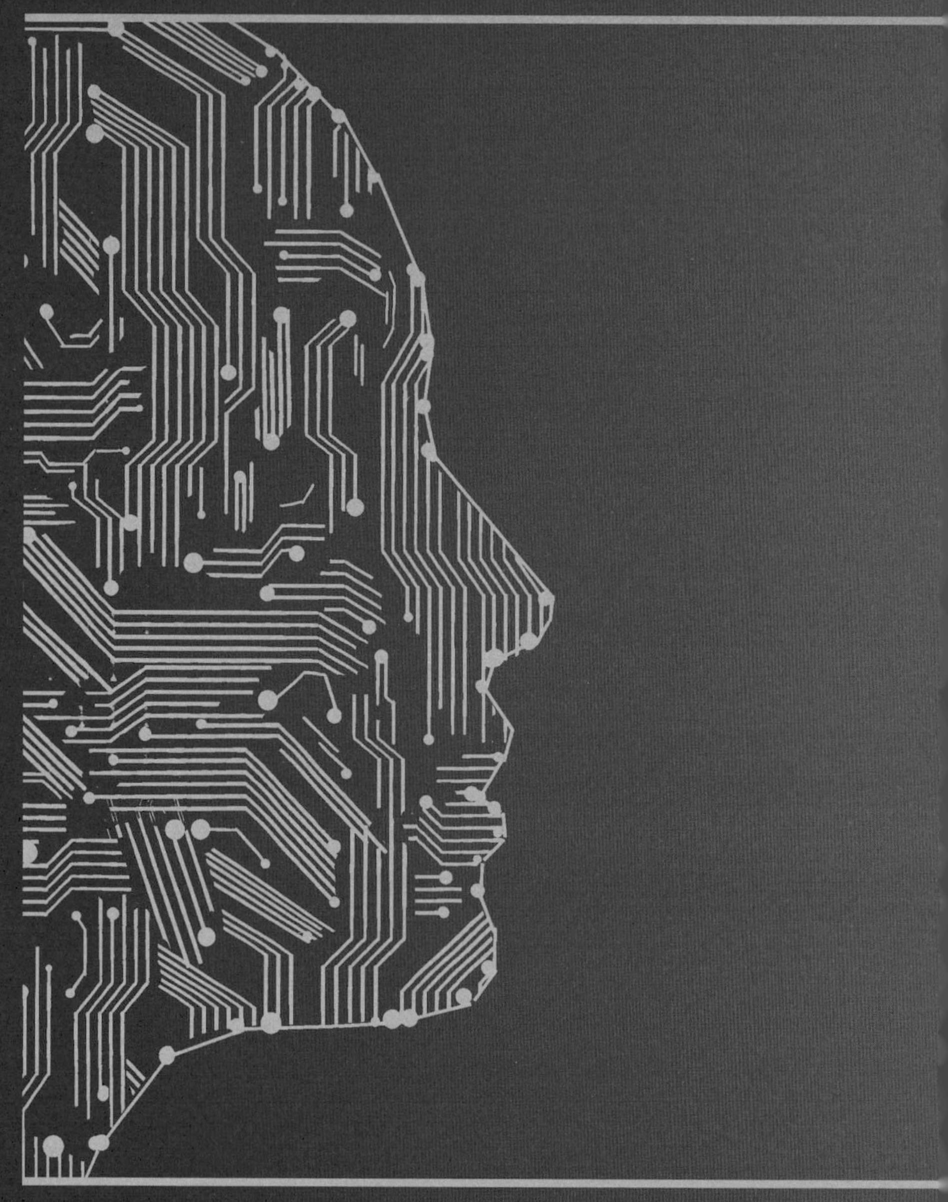

옷은 스마트하게 진화한다
: 패션

#스마트웨어

#태깅

#데이터 전쟁

#아트테크

#온디맨드

#040

⋮

FASHION

01

스마트웨어는 어디까지 발전할까?

최근 전 세계적으로 히어로물 영화가 선풍적인 인기를 끌면서 이들이 착용하는 슈트에 대한 관심도 높아지고 있다. 그중 가장 많은 관심을 받고 있는 것은 매회 새로운 기능을 더하며 관객들에게 즐거운 볼거리를 제공하고 있는 아이언맨의 슈트다. 영화 속 아이언맨의 슈트는 열과 추위에 매우 강하여 신체 보호기능이 탁월하고, 비행이 가능한 부츠와 무공해 에너지원을 동력으로 사용하는 무기가 장착되어 있어 평범한 사람이 히어로가 될 수 있도록 도와준다. 이러한 콘셉트가 비현실적이기는 하지만 의복을 통해 신체의 한계를 뛰어넘어 막강한 힘을 얻고 싶어 하는 인간의 바람을 엿볼 수 있다.

이 외에도 미래를 그린 SF 영화들을 보면 주인공들이 입는 의복들은 대부분 현재 우리가 착용하는 의복보다 기능이 강화된 모습으로 나타난다. 이들의 유사점은 모두 신기술과 의복의 결합을 통해 의복의 기능을 강화했다는 점이다.

그렇다면 현재 의복은 어디까지 발전했을까? 영화 속 상상과 바람처럼 변화되고 있는지, 그리고 미래에는 어떤 모습일지 살펴보자.

SF 영화 속 의상이 현실화되다

타임머신을 타고 과거와 미래를 오가는 시간여행을 다룬 SF 영화 '백 투 더 퓨처 2'가 2015년 다시 화제를 모았다. 주인공이 타임머신을 타고 날아간 30년 후가 바로 2015년이었기 때문이다. 1980년대 사람들이 상상한 미래 사회와 현재 사회는 얼마나 닮아 있을까?

주인공 마티 맥플라이가 하늘을 나는 스케이트보드를 타고 호수를 건너다 물에 빠지게 된다. 쫄딱 젖은 마티가 재킷에 있는 버튼을 누르니 옷이 부풀어 오르며 자체적으로 건조된다.

이 장면에 등장하는 최첨단 재킷이 실제로 개발되었다. 미국의 팰리온 웨어러블 테크Falyon Wearable Tech는 2017년 영화 '백 투 더 퓨처' 개봉 30주년 기념으로 영화 속 미래 의복을 그대로 구현했다. 재킷의 이름은 'SDJ Self Drying Jacket'로 자체 건조기능 외에도 신체를 따뜻하게 하거나 시원하게 하는 기능, 휴대기기 충전 기능 등이 첨가된 스마트 의복이다.

마티가 신은 자동 끈 조임 운동화도 구현되었다. 나이키는 측면 버튼 또는 스마트폰 제어를 통해 신발을 자동으로 조이고 풀 수 있는 스마트 신발 '어댑트BB Adapt BB'를 출시했다. 어댑트BB에는 가속도계와 자이로스코프 등의 센서가 탑재되어 사용자 개개인의 움직임을 파악하는 기능

>> 스마트 재킷 'SDJ'

(출처: kickstarter.com)

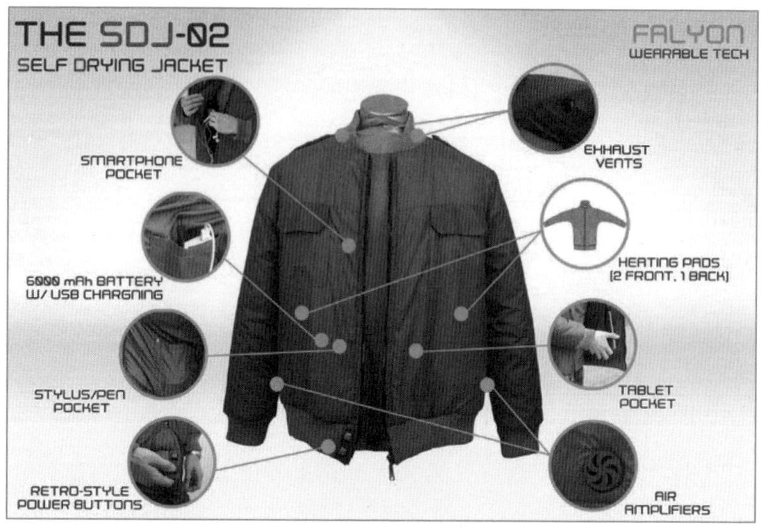

까지 장착되어 있다.

겨울 의류를 판매·제작하는 한 업체는 발열 기기를 패딩 안에 넣어 패딩의 온도를 스마트폰으로 조절할 수 있는 옷을 출시했다. 그리고 미국의 스타트업인 힙실론Heapsylon은 센서 기능을 부착해 건강을 체크할 수 있는 스마트 양말 '센서리아Sensoria'를 판매하고 있다. 사용자는 이 센서를 통해 발 건강과 걷는 자세 등을 분석한 데이터를 제공받을 수 있다. 이처럼 의복은 현대 정보기술과의 접목을 통해 기능이 강화되고 다양화되고 있다.

신기술이 접목된 의복은 장애 극복의 보조적인 수단으로까지 확장되고 있다. 인도의 한 스타트업은 시각장애인들을 위한 스마트 신발 '리첼LeChal'을 개발했다. 이 신발은 스마트폰으로 목적지를 설정하면 이용자의 위치 정보를 인식하여 진동으로 방향을 알려준다. 그리고 이용자가 사고를 당하거나 긴급한 상황에 처했을 때, 미리 지정된 보호자에게 긴급 연

>> 시각장애인을 위한 스마트 신발 '리첼' (출처: facebook.com/mylechal)

락이 가도록 되어 있다. 이 외에도 가상현실을 통해 의복을 입어보고 구매할 수 있는 시스템도 등장하고 있다.

이처럼 신기술은 의복과 결합하여 신체 보호기능 등을 강화시키고 있으며, 이러한 기술은 이미 우리 곁에 다가와 있다.

FASHION

02

한계를 뛰어넘고 신기술을 입다

의복은 생활을 영위하기 위한 필수적인 요소 중 하나로, 시대의 변화를 반영하며 발전해 왔다. 특히 기술의 발전은 의복의 기능적 측면을 비약적으로 발전시키고 있다. 지금부터 신기술로 인한 미래 의복의 변화에 대해 구체적으로 살펴보자.

신체적 제약을 보완해 주는, 스마트웨어

미래에는 웨어러블 기술을 의복에 접목한 스마트웨어가 보다 보편화될 것이다. 여기서 스마트웨어란 신소재 섬유에 센서나 칩 등 정보기술을 접목하여 다양한 기능을 하도록 만든 옷을 말한다. 앞서 언급한 것처럼 이미 의복 안에 발열 센서 등을 장착하여 사용자가 임의로 온도를 조절하는 옷이나 장갑 등이 개발되었고, 옷이나 신발 등에 센서를 부착해 사용자의 건강 상태를 체크하고 건강을 관리할 수 있도록 돕는 의복들도 향후에는 보다 보편화될 것이다.

이러한 스마트웨어는 장애인이나 노인의 신체적 제약을 상당 부분 보완해 줄 것이다. 시각장애인의 길을 안내하는 신발뿐만 아니라 노인들의 재활을 돕는 카디건 등이 그 예다. 네덜란드 틸뷔르흐의 텍스타일 박물관과 에인트호번 공과대학은 연성전도성 원사로 만든 센서를 원단에 넣고, 이 원단으로 만든 카디건을 착용하는 사람이 스트레칭 등 특정 운동을 얼마나 잘하는지 감지하는 연구를 공동 진행 중이다. 미래에는 스마트웨어가 신체적 장애나 기능 저하로 어려움을 겪는 사람들을 돕는 보조적인 수단으로 발전할 것이다.

강력한 보호막, 스마트 군복 및 특수복

스마트웨어 기술의 발전은 군사력에도 영향을 미칠 것으로 전망된다. 이로 인해 세계 여러 나라는 신기술을 접목하여 보다 강력한 군복을 개발하고 있다. 미 육군 네이틱 군사연구개발공학센터와 환경의료연구소는 조끼 형태의 경량화 환경조절시스템LWECS을 공동 개발했다. 이는 내장 배터리에서 공급되는 전력으로 냉각 액체가 순환되면서 착용자의 체온을 안정적으로 유지시켜주는 기능을 한다. 그리고 이를 장착하면 마치 군복 안에 에어컨이 장착되어 있는 것처럼 고온 다습한 환경에서도 잘 견딜 수 있게 된다.

이 외에도 뉴질랜드 제퍼사가 개발한 세빗CeBIT이라는 섬유는 피부에 닿으면 입은 사람의 심장 박동과 피부 온도, 자세, 활동량 및 호흡 수 등을 자동으로 체크한다. 미국은 이를 특수부대원들의 의복에 접목시켜 군인들이 전투상황에 잘 대처하는지 등을 파악하는 도구로 활용할 계획이라고 한다. 더불어 이미 스마트 군복이 지급되고 있는 프랑스는 사젬펠린Sagem FELIN이라는 시스템을 군복에 접목시켰다. 이는 충전 가능한 배터리와 무선 장치 및 조준 장치 등이 인체공학적으로 군복에 설계되어 있어 군사 이동 정보 등을 즉각적으로 지휘관에게 전달하는 시스템이다.

그 외에도 미국 등 여러 국가에서는 소방관들의 방화복에 GPS를 부착하여 위치와 생리학적 변화를 실시간으로 확인할 수 있도록 하고 있다. 이처럼 군복이나 방화복 등 특수복들은 신기술을 접목하여 착용자를 보호하는 기능과 원활한 업무수행을 지원하는 형태로 발전되고 있다.

특수복 외에도 수영을 못하는 사람이 배터리와 제어장치가 담긴 가방을 메고 두 개의 추진기를 양팔에 착용하면 원하는 방향으로 자유롭게 수영할 수 있는 웨어러블 기기들도 등장하고 있다. 이처럼 미래에는 신기술을 접목한 스마트 의복과 웨어러블 기기들을 통해 신체 보호 기능이 더욱 강화되고, 신체의 한계를 뛰어넘는 스포츠 등의 활동이 가능해질 것으로 보인다.

디자인과 기술의 접목, 아트테크

신기술은 의복의 디자인에도 영향을 미치고 있다. 네덜란드 출신의 디자이너 폴린 반 돈겐Pauline van Dongen은 2013년 태양광을 통한 솔라Solar 컬렉션을 선보였다. 이 컬렉션은 태양광 전지를 필름처럼 만들어 일정 패턴으로 옷에 부착한 형태로 디자인되었다. 이러한 디자인은 환경오염과 대체 에너지에 대한 사회적 관심과 중요성을 반영한 것이다. 뿐만 아니라 이 옷에 필름 형태로 부착된 태양광 전지를 통해 스마트 기기도 충전할 수 있게 했다.

이 외에도 착용자의 감정을 인지하는 센서가 착용자의 감정에 따라 옷 표면을 변화시키는 디자인도 나타나고 있다. 미국의 의류업체 크로맷Chromat은 착용자의 몸 상태에 따라 디자인이 변하는 아드레날린 드레스를 선보였다. 이 드레스는 착용자의 아드레날린이 일정 수준 이상 분비되면 센서가 이를 감지하여 옷의 외관이 더 화려한 모습으로 변한다. 드레스 뒤쪽에 달린 그물망 모양의 날개가 펼쳐지는 등 그때의 기분과 감정, 몸의 상태에 따라 옷의 디자인이 변화되는 것이다. 또 네덜란드의 전자제품 브랜드 필립스Philips는 LED를 패브릭처럼 유연하게 결합시킨 의상을 선보였다. 의상에는 착용자의 감정에 반응하는 센서를 부착하여 착용자의 감정에 따라 즉각적으로 옷 표면의 LED 빛이 변하도록 디자인되

>> 스마트 기기로 디자인 변형이 가능한 운동화 '시프트웨어' (출처: Shiftwear 홈페이지)

었다.

플렉시블flexible 전자종이를 신발에 부착하여 블루투스와 와이파이를 통해 사용자가 원하는 디자인을 등록할 수 있는 스마트 신발 '시프트웨어Shiftwear'도 개발되었다. 이처럼 미래에는 유명 디자이너가 선도하는 디자인들은 물론이고 신기술이 접목된 형태의 최첨단 디자인이 패션 시장을 선도할 것이다.

인공지능, 3D 프린팅 등 첨단기술의 발전은 단순히 의복의 기능이나 디자인만 변화시키는 것이 아니라 의복 산업의 패러다임을 송두리째 바꿔놓고 있다. 컨설팅 업체인 맥킨지McKinsey & Company와 패션 비즈니스 전문지 비즈니스 오브 패션Business of Fashion은 「The State of Fashion 2019」 보고서에서 "패션업계는 디지털 방식으로 먼저 생각하고 상품의 시장 출시 속도를 더욱 단축해야 한다"고 설명하며 디지털 기술이 산업의 성패를 좌우하는 결정적인 역할을 할 것이라고 강조했다.

과연 디지털 기술은 어떻게 의복 산업의 미래를 변화시키고 있는 것일까? 기획부터 디자인, 생산, 유통, 판매에 이르기까지 디지털 기술과의 결합을 통해 프로세스별로 어떠한 변화가 일어나고 있는지 좀 더 자세히 살펴보자.

개개인마다 다른 취향과 소비 태도를 예측하기 위해 지난 반세기 동안 의복 산업은 트렌드 분석 업체들에게 크게 의존하며 막대한 비용을 지불해왔다. 그동안 트렌드 예측은 사람이 직접 발품을 팔아 새로운 아이템, 소비자 행동 패턴, 아이디어 등에 대한 정보를 수집하고 이를 기반으로 새로운 트렌드를 예측하는 방식으로 이루어져 왔다. 그러나 최근에는 빅데이터를 기반으로 한 데이터 어낼리틱스data analytics와 딥러닝deep learning을 기반으로 한 머신러닝machine learning 기술을 통해 기존의 방식보다 더욱 빠르고 정확하게 소비자의 욕구와 취향을 이해하고 트렌드를 예측할 수 있게 되었다.

실제로 자라Zara, H&M 등 세계 최대 의류업체들은 인공지능 기술을 이용한 소셜미디어 기반 빅데이터 분석을 통해 트렌드를 예측하고 신상품을 기획하고 있다. 이처럼 머지않아 트렌드 예측에서 사람의 역할은 중간 과정에 투입된 정보에 대한 재확인 정도로 축소될 것이다. 때문에 트렌드 예측 기업들 중 50%가 폐업의 위기를 맞게 될지 모른다는 전망도 있다.

구글이 독일 의류 플랫폼인 잘란도Zalando와의 파트너십으로 전개한 뮤즈Muse 프로젝트는 알고리즘을 사용한 네트워크를 통해 사용자의 관심사와 선호하는 스타일을 파악하여 옷을 디자인했다. 아마존 역시 머신러닝 기술을 통해 판매 아이템의 디자인을 평가하는 프로그램을 개발하고 있다. 이처럼 인공지능은 이미 의복 브랜드의 디자인 시간 단축에 기여하고 있다. 물론 현재까지 사람의 개입 없는 인공지능을 통한 디자인이 완성도 높은 수준이라고 보기 어렵지만, 분명한 것은 인공지능과 사람 간의 격차가 점점 좁혀지고 있다는 점이다.

실제로 2019년 4월 중국의 국제 의류 디자인 혁신 공모전에서 '딥 보그Deep Vogue'라는 인공지능 디자이너가 2위를 수상하기도 했다. 의복 산업 내 많은 인공지능 지원 프로그램이 발전함에 따라 제품 개발 및 디자인에 대한 보다 효율적이고 효과적인 의사결정이 가능해지리라 본다. 그리고 인공지능이 트렌드를 예측하고 디자인한 옷을 구매하는 것은 흔한 일상의 모습이 될 것이다.

생산주기 단축의 열쇠 '자동화'

"먼 나라에서 면화를 생산하고 표백하기 위해 이를 다른 나라 선적에 보낸다. 그 후 실을 만들기 위해 다른 나라로 보내고, 그 실로 옷감을 만들기 위해서 또 다른 나라로 보낸다. 그런 후 또 다른 나라에서 옷감을 재봉해 티셔츠 형태를 만든 후에야 다시 미국으로 돌아오는데, 우리는 이 티셔츠를 4.99달러에 사서 한 번 입은 후 옷장 한구석에 던져 놓는다."

발명가이자 미래학자인 폴 파블로스 홀맨Paul Pablos Holman이 싱귤래리티 대학 글로벌 서밋 강연에서 티셔츠 한 장이 우리의 옷장에 오기까지 얼마나 힘들고 비효율적인 여정을 거치는지에 대해 설명한 내용이다.

앞으로는 자동화를 통해 획기적인 효율화가 가능해지리라 예상된다. 소프트웨어의 자동화 봉제 로봇 '소봇Sewbot'은 인간이 작업하는 데 129초가 소요되는 복잡한 극세사 수건 작업을 4초로 단축시켰고, 오차 없이 일관되게 정확히 동일한 제품을 생산한다. 봉제작업의 자동화는 전반적 품질, 신뢰도, 효율성을 향상시켜 의류 제조업의 무한한 가능성을 열어줄 것으로 기대된다.

자동화된 디지털 생산 공정은 온디맨드on-demand 생산과 맞춤형 제작을

>> 봉제 로봇 '소봇' (출처: SoftWear 홈페이지)

가능하게 한다. 여기서 온디맨드 의류 생산 공정이란 새로운 테크놀로지를 기반으로 실제 고객이 의류 상품을 주문했을 때 빠른 속도로 의류를 생산하고, 고객에게 배송까지 완료하는 시스템을 의미한다. 이렇게 되면 지금과 같이 매 시즌 막연하게 고객의 수요를 예측하는 것이 아니라 실제로 고객들이 해당 시즌에 원하는 상품이 무엇인지 정확하게 파악한 후 생산에 들어가기 때문에 의복 산업의 비효율성을 제거할 수 있다.

이미 아마존은 2017년 온디맨드 의류 생산 공정 시스템의 특허권을 확보했다. 이 공정을 통하면 고객이 주문 제작한 셔츠, 재킷, 드레스들이 약 5일 안에 완성되어 고객에게 배송될 수 있다고 한다. 아마존의 온디맨드 생산 공정은 전체 패션 산업과 기존의 시스템을 뒤흔들 만한 강력한 경고 메시지로 작용할 것으로 전망된다.

알라딘의 요술램프 '3D 프린팅'

원하는 소원을 들어주는 알라딘의 요술램프처럼 생활 속에서 원하는 물건을 인쇄해 주는 3D 프린팅 기술은 의류업계가 가장 주목해야 할 기술이다. 일반 기계는 동일한 물건을 여러 번 찍어내지만 3D 프린터는 프로그래밍을 바꾸면 매번 다른 디자인, 형태나 크기의 물건을 만들 수 있다. 지금까지는 S, M, L과 같이 옷의 사이즈가 제한되어 있어 선택의 폭이 넓지 않았다. 그러나 앞으로는 3D 프린팅을 통해 각자의 키, 몸의 굴곡, 체중 등을 고려해 내 몸에 최적화된 맞춤형 옷을 인쇄해서 입을 수 있게 된다.

또한 기업들은 고객의 수요에 따라 원하는 수량만큼 제품을 생산하므로 재료를 낭비하지 않고 막대한 재고비용을 떠안을 필요가 없어질 것이다. 기존에는 제품의 납기 기간이 긴 데다 공장이 요구하는 최소 제품 주문량이 너무 많은 것이 사업 운영 시 문제가 되었다. 하지만 3D 프린팅을 활용하면 원하는 수량의 제품을 단기간 내 생산하여 판매할 수 있다. 아직은 기술적 한계가 존재하지만 3D 프린팅의 진화는 계속되고 있으며, 모든 패션 제품을 3D 프린터로 생산하게 될 날이 멀지 않은 것으로 보인다.

이러한 3D 프린팅이 보편화되면 어떤 변화가 생길까? 일반인도 프로그램 툴만 다룰 줄 알면 누구나 손쉽게 디자인을 수정할 수 있어 개성과 취향에 따라 맞춤 의상 제작이 가능하다. 예를 들어 특정 브랜드의 핸드백 설계도를 구입한 뒤 장식이나 색상을 변환해 자신만의 스페셜 에디션도 만들 수 있다. 3D 프린터를 통해 누구든 패션 디자이너가 되고, 메이커가 되는 시대가 곧 다가올 것으로 예상된다.

이뿐만 아니라 패션 회사들이 직접 3D 프린터용 원사 소재를 패키지로 판매할 수도 있으며, 온라인 쇼핑몰에서 의류 도안을 판매할 수도 있다. 3D 프린팅 패션디자이너 대니트 펠레그Danit Peleg가 TED 강연에서 "쇼핑은 잊어버리세요. 곧 여러분은 새 옷을 내려받을 수 있어요"라고 말했듯, 옷을 다운로드하여 직접 인쇄해서 입게 되는 디지털 시대가 열릴 것으로 기대된다.

앞서 살펴본 것처럼, 3D 프린팅 기술이 가져올 새로운 변화들은 혁신적이고 흥미롭지만 한편으로 관련 산업에 위협 요인이 될 수도 있다. 첫째, 3D 프린팅으로 인해 의복 생산 분야의 일자리가 없어지고, 더 나아가 생산업 자체가 사라질 수도 있다는 것이다. 둘째, 음악이나 영화처럼 파일 공유로 인한 디자인 소유권, 저작권 침해, 불법 다운로드로 인한 혼란이 패션 디자인 업계에도 발생할 수 있다. 셋째, 브랜드 제품의 품질 관리

>> 대니트 펠레그가 3D 프린터로 제작한 의상 (출처: https://danitpeleg.com)

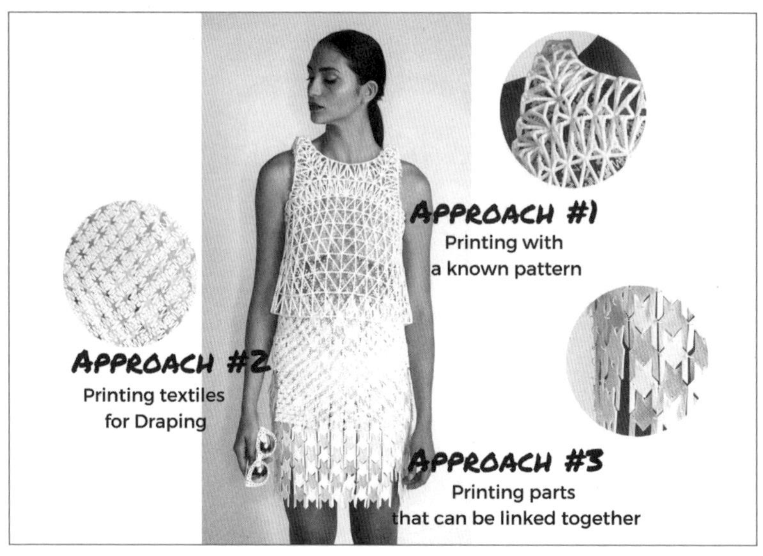

가 어려워질 수 있다. 디자인을 구입해서 3D 프린터로 출력하는 과정에서 제품을 변형하면 원래의 제품과는 다른 품질이 나오게 되므로 브랜드의 품질 관리가 더욱 어려워질 수 있는 것이다. 마지막으로 진품과 모조품의 구분이 어려워질 수 있다. 디자인 파일과 잉크 소재만 있으면 누구나 같은 상품을 만들 수 있기 때문에 럭셔리 브랜드 디자인 파일을 다운받아 누구나 손쉽게 모조품을 만들 수 있게 된다.

투명한 재고 관리 'RFID'

의복 산업의 재고 관리와 유통 단계 역시 기술과 접목이 되어 혁신적인 변화가 일어나게 된다. 특히 신기술은 재고를 투명하게 관리할 수 있게 하고 추적 또한 가능하게 한다. 실제로 각 브랜드들은 재고를 모니터링하고 유지하기 위해 센서, 스캐너 및 클라우드 기반 소프트웨어 등을 점점 더 많이 활용하고 있다.

그중 무선 주파수 인증 기술RFID은 의복 산업에서 널리 채택될 가능성이 있는 접근 방식이다. 바코드와 달리 RFID 태그[1]는 거리가 떨어진 곳에서도 신호를 읽을 수 있어 제품을 수동으로 기록하는 데 걸리는 시간을 줄일 수 있다. 미국의 대표적인 백화점 중 하나인 메이시스Macy's는 모든 매장의 모든 품목에 RFID 태크를 100% 부착시키기로 했는데, 이로 인해 재고를 더 정확하게 관리할 수 있게 되었다. 이 외에도 RFID 태크를 부착함으로써 진품과 위조품을 가려내는 문제도 해결할 수 있다. 글로벌

1 >> 디지털 카탈로그에 사용할 수 있는 저렴하고 배터리가 없는 스마트 스티커

패션 브랜드인 몽클레어Moncler는 제품에 부착되어 있는 RFID칩을 가지고 앱이나 웹사이트를 통해 인증할 수 있게 하여 진품을 구별할 수 있는 가시적인 방법을 만들기도 했다.

RFID 외에 블록체인을 통해서도 투명한 관리가 가능해질 것으로 보인다. 의복 시장에서 블록체인은 유통을 추적하거나 물건이 어디에서 오고 가는지를 확인함으로써 공급망을 투명하게 만들 수 있다. 기업은 생산된 모든 제품에 고유의 디지털 ID나 토큰[2]을 부여해 재고의 모든 항목에 대한 디지털 이력을 만들 수 있다. 그리고 블록체인을 통해 자재, 의류 또는 액세서리의 이동을 추적할 수 있고, 위치 및 시간 데이터를 기반으로 정확한 거래 기록을 생성할 수 있다. 하지만 오프라인 쇼핑몰이 점점 없어지고 있기 때문에 이러한 RFID나 블록체인 기술을 활용하여 추적되는 상품들이 과연 오프라인 판매점에서 판매가 될 것인가 하는 부정적인 시각도 있다.

나만의 인공지능 스타일리스트

온라인과 오프라인을 넘나드는 옴니채널의 결합 형태인 O2O Online to Offline에서, 온라인을 통해 구축된 빅데이터를 가지고 오프라인 시장을 구축하는 O4O Online for Offline가 등장해 유통 구조의 변화에까지 영향을 미치고 있다.

최근 미국의 유명 정보기술 컨설팅 회사인 가트너Gartner는 2022년까지

2 >> 특정 블록체인 플랫폼에서 동작하는 응용 서비스에서만 사용하는 암호화폐

70%의 기업이 증강현실AR, 가상현실VR, 혼합현실MR 등을 일컫는 몰입기술을 사업에 적용할 것이라고 예측한 바 있다. 실제로 의복 분야에서도 이러한 예측이 현실화되고 있다. 최근 국내 중소기업과 대기업을 중심으로 가상으로 옷을 입어보고 구매할 수 있는 솔루션이 개발되어 유통업체에 판매되고 있는 것이 그 예다.

탑샵Toshop은 매장 내 증강현실 거울을 활용하여 고객이 옷을 입고 벗을 필요없이 구매하고자 하는 옷이 어떤 느낌인지 확인할 수 있게 했다. 유니클로Uniqlo의 매직 거울은 제품의 다양한 색상 옵션들이 어떻게 보일지 알려주는 기능도 갖추고 있다. 이미 많은 유명 브랜드들이 가상 피팅 서비스에 대한 시범을 보이고 있어 더욱 확대되리라 전망한다.

가상 피팅 서비스 외에 구매 과정에서 증강현실을 활용한 예로는 아마존의 '코디와 스타일 제안' 기술이 있다. 이는 인공지능과 클라우드 등 다양한 기술을 활용하여 이용자의 디바이스에 접근하여 일상을 분석하

>> 아마존의 에코룩 인공지능 스피커 (출처: amazon.com)

고 옷과 액세서리를 추천하는 방식이다. 또 아마존은 2017년 '에코룩echo look'이라는 인공지능 스피커를 출시했는데 이는 전신 사진을 촬영하면 앱을 통해 자신만의 룩북lookbook을 만들어 인공지능 스타일리스트의 조언을 받을 수 있는 제품이다. 룩북은 지인과의 공유뿐만 아니라 전용 앱을 통해 자신이 찍은 사진의 스타일과 유사한 아이템까지 확인할 수 있다.

중국 알리바바의 발 빠른 움직임도 볼 수 있다. 패션 인공지능 콘셉트 스토어는 소비자가 패션 아이템 선택 시 상상력을 넓힐 수 있는 계기를 마련해준다. 소비자는 매직 거울을 통해 현재 스토어의 옷뿐만 아니라 온라인 사이트에 있는 모든 아이템 중 자신과 어울릴 만한 아이템들을 추천받는다.

의복의 변하지 않는 가치

앞서 살펴본 것처럼 신기술과 의복이 접목되면 현재와 미래의 의복 형태와 문화, 산업 등이 크게 변화될 것이다. 하지만 이러한 변화의 움직임에도 불구하고 의복이 가지고 있는 변하지 않는 가치들이 있다. 의복의 신체적 기능과 표현적 기능이 그것이다.

신체 한계 보완 및 개성 표출

신체적 기능은 피부를 보호하고 체온을 유지하여 신체를 외부 환경으로부터 보호하는 것이며, 이를 통해 일상생활의 능률을 향상시키는 것을 말한다. 미래 인류는 신기술을 통해 신체를 더욱 잘 보호할 수 있게 되고,

장애를 가진 사람들도 의복을 통해 신체의 한계를 어느 정도 극복할 수 있게 될 것이다.

표현적 기능은 직업이나 신분, 개성을 표현하고 격식을 차리는 것을 말한다. 의복의 브랜드나 양식은 착용하는 사람의 신분과 위치를 보여주기 때문에 개인 맞춤형 디자인이 보편화될 미래에도 하이엔드 명품 브랜드의 위상은 지속되거나 더 향상될 것이다.

의복의 디자인이나 양식은 당시 사회 현상을 반영하거나 반대로 사회에 영향을 미치는 중요한 요소이기도 하다. 혁신적인 디자이너로 손꼽히는 가브리엘 샤넬Gabrielle Chanel은 1910년대, 활동하기에 불편한 여성들의 옷을 혁신적으로 개선했다. 불편한 코르셋을 없애고 상복에만 쓰이던 검은색을 평상복에 도입했으며, 바닥까지 내려오는 불편한 길이의 치마를 무릎 위 길이로 개선했다. 이러한 디자인은 선풍적인 인기를 끌었고 활동이 편한 일상복을 대중화시키는 데 기여했다. 이는 당시 전쟁으로 인해 부족해진 일손을 여성들이 채워나가야 했던 사회 현상과 밀접한 연관이 있는 것으로 보인다. 제2차 세계대전의 영향으로 밀리터리 룩Military Look이 유행하거나 여성의 지위가 상승하면서 유니섹스 룩Unisex Look이 등장한 것도 비슷한 예다.

정리하자면 의복은 신체를 보호하는 기능뿐만 아니라 의복을 입는 사람의 개성과 미를 표현하고 신분과 직업을 드러내며, 사회 현상을 반영하거나 선도하는 기능 등을 한다. 이러한 의복 고유의 가치는 현재와 미래에도 지속될 것으로 보이며 신기술이 접목됨으로써 더욱 강화되거나 다양화될 것으로 보인다.

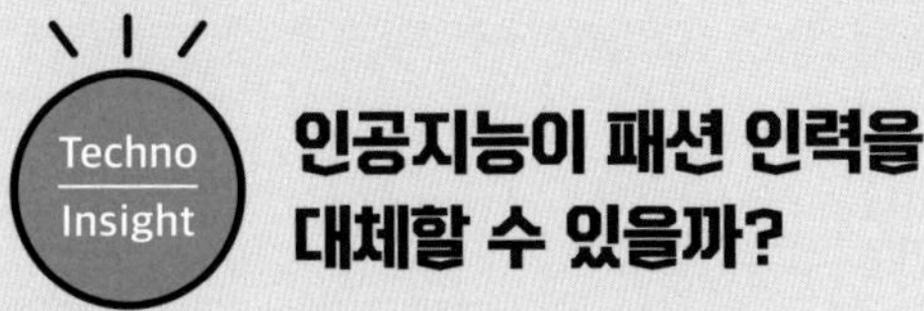

인공지능이 패션 인력을 대체할 수 있을까?

지금까지 의복의 발전 모습과 향후 지속될 의복 고유의 가치에 대해 살펴보았다. 그렇다면 이러한 것들이 관련 산업에 종사하는 기업과 우리들에게 시사하는 바는 무엇일까?

데이터에 고객의 니즈가 있다

의복의 변하지 않는 가치 중 하나인 표현의 기능이 미래에는 더욱 다양화될 것이다. 지금까지도 의복 산업에서는 고객의 니즈를 중요시했지만, 이제는 첫 기획에서부터 전 단계에 걸쳐 고객의 니즈를 신속하고 정확하게 반영하는 것이 더 중요해지고 있다. 따라서 앞으로 주목해야 할 키워드는 강화된 '고객중심주의'와 이를 위한 '고객 데이터 수집'이다.

과거에는 트렌드 예측에 소요되는 비용과 시간, 노력이 적지 않았다.

하지만 이제는 인공지능을 통해 소셜미디어의 패션 사진 수백만 장을 분석하여 실시간으로 트렌드를 파악할 수 있게 되었다. 그리고 빅데이터 기반의 데이터 애널리틱스, 머신러닝과 딥러닝 기술을 통해서도 기존보다 빠르고 정확한 트렌드 예측이 가능해졌다. 때문에 시장 트렌드 및 고객 니즈를 얼마나 신속, 정확하게 파악하고 이를 제품에 반영하는지가 기업 경쟁력에 큰 영향을 미칠 것으로 보인다.

앞서 소개한 바와 같이 구글이 독일 패션상거래 업체 잘란도와 개발한 '뮤즈프로젝트' 외에도 여러 브랜드가 인공지능을 활용한 의복 디자인을 시도 중이며, 우리나라에서도 인공지능이 여러 디자인을 학습하여 새로운 디자인을 패션업체에 제안하는 시스템(스타일 인공지능) 등이 개발되고 있다.

따라서 앞으로 기업의 경쟁력은 고객 데이터의 수집 관리 및 활용에 의해 결정될 것이다. 7만 5,000명의 고객을 보유한 글로벌 트렌드 정보업체인 WGSN[Worth Global Style Network]은 빅데이터를 이용한 소매 분석을 하며, 분석 정보와 소셜미디어를 모니터링할 수 있는 소프트웨어 등을 관련 기업에 판매하고 있다. 이러한 빅데이터는 상품이 어느 위치에서 어떤 상품과 진열되었을 때 더 잘 팔리는지 등을 알 수 있게 해 주며 브랜드의 마케팅이나 광고 활동을 더 효율적으로 만들어 준다. 실제로 버버리[Burberry]는 소셜미디어 쇼케이스에서 소비자들이 공유한 이미지가 무엇인지를 파악하고, 온라인 트래픽 수 등을 통해 사전 주문 가능성 등을 예측하여 리스크를 줄이기도 했다. 이처럼 정확한 예측을 위해서는 적합한 데이터를 수집하고 관리하며 적절하게 활용할 수 있어야 한다. 실제로 의복 산업에서 빅데이터와 인공지능 등 기술의 중요성이 증대됨에 따라 구글이나 IBM과 협력하여 데이터 수집과 활용이 가능한 시스템을 구축하는 기업들이 증가하고 있다.

그러나 이처럼 시장이 변화되고 있음에도 여전히 직관에 의존하여 기획이나 디자인을 하는 기업들도 있다. 이러한 기업들과 고객 데이터를 기반으로 고객 트렌드를 분석하는 기업 간의 경쟁력 차이는 시간이 지날수록 커질 것이다. 따라서 기업들은 기획 단계에서부터 신기술을 접목하여 고객의 니즈를 신속하게 파악하고 반영할 수 있어야 하며, 이를 위한 고객 데이터 수집 및 관리 노력이 선행되어야 할 것이다.

로스를 최소화하기 위한 프로세스 자동화

기술 발전과 자동화는 상품 생산 방식을 획기적으로 변화시키고 있다. 코트라KOTRA의 「자동화 기술이 이끄는 미국 의류 제조업의 부활」 보고서에 따르면 최근 의류 및 섬유산업에서 자동화가 확대되고 있다고 한다.[3] 자동화와 로봇 기술이 의복 산업에 활성화되면서 전반적인 제조 프로세스에서 시간과 비용을 단축시켜 효율성을 향상시키고 있는 것이다.

또한 디지털 생산 공정이 자동화되면서 고객 요구에 기초한 생산이 가능해지고 있다. 한 명, 한 명의 소비자 니즈에 맞춰진 의류 아이템이 많아짐에 따라 재고 관리 부담이 줄어들게 되었다. 의류 브랜드들은 자동화된 생산 시스템을 통해 보다 정확하게 소비자의 니즈에 반응하여 상품을 생산하고 판매할 수 있기 때문에 의류업계에서 제조의 속도는 점점 더 빨

3 >> 국제 로보틱스 연맹(International Federation of Robotics)에 따르면 2017년부터 2020년까지 산업 로봇 시장의 성장률은 연평균 14%에 달하며, 2020년까지 전 세계 공장에서 170만 대 이상의 새로운 로봇이 구현될 예정이라고 한다.

라지게 될 것이다. 동시에 효율성 역시 엄청난 속도로 증가하게 될 것이다. 특히 의복 산업은 시간에 상당히 예민한 산업이다. 제시간에 상품이 시장에 공급되지 못한다면, 아무리 좋은 품질의 상품이라도 고객에게 외면받을 수밖에 없기 때문이다. 이러한 면에서 자동화된 생산 과정은 업계에 큰 이점으로 작용할 것이므로 기업은 이에 대한 준비를 해야 한다.

자동화 시스템은 비용 측면에서도 기업에게 유리하다. 의복 산업은 방글라데시, 인도, 중국, 베트남 등 아시아 국가에서 거의 전적으로 아웃소싱하고 있다. 하지만 최근 첨단기술이 가속화되면서 재단 및 봉제 공정 부분도 자동화되고 있어 더 많은 비용을 절감할 수 있을 것으로 예상된다. 다만 일자리 감소로 이어질 수 있어 대안이 필요해 보인다.

로봇이 일자리를 뺏는 디스토피아

세계경제포럼WEF은 「직업의 미래 2018The Future of Jobs 2018」 보고서를 통해 "현재 기계가 일터에서 맡은 일의 양은 29%에 불과하지만 2025년이면 기계가 전체 일의 52%를 차지할 것"이라고 예측했다. 4차 산업혁명 신기술이 몰고 올 일자리 감소의 위기는 산업 분야를 막론하고 모든 근로자에게 충격을 줄 것으로 예측된다.

특히 앞서 언급한 자동화 시스템의 발전으로 인해 가장 많은 변화를 경험하게 될 산업 분야는 리테일과 제조업 부문으로 예상되는데 이는 의복 산업을 이루는 2가지 핵심축이다. 때문에 자동화가 의복 산업에 미칠 영향은 그 어떠한 산업 분야보다 더 클 것으로 보인다.

한국고용정보원의 조사 결과에 따르면 일자리가 가장 빠르게 감소하는 산업 1위가 의복, 의복 액세서리 제조업이며, 2위가 섬유제품 제조업으로 나타났다. 이러한 양상은 직업군에서도 마찬가지였는데 가장 빠르게 감소하는 직업 2위는 재단, 재봉 및 관련 기능 종사자, 8위는 섬유제조기계 조작원 등이었다. 의복 관련 직업군이 상위권에 자리 잡고 있는 것을 알 수 있다. 또한 블룸버그가 내놓은 자료를 살펴보면 재봉사, 텔레마케터, 화물운송 종사자의 일자리 99%가 기계로 대체되어 의복 산업 종사자의 위기 강도가 가장 높은 것으로 나타났다.

이러한 미래는 이미 현실화되고 있다. 그 예로 독일의 거대 스포츠웨어 브랜드 아디다스의 스피드 팩토리speed factory를 들 수 있다. 스피드 팩토리는 로봇 자동화 공정을 활용해 5시간 만에 운동화 한 켤레를 생산한다. 생산 설비에 상주하는 인력 10여 명으로 연간 50만 켤레의 운동화를 생산하는데 이는 기존에 600여 명의 인력이 필요했던 작업이다. 2019년에 아디다스는 3D 프린팅 기반의 제작 방식 실패 등을 이유로 스피드 팩토리를 4년 만에 접었지만, 향후 인간을 기계로 대체하려는 이러한 시도는 의복 산업에서 계속될 것으로 전망된다.

그간에는 의복 산업의 시작부터 끝까지 자동화된다 할지라도 디자인과 같이 창의적인 작업만은 결코 자동화로 대체할 수 없으리라는 것이 대다수 업계 관계자들의 의견이었다. 하지만 앞서 소개한 바와 같이 컴퓨터가 이미 디자인 작업을 보조하기 시작했고 인공지능이 인간 디자이너를 대체할 수 있을 것이라는 예측도 나오고 있다. 창의적인 업무에서 어느 정도까지 자동화가 이루어질 수 있는지는 정확히 예측하기 어렵지만 디지털 기술의 한계 돌파는 그 누구도 장담할 수 없는 것이 사실이다.

하지만 아무리 자동화의 그늘이 짙어진다 할지라도 의류업계에서 인간의 존재감이 완전히 사라질 것이라는 전망은 거의 없다. 이는 의류 산업은 물론 거의 모든 산업 영역에 언제나 감정적이고 휴머니즘적인 측면을 기반으로 한 요소들이 존재하기 때문이다. 맥킨지 글로벌 인스티튜트McKinsey Global Institute의 파트너인 마이클 추이Michael Chui는 "창의적인 작업과 다른 인간과의 상호작용을 발달시키고 관리하는 작업은 반드시 인간의 터치를 요할 것"이라고 말했다. 세계경제포럼과 보스턴컨설팅그룹은 사라질 위기에 처한 인력에 대한 재교육이 매우 중요하며 사람들이 창의성, 비판적 사고와 설득력 등의 기술을 익혀야 할 것이라고 분석했다.[4]

의류 산업이 직면한 일자리 위기에 대응하기 위해서는 인력의 전문성을 강화시키기 위한 교육이 필수적이며 창의성, 인간과의 상호작용 기술 등을 습득할 수 있는 노력 또한 중요할 것으로 판단된다.

한편 기술의 급격한 발전으로 인해 약 1억 3,300만 개의 새 일자리가 도출될 것이라는 긍정적인 전망도 존재한다. 시각 패션 비즈니스 미디어 패션 포스트에서는 다양한 측면의 분석을 통해 '가까운 미래 패션 기업에 필요할 전문가 10'을 발표했다. 이 중 앞으로 급변하고 있는 패션 업계가 주목해야 할 직종 3가지를 소개한다.

① 온라인 고객 서비스 커뮤니티 매니저

현재 대다수의 기업들이 정해진 응답 규칙에 따라 응대하는 채팅 로봇 프로그램 '챗봇Chatbot'을 사용한다. 인건비도 아끼고 24시간 서비스를 제공할 수 있다는 장점이 있지만, 고객센터를 찾는 소비자는 로봇의 사무적인 응대가 아닌 감성적인 응대를 필요로 한다. 온라인 고객 서비스 커뮤니티 매니저는 소비자를 대하는 모든 창구에서 고객 응대와 관련한 자

4 >> 출처: 「기술 재교육 혁명: 일자리의 미래(Towards a Reskilling Revolution: A Future of Jobs for All)」 보고서(2018)

사 인력뿐만 아니라 챗봇 등 '사람'이 아닌 구성 요소가 하나의 통일된 메시지를 고객에게 전달하도록 관리하는 일을 한다. 챗봇의 신속함과 책임 있는 자리에 있는 사람이 응대하기를 원하는 고객 요구 사이의 조율자로서 기업의 차별화된 경쟁력이 될 수 있다.

② 스마트웨어 개발자

스마트 기기를 통해 온도 조절 및 음악 재생 등이 가능한 스마트 재킷, 앱으로 신발을 조일 수 있는 나이키 스마트 운동화 등 정보기술과 패션이 결합된 스마트웨어가 적극 개발되고 있다. 다양한 기술과 패션이 접목된 스마트웨어의 활성화는 먼 미래의 이야기가 아니며 그 핵심에서 가장 중요한 축을 담당하는 것이 바로 스마트웨어 개발자다.

③ 의류 제조 테크니션

3D 프린터의 사용이 활성화될수록 기업 등 관련 업체에서는 더 많은 전문 3D 패션 디자이너를 필요로 할 것이다. 또한 관련 직업들도 유망할 전망이다. 소비자가 원하는 제품을 만들 수 있는 적당한 소재가 무엇인지 찾아주는 3D 프린팅 소재 코디네이터, 3D 프린터 제품들의 품질과 신뢰성을 평가하는 전문 평가사, 복제에 취약한 3D 설계도 원작자의 지적재산권 보호를 위해 불법 행위를 감시하는 직업 등 다양한 직종들이 생겨나고 부상하게 될 것이다.

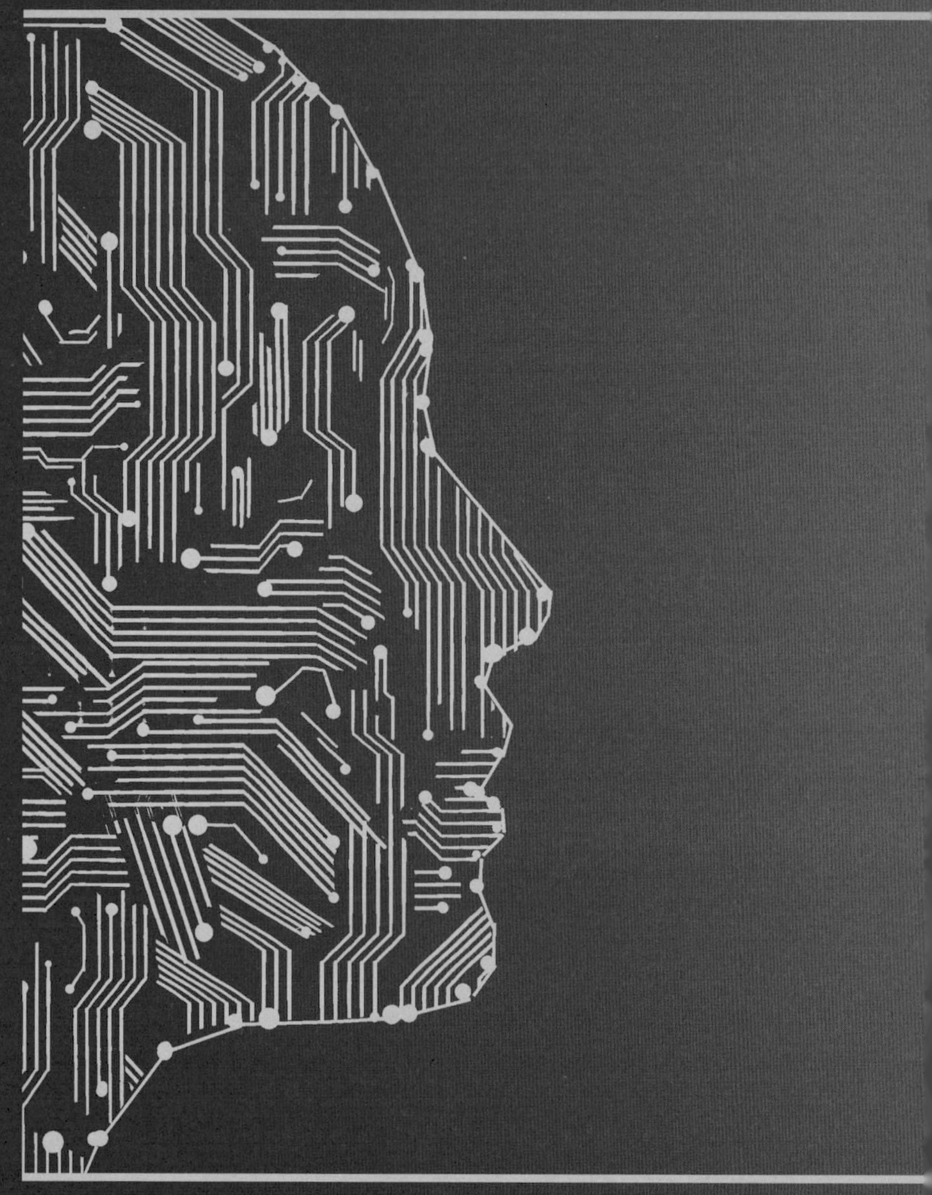

일상에 기술을 담다

: 주거&라이프

#에코 세대

#커넥티드 홈

#생활환경지능

#자비스

#IoT

⋮

HOME&LIVING

01

나와 직접 소통하는 스마트홈

어두운 침실, 편하게 자고 있던 한 여성이 눈을 뜰 때쯤 "좋은 아침입니다. 현재 시간은 7시, 기온은 22도, 구름은 약간이고 파도는 중간 높이, 서핑하기 좋은 날씨입니다"라는 음성과 함께 어두웠던 창문들이 투명하게 바뀌며, 집 주변의 아름다운 바다 전경을 보여준다.

이는 영화 '아이언맨'의 한 장면이다. 이 장면은 주인공 토니 스타크의 인공지능 비서인 자비스가 IoT 기술을 통해 토니 스타크의 집을 관리하는 모습으로 당시 사람들에게 미래 스마트홈smart home의 모습을 각인시켜 주었다. 영화에서는 자비스가 날씨·기온 등 주변 환경에 대한 정보를 제공할 뿐 아니라 이에 따라 집 상태를 최상으로 유지하고, 특히 집에 문제가 발생할 경우 이를 주인에게 알리고 조치하는 모습을 보여주었다.

과거 우리가 영화 속에서 보았던 스마트홈의 모습은 현재 최첨단 정보

기술의 발전과 더불어 우리 주변에서 현실화되고 있다.

현재 주거환경은 어디까지 발전했을까?

우리가 영화를 통해 자주 보았던 미래 주거환경인 스마트홈은 어떻게 발전해 왔을까? 스마트홈의 기본 개념과 기술은 1980년대 '홈 오토메이션'이라는 용어로 처음 시장에 등장했다. 그리고 1990년대에 인터넷이 보급되고 접근망 기술 및 주택 내 기기를 연결하는 네트워크 기술이 발달하면서, 소비자들이 편리하게 제어·관리하는 다양한 서비스를 공급하는 기술이 발전했고, 이것이 '홈 네트워크'라는 용어로 재정립되었다. 2000년대 이후에는 유무선 인터넷망과 주거환경이 본격 접목되고, IoT 개념이 등장하면서 스마트홈 개념이 빠르게 보급되었다.

스마트홈은 기존의 월패드(인터폰) 중심의 홈 네트워크에서 IoT 가전, 빅데이터, 인공지능 기술이 접목된 연결 기반의 스마트홈으로 진화하고 있으며, 1인 가구와 맞벌이 가구의 증가, 초고령화 사회 진입 등의 인구통계학적 변화와 더불어 많은 기대와 관심을 통해 우리의 주거환경을 스마트하게 변화시키고 있다.

이와 관련해 구글이 최고의 미래학자로 선정한 토머스 프레이Thomas Frey는 "미래의 집은 단순히 집 이상의 역할을 하며, 사람이 원하는 모든 것을 갖추게 될 것이다"라고 했는데, 이것이 바로 궁극적인 스마트홈의 모습이다. 이렇게 보다 발전된 미래의 스마트홈은 스마트 도시smart city와의 연계를 통해 거주자가 원하는 것을 빠르게 예측하고 제공하게 될 것이다.

한국의 스마트홈 발전 단계

우리나라는 1990년대 말부터 초고속인터넷 시설이 들어오고 주택 내부까지 광케이블이 포설되면서 건물 내부의 정보통신 및 방송 설비 등이 고도화되었다. 이를 계기로 신축되는 아파트나 빌딩 내부에 홈 네트워크가 본격적으로 구축되기 시작했으며, 홈 네트워크 사업 활성화 계기가 마련되었다.

그러나 IT 기업, 통신 기업, 가전 기업, 건설 기업 등 이질적인 플레이어들 간의 치열한 주도권 경쟁으로 표준화가 미비한 상태에서 아파트나 빌딩을 건축하는 건설사 중심으로 홈 네트워크 사업이 진행됨에 따라 가전 기업과 통신 기업은 서비스나 비즈니스 모델을 찾지 못하고 철수했으며, 결국 홈 네트워크는 아파트 건설의 한 부분으로 축소되고 성장하지 못하게 되었다.

답보 상태를 지속하던 국내 스마트홈은 2000년대 스마트폰의 등장과 대중화로 현재 우리가 알고 있는 스마트홈의 초기 단계를 구축했다. 즉, 스마트홈 앱의 기능을 통해 가스밸브 · 조명 · 보일러를 제어하고, 집 상태를 외출 · 방범 등으로 설정, 부재중 방문자를 영상으로 확인하는 등 스마트폰을 통해 센서가 탑재된 사물들을 네트워킹하는 IoT 기술의 발전으로 활성화의 발판을 마련한 것이다. 스마트홈 시장에 참여한 주요 기업의 현황을 통해 좀 더 자세히 살펴보자.

① IT 기업

구글, 애플, 아마존 등 거대 IT 기업들이 새로운 시장인 스마트홈을 신사업 영역으로 간주하고 선점을 위해 전략적으로 기술 및 시범 사업 투자를 확대했다. 특히 인터넷 검색과 모바일 플랫폼을 장악하고 있는 구글은 스마트홈의 대표적인 디바이스 제조사를 인수하고 플랫폼 연동을 통해서 스마트홈 시장을 선점했다.

모바일 스마트 기기를 생산·판매하는 애플은 앱App 개발자들에게 홈킷Homekit API를 공개해 스마트홈 분야로 개발 영역을 확장하도록 유도하며 iOS 생태계에 스마트홈을 포함하려는 전략을 수행했다.

전자상거래의 대표 기업 아마존은 음성 인식 기반의 커넥티드 스피커 '에코Echo', 개인비서 '알렉사Alexa', 자동 주문 '대시Dash'와 원클릭 주문 단말기 '대시버튼Dash Button' 등 홈 IoT를 유료 멤버십인 아마존 프라임과 연계해 가정 내 전자상거래 촉진을 스마트홈 사업 방향으로 설정했다. 또한 에코와 알렉사를 기반으로 스마트 전등, 콘센트 등 다양한 홈 IoT 기기 확대를 위한 API 개방 및 신규 디바이스 업체 발굴을 위한 펀드를 조성했다.

이처럼 스마트홈 시장 점유율을 넓히기 위해 치열하게 경쟁하던 글로벌 IT 기업들이 경쟁으로 인해 파편화된 스마트홈 플랫폼 시장을 하나로 묶기 위해 2019년 12월 손을 잡았다. 최근 산업 자동화를 비롯한 홈 오토메이션을 위해 만들어진 프로토콜 표준 제정 비영리 단체 지그비 얼라이언스ZigBee Alliance는 구글, 애플, 아마존과 함께 새로운 멀티 플랫폼

>> 국내 스마트홈 산업 시장 주요 참가자 (출처: 한국산업기술평가관리원)

구분	참여 수단	주요 기업
가전사	TV, 냉장고, 냉난방기기, 조명	삼성전자, LG전자, 쿠첸, 코웨이, 대유위니아 등
홈넷사	월패드, CCTV, 주차제어 등	코맥스, 코콤, 경동원, 현대통신, 삼성SDS
통신사	통신, 앱(App) 등	KT, SKT, LGU+
건설사	스마트 아파트 건축	공공(LH, SH), 민간(대우, 현대 등)

연결 표준을 수립하기 위한 'IP 기반 프로젝트 커넥티드 홈Project Connected Home over IP'을 결성했다고 발표했다. 지금까지는 스마트 조명 제조사가 애플(HomeKit), 구글(Weave), 아마존(Alexa) 중 하나를 선택하거나 각기 다른 플랫폼과 연동하기 위한 개별 버전을 만들어 출시해야 하는 번거로움이 있었다. 그러나 이제는 오픈 소스 기반의 새로운 표준을 통해 하나의 제품에서 소비자가 선호하는 음성 지원 플랫폼을 선택해서 사용할 수 있게 된다.

로열티가 없는 무료 개방형 표준인 'IP 기반 프로젝트 커넥티드 홈'에는 앞서 말한 3사 외에도 삼성 스마트싱스SmartThings, 시그니파이Signify, 필립스 휴Hue, 이케아 등 다른 스마트홈 프로토콜을 가진 제조사들도 참여해 광범위한 스마트홈 통신 표준 마련에 가속도가 붙을 전망이다.

② 통신 기업

AT&T는 2013년 4월 모바일 기반의 스마트홈 서비스인 '디지털 라이프Digital Life'를 출시하면서 타 통신사에 비해 적극적으로 스마트홈 사업을 추진하고 있다. 디지털 라이프 서비스는 스마트폰 및 태블릿PC 전용 앱을 통해 보안 카메라, 온도 조절기, 도어 잠금장치 등을 원격 조작할 수 있는 서비스로, 에너지 관리, 누수 관리 패키지 등을 추가 선택할 수 있다.

국내 통신사들은 스마트홈을 IoT 분야의 주도권을 잡기 위한 가장 주요한 플랫폼으로 보고 있다. 특히 LGU+는 IoT 시장에서 시장점유율 1위를 차지하기 위해 삼성전자와 LG전자를 중심으로 중소 가전사를 아우르는 다양한 스마트홈 디바이스 라인업 확보 및 건설사와의 적극적 제휴 등을 진행하며 공격적으로 관련 서비스 사업을 확대하고 있다.

SKT는 디바이스 제조사들을 대상으로 IoT 플랫폼 서비스인 '씽플러그ThingPlug'의 판매 집중 전략을 통해 가전제품 외에도 보안, 홈 네트워크,

인테리어 등 다양한 관련 분야에서 가장 많은 스마트 디바이스를 연동시키며, 자사의 스마트홈 앱을 통해 제어 및 관리하는 서비스를 확대하고 있다.

KT도 다른 통신사들과 비슷한 방식으로 스마트홈 서비스를 제공하고 있으며, 특히 건설사와의 제휴에 집중하고 있다. 건설사를 통할 경우 디바이스 설치 및 관리 등의 비용을 줄일 수 있고, 스마트홈 서비스 이용자를 대규모로 확보할 수 있기 때문이다.

③ 가전 기업

스마트홈 디바이스들이 본격적으로 출시되기 시작한 2014년부터 주로 IP CCTV처럼 스마트폰으로 냉장고에 들어 있는 식재료를 확인하거나 집 안 상태를 모니터링할 수 있는 제품, 또는 스마트 플러그나 스마트 보일러처럼 원격으로 디바이스의 동작을 제어하는 종류로 구성되었다.

삼성전자는 앞으로 생산하는 모든 가전제품에 IoT를 도입하고, 자사의 IoT 플랫폼인 '스마트싱스Smart Things'의 사용 확대를 통해 삼성만의 스마트홈 생태계를 구축하여 관련 서비스를 제공하려 하고 있다. 특히 CES 2020에서는 AI·5G·IoT 등 최신 기술을 적용한 커넥티드 리빙connected living 솔루션과 스마트홈을 제어하는 작지만 똑똑한 로봇 집사 '발리Ballie'와 같이 시장을 주도할 혁신 제품을 선보였다.

반면, LG전자는 3대 개방전략(오픈 파트너십, 오픈 플랫폼, 오픈 커넥티비티)을 바탕으로 스마트홈 생태계를 넓혀 나가는 전략을 취하고 있다. 이에 'LG씽큐LG ThinQ'라는 인공지능 기반의 자체 서비스 플랫폼 외에 타 서비스 플랫폼과의 연동에도 적극적이어서 아마존의 알렉사를 주요 인터페이스 기술로 활용하고 있다. CES 2020에서는 인공지능 활용을 통해 더욱 편리해진 미래 라이프스타일을 보여주고자 '어디서든 내 집처럼 Anywhere is home'을 주제로 'LG 씽큐 존'을 꾸몄다.

이 외에도 중국의 샤오미는 TV, 에어컨, 공기청정기, 체중계, 스마트 러닝화, 미밴드, 스마트전등 등 스마트홈 및 웰니스 제품을 다량 출시하고 있으며, 기본적으로 네트워킹과 자동화를 통해 샤오미의 서비스를 확장해 가는 '애플의 옴니채널 방식'으로 본인들의 사업 영역을 넓혀가고 있다.

이케아는 조립형 가구 스마트 키트 및 무선 충전 시스템이 탑재된 홈 스마트 라인을 통해 스마트홈 시장 진출을 추진하고 있으며, 보쉬와 지멘스는 스마트홈 분야 합작사 'BSH'를 통해 오븐, 세탁기, 식기세척기, 건조기 등을 태블릿PC로 제어할 수 있는 '홈 커넥트 솔루션'을 공개하며 스마트홈 시장에 진입했다.

④ 건설 기업

건설사들은 이미 오래전부터 경쟁사와의 차별화를 위해 월패드 중심의 유비쿼터스 아파트를 구축해 왔다. 그동안은 월패드로 보일러·전등을 컨트롤하거나 공동현관의 출입을 통제하는 등 대부분 집 안 및 공용부 시설에 대한 편의 서비스를 제공하는 수준이었고, IoT 기반의 스마트홈 시장으로 전환된 후에도 월패드를 통해 기존에 제공하던 기능들을 단순히 스마트폰으로 옮겨 제공하는 수준이었다.

하지만 최근에는 보다 높은 수준의 서비스를 제공하기 위해 스마트홈 서비스에 적극적인 통신사 및 인공지능 스피커와 이를 기반으로 한 서비스 생태계를 보유하고 있는 인터넷 서비스 사업자들(네이버, 카카오, 구글 등)과의 제휴를 확대해 나가고 있다.

미래 주거 변화를 이끄는 7대 메가트렌드

주택산업연구원에서 발표한 「미래 주거트렌드 연구」에 의하면, 2025년까지 미래 주거 변화는 '7대 메가트렌드'를 주축으로 이루어질 것이다.

① '베이비붐 세대→에코 세대' 수요층 세대 교체

앞으로 에코 세대가 본격적으로 주택 시장의 구매자로 진입하게 된다. 에코 세대란 경제적으로 풍요로운 환경에서 성장해 높은 교육 수준과 글로벌 마인드를 지닌 세대를 말한다. 지금까지 주택 시장의 주요 구매층이던 베이비붐 세대가 은퇴하면서 서울보다 경기, 광역시, 기타 시·도로 이동하게 되고, 그 자리를 서울 내 거주 의향이 높은 에코 세대가 메울 것으로 예상된다.

20대 및 에코 세대는 생활 편의시설, 30대는 교육 환경, 베이비붐 세대를 포함한 40~60대는 쾌적성이 주거 선택 시 큰 요인으로 작용할 것이다.

② 실속형 주택이 대세

계속되는 저성장 기조와 소비자의 라이프스타일을 반영한 실속형 주택이 대세로 떠오른다. 에코 세대는 가족 수에 맞는 적정한 규모의 주택보다 이용성·실용성 중심의 사용 가치를 더욱 중시한다. 따라서 전용면적 40~60㎡인 실속형 주택에 대한 인기가 증가할 것이다.

③ 주거비의 다운그레이드

주거비 다운그레이드의 욕구가 더욱 커지면서, 가성비가 주택을 구매할 때 주요 요인으로 고려될 것이다. 특히 노후의 미래 주거비 증가 요인인 관리비 등의 부담을 줄일 수 있는 저에너지 주택, 그린하우스, 에너지 생산 및 에너지 거래 주택에 대한 베이비붐 세대의 관심이 높아질 것이다.

④ 다양한 공간 기능

면적은 작지만 교통이 편리한 도심에 위치하고 첨단화된 기능과 고급 서비스를 제공하는 '기능 복합형 초소형 주택'이 고소득 1인 가구를 타깃으로 한 상품이 될 것이다. 주거 내부 공간은 거주자의 라이프스타일에 맞추려는 니즈가 반영될 것이다. 즉, 개인이 소비하는 주거 공간은 휴식 이외에 비즈니스, 미팅, 파티 등 다양한 공간 사용 요구에 맞춘 변경이 가능해야 하며, '나만의 주거 공간 스타일링'을 원하는 소비자가 더욱 늘어날 것이다.

⑤ 자연주의 공간, '숲세권'

바쁜 현대 사회 속에서 자연과 숲속의 휴식 공간에 대한 수요는 점점 증가할 것이다. 아파트 중심의 주거문화는 지속되지만, 미래에는 자연을 적극적으로 즐기려는 소비자들이 '숲세권' 주택을 선택할 것이다. 또한 은퇴 후 실속을 챙기면서도 저렴하게 자연과 휴식를 즐기기 위한 '세컨드 하우스'로 이동식 주택, 3D하우스, 조립식 주택 등을 선택할 것이다.

⑥ 첨단 기술을 통한 주거 가치 향상

스마트 기술의 도입으로 새로운 주거 기능과 서비스가 등장한다. IoT를 통한 주거 기능의 스마트화부터 빅데이터를 통한 개인의 라이프스타일에 맞춘 서비스로 점차 발전하고 있다. 특히 로봇 서비스를 통한 주택 내 하자 점검 서비스처럼 첨단 기술을 활용해 주거 가치를 향상시키려는 발전은 계속될 것이다.

⑦ 월세 시대, 임대 사업 보편화

부동산 임대 수익을 위한 구매가 늘어나면서 결국 임대 수익용 부동산을 우선 구매하고, 실거주 주택 규모는 축소하는 현상, 즉 저금리 월세 시대에 개인 임대사업자로서 임대 수익과 동시에 주거 안정을 추구하는 현상이 보편화될 것이다.

이처럼 '7대 메가트렌드'를 중심으로 주거 환경은 지금과는 전혀 다른 모습으로 빠르게 바뀔 것이다. 이와 더불어 사용자가 원하는 위치에서 원하는 시간에 적절하게 정확한 정보를 제공하는 '생활환경지능'이 융합된 스마트홈도 보편화될 것으로 전망된다.

기술의 양면성, 스마트홈 해킹

신기술 기반의 서비스로 빠르게 확대되고 있는 '스마트홈 시스템'은 월패드 또는 스마트폰 앱을 이용해 집 밖에서도 원격으로 스마트 TV, 가정용 CCTV는 물론 냉장고, 인공지능 스피커 등을 켜거나 끄고 냉난방과 환기, 집안 CCTV를 통한 보안 모니터링까지 제어하는 등 사용자에게 생활의 편리함과 최적의 환경을 제공한다.

하지만 이러한 환경은 해킹의 경로나 개입 가능성이 다양해지면서 아이러니하게도 스마트홈이 발전할수록 사용자의 안전에 보다 직접적인 위협을 끼치는 상황이 벌어지고 있다. 실제로 최근 스마트홈 시스템을 도입한 아파트들을 중심으로 공용서버가 해외 해커로부터 공격을 받고, 이로 인해 현관문 비밀번호가 바뀌거나 집 안의 전등이 저절로 점등·소등되는 사건이 빈번하게 발생하고 있다.

이는 해킹에 의해 우리가 믿고 편리하게 사용해 왔던 스마트홈 기술들이 역으로 우리들을 감시하고 통제하는 수단으로 바뀔 수 있음을 의미한다. 현재로선 사용자 개개인이 스스로 보안에 대한 경각심을 갖고 적절히 대처하는 수밖에 없다. 그럼 사용자는 보안에 어떻게 신경 써야 할까? 가장 기본적인 방법은 IoT 기기에 사용하는 계정과 비밀번호를 주기적으로 바꾸는 것이다.

비밀번호는 알파벳 대문자·소문자, 숫자, 특수문자 등을 혼합해 최대한 복잡하게 만들고, 주기적으로 변경해야 한다. 대부분의 이용자가 이 부분을 인지하고 있지만, 가장 잘 안 지켜지고 있는 부분이기도 하다.

다음으로 가정에서 사용하는 무선 인터넷은 보안 암호가 적용된 네트워크를 사용해야 한다. 해커들은 주로 보안이 취약한 공용 와이파이를 이용해 해킹하는 경우가 많으므로, 암호가 설정되어 있지 않은 무선 인터넷은 사용하지 않는 것이 좋다. 또한 제조사들은 소프트웨어 업데이트를 통해 취약점을 수정·보완하므로, 가능한 한 제조사가 제공하는 소프트웨어 업데이트를 바로 적용하는 것이 바람직하다.

이처럼 인간의 편의를 위해 개발된 기술들은 역으로 이로움에서 해로움으로 바뀔 수 있게 되고, 이를 막기 위해 다양한 첨단 보안 기법들이 만들어지겠지만, 이 또한 뚫을 수 있는 첨단 해킹 기법들이 만들어지는 등 창과 방패의 싸움은 과거부터 지금까지 끊임없이 일어나고 있다.

모든 기술에는 명明과 암暗이 있듯이, 인간의 보다 나은 삶을 위해 만든 디지털 세상이 인간을 통제하게 된다면 과연 인간은 행복할까? 스마트홈 기술 변화가 우리에게 유토피아적 삶을 제공해 줄 것인지, 디스토피아적 삶을 제공할 것인지와 관련해서는 이를 아우르는 전체 디지털 세상에 대한 보다 근본적인 고민과 대비책이 필요하다.

주거의 변하지 않는 가치

미래 주거의 모습은 어떻게 바뀔까? 이 질문에 답하기 위해서 '주거에 대한 변하지 않는 가치'가 무엇인지, 인류의 산업사회 변천사를 통해 살펴볼 필요가 있다.

외부 위협으로부터의 보호, 쉼터

BC 7000년 전 구석기 원시사회 때 인류는 수렵과 채집을 위해서 자주 이동하며 생활했는데, 그러다 보니 뚜렷한 형태의 집을 갖기보다는 추위나 비바람, 짐승의 위협으로부터 자신을 보호해 주는 동굴이나 바위 그늘 등의 임시 거처만을 마련해 살았다.

그러다 신석기 시대에 모여서 처음으로 농사를 짓게 되었는데, 이때 정착 생활을 위해 땅을 일정한 깊이로 파고 말뚝으로 뼈대를 세워 움집을 지었고, 이 움집은 인류 최초의 집이 되었다. BC 3000년경부터 18세기 중엽까지 지속적으로 농업기술은 진보되었고, 주거 형태는 동서양 및 주변 자연환경에 따라 차이는 있었으나, 주로 나무, 돌, 흙 등의 자연 재료들을 통해 집을 지었다.

18세기 후반부터 약 100년 동안은 산업기술의 급격한 발달을 통해 산업혁명이 일어난 시기로, 이 시대에 발명된 '철근 콘크리트 기법' 등은 주거를 포함한 모든 건축 분야에 큰 영향을 주었다. 20세기 후반 퍼스널 컴퓨터 및 인터넷의 등장으로 촉발된 정보사회는 이후 급격한 정보기술의 발달로 4차 산업혁명을 일으켰다. 최근 인공지능과 로봇, 빅데이터와 클라우딩, 바이오 및 나노 기술, 퀀텀 컴퓨팅 등 거의 모든 분야에 걸쳐

>> 인류 산업사회의 변천 과정 (출처: 한국정보화진흥원, 스마트시대의 패러다임 변화 전망과 ICT 전략)

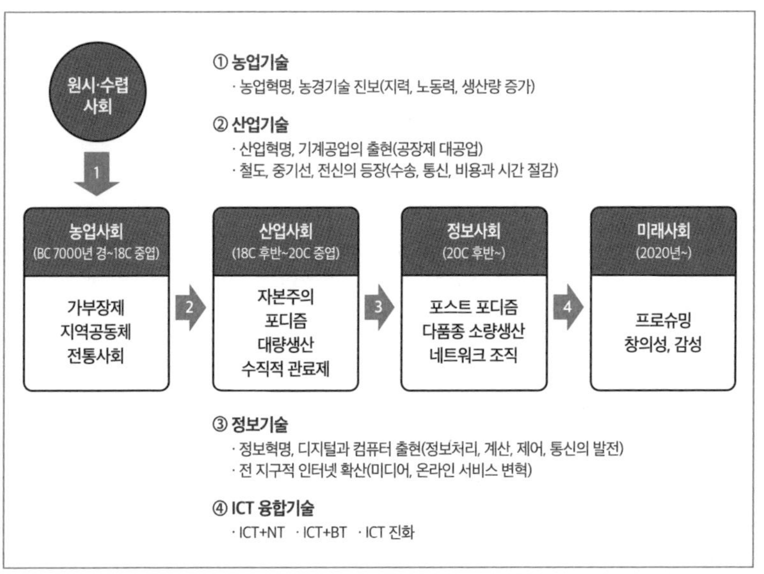

발전이 이루어지고 있다.

인류는 점차 최대한 편리하고 나은 삶을 누릴 수 있도록 주거 공간을 발전시켜 왔다. 이러한 변화 속에서도 삶의 터전으로서의 주거에 대한 변하지 않는 가치는 바로 심적으로나 육체적으로 편안하게 쉴 수 있는 '쉼터'라는 점이다. 앞으로의 주택은 '쉼터'라는 변하지 않는 가치를 기반으로 서비스 측면에서 발전된 모습을 보일 것이다. 결과적으로 미래 주거는 여러 미래학자와 전문가들이 이야기하고 있는 5가지 요소를 중심으로 변화할 것이며, 이를 선택하는 소비자들에게는 소프트웨어 측면의 가치 만족이 보다 중요한 선택 요인이 될 것이다.

① 개개인 맞춤 서비스

가족 구성원이 개인화되고 가족의 규모가 축소되면서 고령화 및 저출산 심화, 여성의 지위 향상 등의 사회적 변화는 개인주의적 가치관을 이전보다 확대시킬 것이다. 소비자들이 대량으로 생산된 규격화된 제품과 보편적인 서비스가 아닌, 개인의 상태나 감정, 경험을 기반으로 한 개개인 맞춤 서비스가 증가할 것이다.

② 스마트 관리

미래의 주거는 에너지 자원의 소모는 줄이고 편리한 생활환경을 제공하는 한편, 다양한 기기들을 이용해 외부로부터의 물리적 침입을 차단하고, 자체 관리하는 방향으로 진화하고 있다. 즉, 스스로 집 내부 습도·먼지·온도를 감지해 난방이나 냉방을 하거나, 창문을 포함한 환기 장치들의 자동 개폐를 통해 주거 공간의 쾌적함을 유지한다.

③ 개인 헬스 케어

사회의 고령화에 따른 노인 인구 증가로, 사회 의료비용이 급증하면서 치료 기술을 비롯한 관리와 예방 기술의 필요성이 대두되고 있다. 병원에 가지 않고 집에서 편리하게 건강 상태를 체크하는 등 다양한 헬스케어 서비스가 주거의 일부분으로 보편화될 것이다.

④ 가상현실(VR)

TV 화면을 통해 실제와 같이 생생한 현장을 감상할 수 있는 3D 영상 기술 및 물체의 표면에 반사시킨 빛을 통해 360도에서 볼 수 있는 홀로그램 기술의 발달은 주거 내 오락, 쇼핑, 교육 분야에 새로운 패러다임을 가져올 것이다.

⑤ 친환경, 저에너지

국가 경쟁력의 핵심 가치인 친환경 정책 확대는 주거 분야에서 태양광 및 지열 등의 친환경 에너지를 스스로 만들고 사용하는 '에너지 제로 하우스Energy Zero House'의 개발을 가속화시킬 것이다.

앞으로 건설기업들은 '미래 주거의 5가지 요소'를 기준으로 소비자의 니즈에 맞춘 표준형, 실속형, 고급형, 임대형 등으로 구분해 주택 기술, 주거 서비스, 내부 설계, 인테리어 등이 차별화된 상품을 공급해야 할 것이다. 또한 건설사를 포함한 스마트홈 참여 기업들은 생활 편의 기능을 제공하는 디바이스나 솔루션이 중심이 되는 스마트홈에서부터 이들을 바탕으로 다양한 생활 서비스를 제공할 수 있는 형태의 스마트홈 전략을 추진해야 할 것이다.

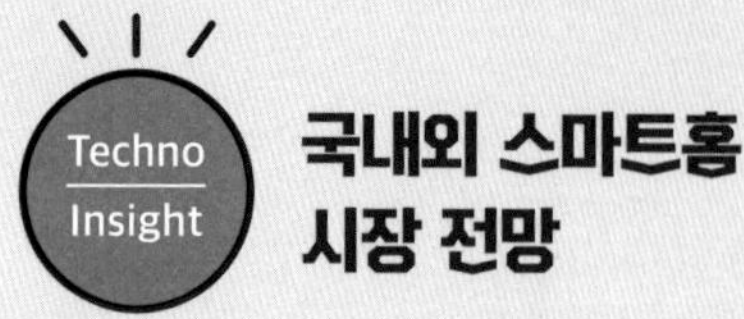

국내외 스마트홈 시장 전망

스마트홈 시스템은 최근까지 그 범위가 계속 확장되고 있는데 가전, 조명, 에너지 관리, 네트워크, 보안, 냉난방 및 환기, 홈 엔터테인먼트 등을 비롯해 여러 스마트 기기를 연동하고 제어하는 스마트홈 솔루션 및 각종 서비스(클라우드, 빅데이터 포함) 등이 모두 스마트홈에 포함된다. 앞으로는 가정용 로봇, 가상현실까지 포함될 것으로 예상되는 스마트홈 산업은 광범위하게 적용 가능한 스마트폰과는 달리 지역이나 문화, 정치적 환경을 고려해 도시에 적합한 시장 전략과 표준화의 균형을 유지하는 것이 중요하다.

또한 스마트홈과 관련된 스마트 기기는 앞서 언급한 '미래 주거 변화의 5가지 기술 요소'에 맞춰 주거 보안, 비용 절감, 효용 증가 등 다양한 요구에 의해 보안, 에너지 관리, 고객 편의, 건강 및 의료 분야를 중심으로 발전할 전망이다.

마켓앤마켓Markets&Markets의 2017년 보고서에 따르면 전 세계 스마트홈 시장 규모는 2016년 549억 7,000만 달러에서 연평균 13.61% 성장해, 2023년엔 1,379억 1,000만 달러에 이를 전망이다.

애플리케이션별로 살펴보면 '엔터테인먼트 및 기타 컨트롤 부문'은 2017년 203억 5,250만 달러에서 연평균 성장률 8.61%를 기록해, 2023년에는 334억 6,000만 달러에 이를 것으로 전망했고, 조명 컨트롤 부문은 가정의 에너지 절약에 대한 관심이 증가함에 따라 2016년 105억 1,280만 달러에서 연평균 18.13% 성장해, 2023년에는 285억 6,920만 달러에 이를 전망이다. 또한, 홈 애플리케이션 부문은 스마트 가전에 대한 수요 증가에 따라 2016년 73억 1,490만 달러에서 연평균 18.20% 성장해, 2023년에는 199억 4,490만 달러에 이를 것으로 전망된다.

전 세계 스마트홈 시장에서 2016년 기준으로 아시아 지역은 약 26%

>> 글로벌 스마트홈 시장의 애플리케이션별 전망 (출처: Markets&Markets, Smart Home Market 2017)

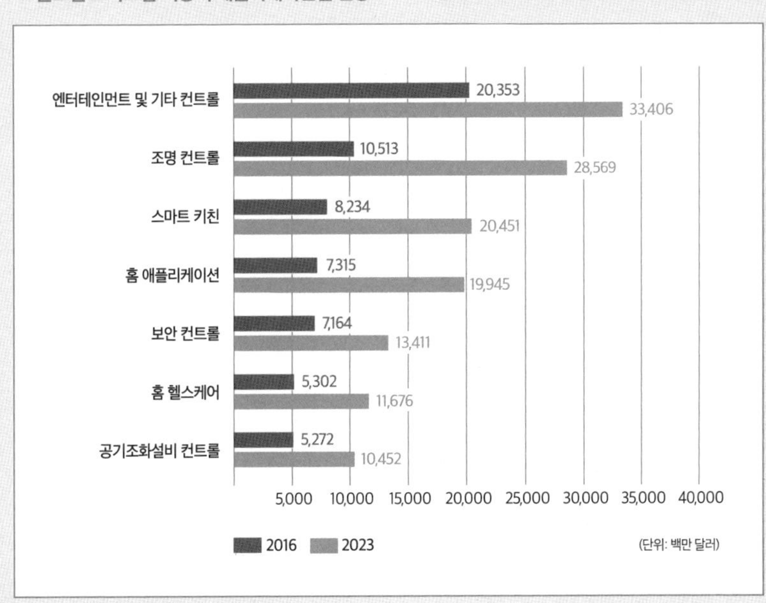

의 점유율을 차지했으며, 이 중 한국은 25.67%의 비중을 기록했다. 한국은 2017년 41억 6,000만 달러에서 연평균 성장률 11.91%를 기록해 2023년 시장 규모가 96억 5,000만 달러에 이를 것으로 전망된다.

결국 국내 주거의 가격 중심 시장, 아파트 중심 주거 문화는 당분간 유지되겠지만, 앞으로 점점 더 개인이 자신을 표현하고 새로운 경험과 서비스를 제공받는 사용 가치가 가격보다 더욱 중요한 기준이 될 것이라는 것은 명백한 사실이다.

이처럼 소프트웨어 중심의 미래 주거환경은 소비자 개개인의 라이프스타일에 맞추어 가치 있는 융복합 서비스가 제공되고, 첨단기술이 적용된 스마트홈이 보편화될 것이다. 또한 에너지를 생산해서 주고받는 스마트 그리드, 공기를 쾌적하게 정화하는 시스템, 쓰레기를 직접 해결하고 생활용수를 정수해 재활용하는 시스템 등이 포함될 것으로 예상되며, 집 안 구석구석에 내장된 센서를 기반으로 인공지능이 집 안 전체를 관리

>> 스마트홈 시장의 아시아 국가별 전망 (출처: Markets&Markets, Smart Home Market 201)

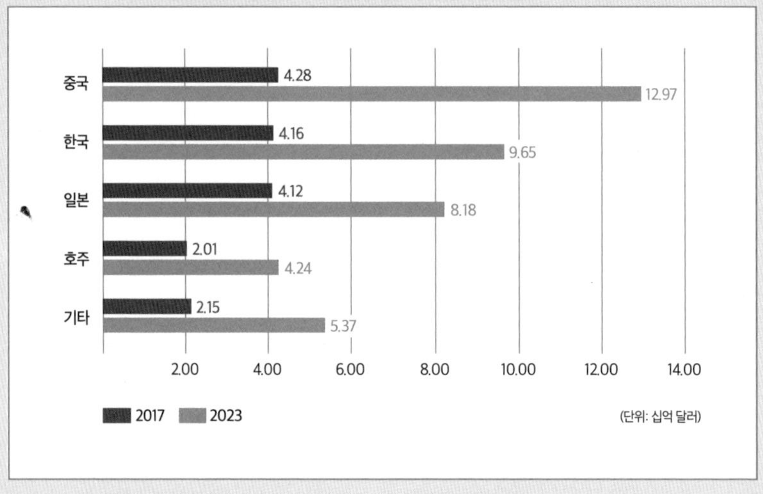

하는 등 스마트 도시와 연계되어 우리에게 더 편리하고 편안한 '쉼터'로서의 삶을 제공할 것이다. 이는 곧 12년 전 영화 속에서 보았던 인공지능 비서인 '자비스'를 우리의 집에서도 볼 수 있는 날이 얼마 남지 않았음을 보여주는 것이다.

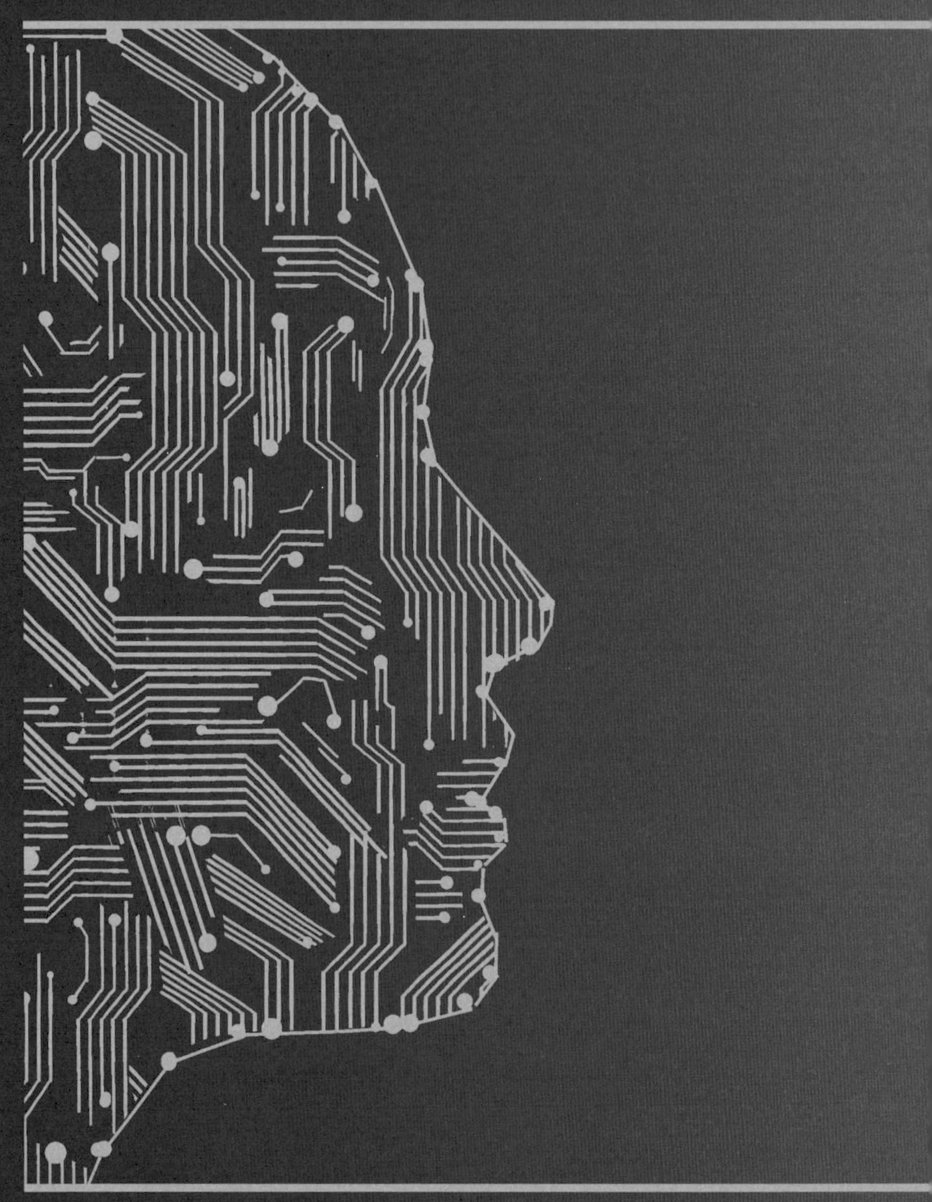

블록체인이 만들어 낸 새로운 비즈니스

: 경제&금융

#초공유경제

#핀테크

#리번들링

#현금 없는 사회

#빅테크

콘텐츠 플랫폼 기업인 넷플릭스Netflix는 국내 콘텐츠 시장에 진출한 지 1년 만에 186만 명(2019년 8월 기준)의 유료가입자를 확보했다. 이러한 돌풍의 비결은 뭘까? 바로 실시간 스트리밍을 무한 제공한다는 점이다. 이는 넷플릭스가 수억 명이 동시에 접속해서 스트리밍해도 네트워크 부하를 견딜 수 있고, 동시에 영상 품질이 저하되지 않도록 하는 고속 동영상 전송 기술을 가지고 있기 때문에 가능한 일이다.

소유의 종말

2001년 와튼경영대학원 교수 제레미 리프킨Jeremy Rifkin은 저서 『소유의 종말』에서 앞으로의 세계 경제는 '소유'에서 '접속'으로 이동할 것이라고 예언했다. 그로부터 약 20년이 지난 현재 그 예언은 정확하게 적중하고 있다. '소유'라는 전통적인 자본주의가 지향했던 개념은 네트워크의 고도화를 통해서 '접속'을 통한 '체험' 개념으로 빠른 속도로 전이되고 있다.

넷플릭스의 인기는 그 단적인 예다. 인간은 죽음이라는 영원히 풀리지 않는 숙명에 항상 직면해 왔다. 초기 산업혁명 시대의 인간은 살아 있을 때 보다 많은 재화와 서비스를 소유하는 것을 인생의 목표로 삼은 듯이 무한 생산, 무한 소비, 무한 경쟁하며 살았다. 그러나 두 번의 세계대전과 핵무기 개발, 환경오염 등과 같은 끔찍한 상황들은 인류에게 소유의 개념에 대한 회의감을 들게 만들었다. 그리고 이제는 소유보다는 체험과 공유가, 물질보다는 시간이 중요한 개념이 되었다. 과거에는 판매자와 구매자가 시장의 중심축이었다면, 이제는 공급자와 사용자가 이 역할을 담당하게 된 것이다.

여기서 등장하는 개념이 '플랫폼 경제'[5]다. 우리가 흔히 알고 있는 플랫폼 기업으로는 페이스북, 구글, 애플, 넷플릭스, 에어비앤비, 우버 등이 있다. 이들 기업의 플랫폼 비즈니스 모델은 플랫폼 사업자가 직접 재화와 서비스를 제공하는 것이 아니라 그것을 필요로 하는 사용자들과 서로 연결시켜주는 것이다. 플랫폼 사업자는 공급자와 사용자를 서로 연결해 줌으로써 수익(중개수수료, 광고 수익, 구독료 수입, 라이선싱 수익 등)을 창출한다. 이러한 비즈니스를 하기 위해서는 빅데이터와 인공지능을 활용하여 사용자에게 상품이나 서비스를 추천해 주는 기술이 필수적이다. 대표적인 O2O 서비스 기업이며 동시에 공유경제 기업으로 친숙한 우버와 에

5 >> 플랫폼 경제(Platform Economy)는 인터넷과 같은 디지털 네트워크를 기반으로 상품 및 서비스의 공급자와 수요자가 거래하는 경제활동을 말한다.

어비앤비도 사실 플랫폼 기업에 가깝다.

플랫폼 경제에서 초공유경제로

공유경제The Share Economy는 하버드대 교수 마틴 와이츠먼Martin L. Weitzman이 1984년 자신의 논문에서 처음 사용한 개념으로 재화와 서비스를 소유하지 않고 필요한 당사자끼리 서로 대여, 차용해 주며 공유하는 경제활동을 말한다. 많은 경제학자들은 가까운 미래에 공유경제가 자원 낭비가 심한 자본주의의 단점을 극복하고 인류의 지속 가능한 발전의 대안 모델이 될 것이라고 예측하고 있다.

공유경제를 표방하고 있는 우버와 에어비앤비는 시장 지배적인 플랫폼을 구축한 후 서비스 공급자와 사용자 사이에서 막대한 중개수수료를 취하고 있다. 반대로 공유 네트워크에 기여한 구성원들에 대한 공정한 보상은 전혀 주어지지 않고 있다. 진정한 공유경제의 개념은 공급자와 사용자 사이의 직거래를 통한, 거래수수료를 없앤 완전한 탈중앙화 시스템을 지향한다. 그리고 공유로 창출된 가치는 구성원에게 공정하게 보상해야 한다.

하지만 플랫폼 경제가 진정한 공유경제를 뜻하는 것은 아니다. 그렇다면 어떻게 하면 플랫폼 경제를 대체할 완전한 공유경제를 실현시킬 수 있을까? 최근 블록체인 기술을 공유경제에 적용하고자 하는 시도들이 생겨나고 있다. 블록체인은 데이터 분산 처리 기술로, 합의된 네트워크에 참가하는 모든 구성원들의 거래 내역을 블록Block이라고 부르는 장부에 기록하여 동일하게 저장하고 순차적으로 공유하여 사슬로 연결하는 보안 기술이다. 한마디로 쉽게 정의하면 공동체 안에서 구성원 간의 상호 신뢰를 생성하는 기술이다. 세계경제포럼은 2025년까지 전 세계 GDP의 10% 이상이 블록체인 기반 플랫폼에서 발생할 것이라 전망하고 있다.

블록체인 기반의 플랫폼과 관련 기업 현황

블록체인이 현재까지 불완전한 공유경제를 모방해온 플랫폼 경제를 혁신할 수 있을 것인가? 플랫폼 기업은 공급자와 사용자의 매칭을 중개하여, 공급자와 이용자 사이에 안전한 거래 환경을 제공하며, 공급자와 사용자의 축적된 평판정보reputation rating를 활용하여 사기를 방지해 주는 역할을 해왔다. 블록체인이 도입되면 이러한 중개수수료를 뜯어가는 플랫폼 기업이 제공했던 역할을 모두 대체할 수 있다. 블록체인 기술의 가장 큰 장점은 바로 탈중앙화된 분산 네트워크다. 거래 내역의 위변조가 불가능하여 참가 구성원 모두 신뢰에 기반한 거래를 할 수 있다. 블록체인에 암호화폐를 연계한다면 블록(신규 거래)을 생성할 때마다 거래에 참여하는 구성원에게 토큰 방식의 인센티브를 통한 공정한 가치 분배도 가능하다.

블록체인은 중간관리자 또는 중앙집중식 서버와 브로커 없이 당사자 간 직접 거래가 가능한 P2PPeer to Peer 구조다. 그리고 당사자 간 직접 거래 원장을 분산 공유하기 때문에 거래 참여자가 증가할수록 데이터의 무결성과 신뢰성이 함께 증가한다. 이러한 방식을 스마트 계약smart contract이라고 한다.

최초의 장기주택 임대 플랫폼인 렌트베리Rentberry는 이더리움Ethereum[6] 기반의 블록체인 플랫폼이다. 이 플랫폼에서 임대인과 임차인은 임대차 계약을 블록체인 방식으로 진행한다. 임대차 합의가 성사되면 임대료를 지불하는 절차가 이더리움 방식의 스마트 계약으로 이루어진다. 임대료는 플랫폼 자체의 '베리토큰'이라는 암호화폐로 지급된다. 이는 위변조가 불가능한 분산원장에 사용자 평가와 리뷰를 저장하기 때문에 에어비앤비와 같은 신용점수만으로도 임대인과 임차인을 평가하는 시스템이 가진 문제점(거짓 평가)을 보완할 수 있게 되었다.

이스라엘의 스타트업 라주즈Lazooz는 이더리움 기반의 차량 공유 서비스를 제공한다. 앱을 통해 사용자 위치를 공유하면서 실시간 위치를 블록체인에 등록하고 차량 공유를 원하는 사용자가 목적지를 전송하면 가장 가까운 위치를 지나는 공유 희망자에게 알람이 가게 된다. 서로 거래에 합의하면 사용자의 전자지갑에서 운전자의 전자지갑으로 라주즈의 이더리움 기반 암호화 토큰인 '주즈토큰'이 입금되는 방식이다.

독일의 스타트업 슬록잇Slock.it은 유휴자산(자동차, 빈집)을 공유하기 위해 암호화폐를 결제 수단으로 사용할 수 있는 이더리움 기반의 블록체인 서비스를 제공하고 있다. 여기서는 스마트 계약에 의해 사용자와 공급자 간의 매칭과 거래가 이루어진다. 모든 계약은 P2P로 진행되어 자동으로 거래가 실행되고 수수료도 기존 플랫폼 기업인 에어비앤비보다 저렴하다.

6 >> 이더리움은 2015년 7월 30일 비탈릭 부테린(Vitalik Buterin)이 개발했다. 비탈릭 부테린은 가상화폐인 비트코인에 사용된 핵심 기술인 블록체인에 화폐 거래 기록뿐 아니라 계약서 등의 추가 정보를 기록할 수 있다는 점에 착안하여, 전 세계 수많은 사용자들이 보유하고 있는 컴퓨팅 자원을 활용해 이더리움 가상 머신(EVM)을 만들고, 이 플랫폼을 이용하여 SNS, 이메일, 전자투표 등 다양한 정보를 기록하는 시스템을 창안했다.

블록체인 기반 차량 공유 서비스인 '아케이드 시티Arcade City'는 이더리움 기반의 전자결제로 참가자 모두에게 적절한 보상을 주는 시스템이다. 중개인이 전혀 개입하지 않는 P2P 방식의 스마트 계약으로 수수료가 없기 때문에 공유자는 우버를 이용할 때보다 2~3배 많은 수익을 올릴 수 있다. 즉, 사용자가 디지털 통화인 토큰을 구입하고 쿠폰 생성 후 운전자와 가격 협상을 통해 합의가 되면 블록체인으로 거래 대금이 전송되는 비즈니스 모델이다.

ECONOMY&FINANCE

02

현금 없는 사회

금융 분야에서도 다양한 측면의 변화가 진행 중이다. 우선 스마트폰의 등장은 소비자들의 지급 행태를 빠르게 변화시켰다. 특히 모바일 결제 영역을 중심으로 소액 결제와 간편 결제 등이 확산되면서 '현금 없는 사회'로의 변화가 빠르게 진행되고 있다.

지폐와 동전이 사라진다

전 세계 모바일 결제 시장 규모는 매년 약 30~40%의 성장률을 보이고 있으며, 국내외 IT 기업들의 지급 결제 시장 진출도 활발하게 진행되고 있는 상황이다.

실제로 글로벌 현금 결제 비율은 2013년 89%에서 2019년에 77%로 급격히 하락했다. 또한 최근 10년간 디지털 결제 방식의 확산으로 전 세계 현금 사용량은 지속적으로 감소했다. 특히 선진국이고 인터넷 보급률이 높은 국가일수록 현금 결제 비율이 낮은 것으로 나타나고 있다.

주요 선진국에서는 현금 없는 사회에 대비하기 위한 준비가 진행 중이다. 스웨덴의 경우 소매점의 현금 결제 거부권을 보장하고 2030년까지 무현금 사회를 목표로 하고 있다. 프랑스는 2015년 1,000유로 이상 현금 결제를 금지했고, 덴마크는 2017년 동전 및 지폐 제작을 중단하고 현금 거래 의무제 폐지 법안을 상정했다. 벨기에도 부동산 거래 및 5,000유로 이상 현금 결제를 2017년 금지했으며, 호주도 1만 달러 이상 현금 결제를 2019년에 금지한 바가 있다. 싱가포르 역시 2020년에 대중교통 이용 시 현금 결제를 금지할 예정이다. 일본의 경우에도 2025년까지 비非현금 결제 비율 40% 달성 추진 등 다양한 대비를 지속하고 있다.

영국 이코노미스트는 이와 같이 전 세계가 현금 없는 사회로 변화하는 현상에 대해 다음의 3가지 이유를 들었다.

첫 번째는 소비자 측면이다. 모바일 기기와 디지털 기반의 라이프스타일이 익숙한 세대가 소비의 주류가 되어 가면서 모바일 결제와 같은 디지털 결제 방식에 대한 수요가 크게 증가했다는 것이다.

두 번째는 각국 중앙은행이나 금융회사들의 비용 절감 노력의 결과물이라는 분석이다. 현금을 사용함에 따라 발생하는 비용(조폐, 분류, 저장, 유통 등에 따른 비용)은 선진국의 경우 전체 GDP의 0.5% 규모로 추산되고 있다. 또한 은행 입장에서도 현금을 사용하지 않을 경우 ATM 기기 설치, 현금 운반 비용, 텔러 고용 등에 따른 비용을 줄일 수 있기 때문이다.

세 번째는 새로운 지급 결제 서비스의 발전 때문이라는 것이다. 네덜란드의 'Ideal', 스웨덴의 'Swish', 우리나라의 '삼성페이' 등 다양한 디지털 기반의 간편 결제 방식 확산은 상품이나 서비스 결제 시 손쉬운 결제를 가능하게 했다. 즉, 소비자의 자발적인 수요와 혁신의 결과로 현금 없는 사회로의 전환이 더욱 빠르게 진행되고 있다. 한국은행[7]에 따르면, 우리나라에서도 현금 이용 비중과 가계별 평균 현금 보유 규모, 소득 대비 현금 비중이 지속적으로 감소해온 것을 확인할 수 있다.

실물 없는 화폐의 등장, 암호화폐

몇 년 전부터는 기존의 화폐를 대체하는 새로운 수단으로 암호화폐가 등장했다. 암호화폐는 분산원장과 암호화 기술에 기반한 전자적 형태의 화폐를 말한다. 참여자가 정보를 암호화하여 저장·공유하는 분산형 장부와 생성 순서대로 블록을 연결하는 과정을 통해 유효성을 검증할 수 있어 정보의 위변조를 방지할 수 있다는 특징이 있다.

현재 대표적인 암호화폐는 비트코인이다. 그러나 비트코인 이외에도 수천 가지가 넘는 신종 코인Altcoin들이 우후죽순 등장한 상태이기 때문에 현시점에서 암호화폐의 성격을 하나로 단정 짓기는 어려운 상황이다. 그러나 암호화폐가 실제 법정 화폐나 지급 결제 수단으로 사용 가능한지에 대해서는 암호화폐 개발자들과 각국 중앙은행 등 금융당국 간에 서로 다른 입장을 보인다.

7 >> 현금 이용 비중은 2014년 17%에서 2016년 13.6%로 감소하고 가계별 평균 현금 보유 규모도 2015년 30.1만 원에서 2018년 20.3만 원으로, 소득 대비 현금 비중도 2015년 10.2%에서 2018년 6.0%로 감소했다.

암호화폐 개발자들의 경우 암호화폐가 현존하는 화폐의 경쟁재 또는 대체재가 될 수 있다고 주장한다. 금융회사를 배제하고도 당사자끼리 지급 수단으로서의 가치가 존재하며 물품 구매나 해외 송금도 가능하므로 지급 결제 수단의 역할도 할 수 있다는 입장이다. 반면 각국 중앙은행과 금융당국의 경우, 가격 변동성이 매우 크고 불확실한 시장 가치로 인해 가치 척도로서의 기능을 수행하기 어려우며, 교환의 매개 수단이 되기 위한 화폐로서의 광범위한 수용성을 갖추지 못했기 때문에 기존의 실물 화폐를 대체할 수 있는 자격이 부족하다고 지적하고 있다.

그러나 이러한 우려에도 불구하고 미래의 화폐는 현금의 디지털 버전 digital money 또는 digital currency 이 될 가능성이 높아 보이며, 비트코인 등 기존 암호화폐의 단점을 보완한 형태로 다수의 중앙은행에서 실험을 진행하고 있다. 암호화폐의 등장으로 지난 수십 년간 유지되어 온 통화체계가 바뀔 가능성이 매우 높으며, 실제 도입 시 큰 변화를 야기할 것이다.

최근 페이스북은 암호화폐의 극심한 가격 변동성 문제를 해결하기 위한 새로운 대안으로 다양한 회원사들이 참여하는 새로운 암호화폐 '리브라 Libra '를 2020년 상반기에 출시할 것이라고 발표했다. 리브라는 안정코인 암호화폐의 한 종류인데, 안정코인은 미 달러화, 엔화 등 기축통화는 물론 국채나 금과 같이 가격 변동성이 상대적으로 안정적인 법정 통화나 금융자산을 담보물이나 예치금으로 확보하여 안정적인 가격 변동이 가능한 장점을 가진다.

리브라는 페이스북 사용자들이 플랫폼상에서 제품이나 서비스를 구입하고 대금을 결제하거나 개인 간 송금 시 사용할 수 있도록 하는 것을 목표로 하고 있으며, 특히 전 세계 예금 계좌를 보유하지 않은 17억 명의 성인 인구를 주요 타깃으로 하고 있다. 이들에게는 무료에 가까운 적은 금액의 수수료로 송금과 지급 결제 수단을 제공할 예정이다.

한편 리브라 출시 계획 발표는 각국 중앙은행들의 암호화폐에 대한 관심이 더욱 높아지는 계기가 되었다. 각국 중앙은행들도 리브라가 기존 암호화폐의 단점을 보완하고 금융 소비자의 욕구를 충족시키고 있어 성공 가능성이 높다고 판단한 것이다. 유럽에서는 프랑스 재무장관인 브뤼노 르 메르Bruno Le Maire가 2019년 9월 초 EU 재무장관 회의에서 디지털 통화에 대한 유럽 공통 프레임워크[8]를 요구한 바가 있으며, 영란은행 총재인 마크 카니Mark Carney도 8월에 중앙은행 간 네트워크를 통해 제공되는 새로운 디지털 통화를 제안한 바가 있다. 중국도 중국인민은행이 중앙은행으로서는 처음으로 실물 위안yuan 기반 안정코인 암호화폐를 출시할 예정이다.

8 >> 소프트웨어 개발에 필수적인 설계와 구현을 재사용할 수 있도록, 일련의 협업화된 형태로 제공하는 소프트웨어 환경

그동안 금융 산업의 주요 플레이어들은 대규모 자본력을 가진 대형 금융회사 위주로 구성되어 있었다. 때문에 소비자들은 은행, 증권, 보험 등 기존 금융업권의 틀에 가로막혀 개별적이고 종합적인 소비자의 수요에 맞는 금융 서비스를 제공받지 못했으며, 공급자인 금융회사의 일방적인 금융 서비스만을 제공받을 수밖에 없었다.

핀테크 기업의 등장과 금융 혁신

그러나 핀테크Fintech 기업의 등장은 금융 산업 전반에 커다란 변화를 불러왔다. 얼마 전까지만 해도 금융회사들은 소비자에게 예금, 대출, 송금, 투자자문 등 여러 가지 금융 서비스를 묶음으로 제공하는 방식인 묶음 판매bundling 형태로 비즈니스를 영위해왔다. 예를 들어 기존에는 은행 한 곳에서 대출을 받으면, 적금이나 예금상품을 추가로 가입하는 경우 금리 혜택을 제공하는 식의 금융상품 묶음 판매가 이루어져 왔다.

그러나 금융 분야에서도 소비자의 요구사항이 더욱 세분화, 구체화되고 금융 서비스의 디지털화가 빠르게 진행되면서 대형 금융회사의 묶음 판매 형태의 금융 서비스가 아니라 소비자가 필요한 금융 서비스별로 기능별 분할unbundling이 진행되었다. 즉, 개별 금융 서비스별로 서비스 제공 기관이 각각 달라질 수 있는 새로운 변화가 시작된 것이다.

이러한 변화 속에서 특화된 서비스로 경쟁우위를 가지는 핀테크 기업들이 등장하기 시작하면서 이를 찾는 소비자의 수요도 많아졌으며, 금융 서비스별 서비스 제공 기관의 세분화는 금융 산업에서 핀테크 기업의 역할이 더욱 커지는 계기가 되었다.

한편 최근에는 '핀테크 유니콘'이라 불리는 일부 핀테크 기업들이 크

>> 금융 서비스의 변화 (출처: 금융위원회)

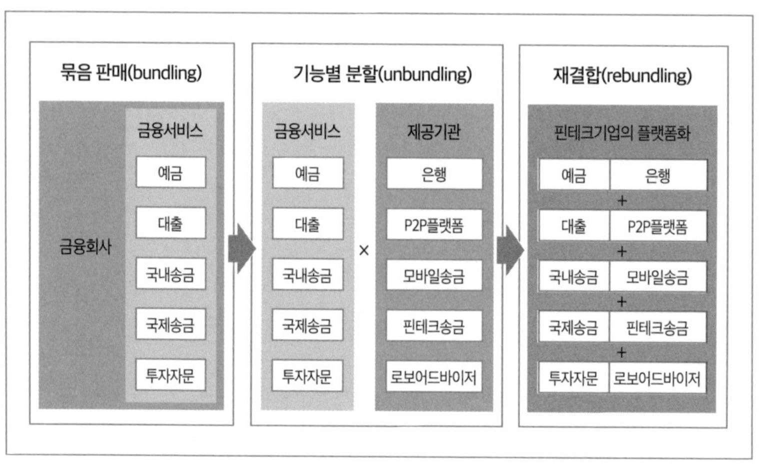

게 성장하면서 금융 서비스가 재결합, 즉 리번들링rebundling되는 현상이 나타나고 있다. 리번들링이란 송금이나 지급 결제 등 1~2가지 차별화된 개별 금융 서비스를 성공적으로 안착시키며 확보한 안정적인 고객 기반을 토대로 서비스 영역을 확장하여 다시 플랫폼화하는 현상을 말한다. 그리고 이러한 추세는 핀테크 기업의 업무영역 확장뿐만 아니라 핀테크 기업 간 인수합병, 파트너십 형태 등 다양한 형태로 진행 중이다.

해외에서는 송금 및 지급 결제 전문 핀테크 기업 리볼트Revolt가 2018년 12월에 은행 인가를 취득함으로써 은행업과 보험, 펀드 판매 등 금융 플랫폼 기업으로 확장을 추구하고 있으며, 글로벌 온라인 결제 전문 업체인 페이팔Paypal의 경우, 오프라인 소매시장과 중소기업 결제 시장 공략을 위해 아이제틀iZettle이라는 스웨덴 핀테크 기업을 2018년 5월에 인수하기도 했다. 이 외에도 물건 구매 후 거스름돈을 주식이나 펀드에 투자할 수 있도록 도와주는 마이크로 투자 플랫폼인 에이콘스Acorns라는 핀테크 기업은 LSBLincoln Savings Bank와 제휴하여 요구불 계좌를 이용자에게 발급하고 체크카드 서비스를 제공하기도 한다.

국내에서도 간편 송금 플랫폼으로 유명한 토스Toss를 운영하는 비바리퍼블리카가 금융회사와의 제휴를 통해서 예·적금 계좌를 개설하고 대출, 투자, 보험상품 판매 중개 등의 비즈니스로 확장하고 있으며 최근에는 인터넷 전문은행 예비 인가를 받으면서 은행업 진출까지 추진하고 있다. 뿐만 아니라 통합계좌조회 서비스인 뱅크샐러드를 운영하는 레이니스트도 예금, 신용카드, 보험, 대출 등 다양한 금융상품을 비교·분석하고 고객 데이터에 기반한 분석으로 맞춤형 금융상품을 추천하는 금융 서비스를 선보이는 등 금융 플랫폼 기업으로의 확장을 모색하고 있다.

국내 핀테크 기업의 빠른 성장에는 금융 당국의 노력도 있었다. 금융위원회는 지난 몇 년간 금융혁신 정책을 꾸준히 펼쳐왔으며 2019년 4월에는 규제 샌드박스 제도를 시행하여 핀테크 기업들이 새로운 서비스를 테스트할 수 있도록 2년간(최대 4년간)의 규제 적용 유예 혜택을 제공하고 있다. 또한 10월부터 오픈뱅킹 서비스를 실시하여 은행권이 사용하는 금융결제망을 핀테크 기업들에게도 개방하고, 금융 분야 마이데이터 산업(본인신용정보관리업)도 도입하는 등 금융권 내 경쟁을 유도하고 핀테크 기업 등 비금융회사의 금융업 진출을 지원하고 있다.

또한 기존 금융회사와 핀테크 기업들 외에 다른 산업 분야에서 주된 비즈니스를 영위하는 비금융회사들이 축적된 디지털 역량을 기반으로 금융 산업에 진출하려는 움직임을 보이고 있다. 특히 최근 빅테크Big Tech라 불리는 기업들의 금융업 진출 움직임이 거세지고 있다. 빅테크 기업은 디지털 기술을 기반으로 금융업을 영위하는 핀테크 기업과는 다르게, 금융업보다는 '기술'에 대한 핵심 역량을 보유하고 있으며, 기존에 영위하고 있는 업종에서 강한 시장 지배력을 가지고 있는 기업을 의미한다. 해외의 빅테크 기업들로는 'GAFA'로 지칭되는 구글, 아마존, 페이스북, 애플 등이 있으며 넷플릭스를 포함해 'FAANG'으로 일컫기도 한다.

이들은 다양한 비즈니스 분야에 걸쳐 있는 광범위한 고객 네트워크와 빅데이터, 기존에 보유한 기술적 자산 등을 활용할 수 있다는 점에서 경쟁우위를 가지고 있으므로 기존 금융회사나 핀테크 기업들에 상당한 위협이 될 수 있다. 예를 들어, 중국의 알리바바Alibaba나 텐센트Tencent 등의 기업들은 전자상거래 기반의 고객들에게 지급 결제 서비스를 먼저 시작하다가 최근에는 대출이나 보험, 저축상품 판매 등으로 영역을 확장하고 있다. 구글, 아마존, 페이스북, 애플 등도 자사가 보유한 플랫폼상의 고객들에게 지급 결제 서비스를 우선 제공하면서 단기 대출상품 판매 등으로 업무 영역을 넓히면서 금융업 진출을 꾀하고 있다.

국제결제은행BIS이나 금융안정위원회FSB 등의 국제기구 등에서도 최근 금융 산업의 가장 큰 변화 중 하나인 빅테크 기업들의 금융업 진출을 주목하고 있다. 그러나 이들의 방대한 고객 데이터와 인공지능 기술 등의 기술 역량이 금융 서비스 품질 제고에는 도움이 될 수 있으나 과도한 시장 지배력으로 인한 금융 산업 내 입지 강화는 신용 위험이나 유동성 위험을 유발할 수 있어 기존의 금융 시스템에 불안정을 야기할 소지가 있다는 점을 우려하고 있다.

우리나라에서도 네이버나 카카오 등 대형 IT 플랫폼을 보유한 기업들이 간편 결제나 송금 등의 시장에 진출하는 모습을 보이고 있다. 특히 카카오는 인터넷 전문은행인 카카오뱅크를 설립하고 카카오페이를 통해 바로투자증권 인수를 시도하고 있으며, 최근에는 삼성화재와 함께 디지털 손해보험사도 설립하려고 하는 등 금융 산업에 적극 진출하려는 움직임을 보이고 있다.

데이터 기업으로 변화하는 금융회사

2030년 금융의 미래는 어떤 모습일까? 지금까지의 변화 양상이 더욱 심화되는 형태로 진화할 것이다. 기존의 대형 금융회사는 변화하는 디지털 기반의 새로운 금융 질서에 발맞추어 빠르게 변화를 시도할 것이며, 기존 금융 산업에 핀테크 기업과 빅테크 기업들이 뛰어들면서 혁신적인 금융 서비스를 제공하려는 경쟁은 더욱 심화될 것이다. 또한 실물화폐나 신용카드 이용보다는 온라인 기반의 지급 결제 방식이 대중화되면서 기존의 지급 결제 방식에도 많은 변화가 있을 것이다.

금융의 미래에 대해, 마이크로소프트사의 창업자인 빌 게이츠Bill Gates는 "은행 서비스는 우리에게 필수적이지만, 은행이 필요한 것은 아니다(Banking is necessary, Banks are not)"라고 말했고, 넷스케이프 개발자로 유명한 마크 앤드리슨Marc Andressen은 "금융 거래는 단지 정보에 불과하다(Financial transactions are just numbers)"라고 말하기도 했다.

전문가들의 예상처럼 금융 산업에서 활동하는 플레이어들은 더 이상 금융 분야에만 한정되어 머무르지 않고 '데이터 기업'으로의 변모를 꾀할 것으로 예상된다. 금융회사나 핀테크 기업, 빅테크 기업이 추구하는 금융 서비스의 최종 모습은 결국 개인별 '맞춤형' 금융 서비스일 것이다. 이를 위해서는 무엇보다 개개인의 데이터를 확보하고 이를 분석하여 개인의 요구사항과 특성에 맞는 금융 서비스를 제공하는 것이 최종 목표가 될 수밖에 없다. 따라서 이제 금융 산업은 금융 산업이라는 테두리 안에 머무르지 않고 기존의 금융 데이터 외에 다양한 분야의 데이터를 확보하고, 인공지능 기술과 같은 새로운 데이터 분석 및 처리 기술을 받아들여 빠르게 혁신을 실행하는 업종으로 변화될 것으로 예상된다.

액센추어Accenture가 실시한 2019년 글로벌 은행 임원 800명을 대상으로 한 설문조사에 따르면, 인공지능을 활용한 개인 맞춤형 금융 서비스의 개발이 은행권 전반으로 확산되고 있는 상황에 모두 공감하고 있는 것으로 나타났다. 특히 개인화 기술이 발달하고, 온라인 고객 세분화와 더불어 금융상품 간 결합이 유연해짐에 따라 과거에는 상상에만 그쳤던 '개인 맞춤형' 서비스 실현 가능성이 점차 높아지고 있다고 분석하고 있다.

핀테크 기업들의 주도로 변화하고 있는 현재의 금융 환경 변화 양상을 비즈니스 분야별로 구분하면 은행 분야, 간편 결제 및 송금 분야, 자금 조달 및 대출 분야, 자산 관리 분야, 보험 분야 등으로 나눌 수 있다.

먼저 은행 분야에서는 계좌 개설, 송금, 금융상품 판매, 대출 등 기존 은행 업무 처리의 무게 중심이 오프라인 영업점에서 비대면·온라인 중심으로 이동했다. 인터넷 전문은행은 대면 거래 대신 온라인상에서 모바일 기기를 통해 은행 서비스를 제공받을 수 있게 되므로, 장소나 시간의 제약이 없고 오프라인 영업점을 운영하지 않아서 비용이 절감되므로 상대적으로 유리한 예·적금 금리나 대출 금리를 제공할 수 있다. 인터넷 전문은행은 이러한 이용 편의성과 금리 경쟁력을 바탕으로 빠르게 성장하고 있는데, 해외에서는 이러한 은행들을 네오뱅크Neobank라는 이름으로 부르고 있다. 국내에서는 카카오뱅크와 케이뱅크가 인기를 받아 폭발적인 성장세를 보이고 있다. 이러한 변화는 기존 은행에도 영향을 미쳐 시중 은행들이 모바일 서비스를 강화하고, 비대면 금융 거래를 활성화하는 주요한 계기가 되었다. 또한 은행 간 금리 경쟁, 영업시간 연장 등 소비자의 혜택이 더욱 커지는 방향으로 긍정적인 영향을 미친 것으로 파악된다.

더 빠르고, 더 간편하게

지급 결제 및 송금 분야의 경우, 별도의 본인 인증 없이 비밀번호 확인이나 지문, 홍채 등 생체 인식을 통한 간단한 방식으로 이용이 가능해지면서 편의성이 크게 향상되었다. 각 분야 업체마다 간편 결제 및 송금 분야의 진입 목적은 상이한 것으로 확인된다. 스마트폰 제조업체의 경우 자사 스마트폰의 판매 촉진 목적에서, 플랫폼 사업자의 경우 소비자의 데이터를 수집하고 축적하여 새로운 서비스를 개발하기 위한 목적에서, 유통회사의 경우 카드수수료를 절감하거나 고객을 관리하기 위한 목적에서 시장에 진입하는 것으로 보인다. 국내에서는 삼성페이, 네이버페이, 카카오페이 등이 대표적이며 핀테크 기업 중에서는 비바리퍼블리카가 운영하는 토스가 대표적이다.

자금 조달 및 대출 분야의 경우 그동안은 금융회사가 기존 자본금과 보유한 예금을 활용한 신용 창출로 자금을 마련하면, 소비자가 금융회사에 대출을 신청하고 여신심사를 거쳐 대출을 제공해 주는 방식이 일반적인 형태였다. 그러나 P2P 금융이나 크라우드펀딩 등의 방식은 은행과 같은 중개기관 없이 대출자와 투자자를 온라인 플랫폼상에서 직접 만나게 하는 것이다. BIS 조사에 따르면, 전 세계 핀테크 대출시장은 2016년 말 기준으로 2,835억 달러에 이르는 등 빠른 성장세를 보이고 있다.

자산 관리 분야에서도 기존에는 고액 자산가 위주의 대면 영업 중심으로 자산 관리 서비스가 제공(예: Private Banking)되었는데, 이제는 데이터 분석과 인공지능 기술 등을 기반으로 일반 개인도 온라인 플랫폼을 통해 개인 자산을 확인할 수 있고, 투자자문 등의 자산 관리 서비스를 제공받을 수 있는 등 자산 관리 시장이 크게 확대되었다.

보험 분야에서도 공급자 중심, 보험상품 중심의 복잡하고 정형화된 보험 서비스가 고객 중심의 서비스로 변화하기 시작했으며, 이로 인해 고객의 수요에 맞는 맞춤형 상품을 제시하는 형태로 변화했다. P2P 보험이나 펫보험, 여행자 보험 등의 마이크로 보험, 운전자의 운전 습관을 기반으로 자동차 보험료를 책정하는 운전자 습관 연계 보험usage based insurance 등 다양한 보험상품의 개발이 시작된 것이다.

금융 혁신 vs 소비자 보호

'개인 맞춤형' 금융 서비스를 제공하기 위한 필수 요소인 금융 데이터는 경제적 활용 가치가 매우 높은 영역임에도 불구하고 지금까지 활용이 더디게 이루어져 왔다. 이는 개인의 프라이버시를 보호해야 한다는 입장과 정보 주체의 권리가 침해되지 않는 한도 내에서 데이터를 자유롭게 활용하여 혁신적인 금융 서비스를 개발해야 한다는 입장의 대립이 계속되어 왔기 때문이다.

데이터의 활용과 보호에 대한 입장에는 큰 간극이 존재한다. 『포스트 프라이버시 경제』의 저자인 전 아마존 수석과학자이자 미국 스탠퍼드대 소셜데이터연구소 대표 안드레아스 와이겐드Andreas Weigend는 이제는 지키고 숨기는 프라이버시를 넘어 개인정보라는 데이터 자원으로 새로운 가치를 만들어 가야 하는 시대라고 말하면서, 현재는 프라이버시라는 낡은 개념에 갇혀 데이터가 주는 혜택을 충분히 누리지 못하고 있다고 주장한다. 즉, 데이터를 공유하고 활용하여 얻을 수 있는 편익이 유출되었을 때의 위험보다도 크다는 것이다. 때문에 자신의 개인정보가 공개될 수밖에 없는 상황을 피할 수 없는 것으로 인정하고, 나의 개인정보를 제대로 이용할 수 있는 방법들을 생각해야 한다는 것이 와이겐드가 주장하는 내용의 요지다.

반면에 수학자이자 데이터 과학자인 캐시 오닐Cathy O'Neal은 저서인 『대량살상 수학무기』에서 인간의 주관보다 합리적이라고 알려진 데이터 통계모형을 '대량살상 수학무기'로 지칭하며 데이터 오용의 위험성을 지적

>> 데이터 활용과 보호의 상관관계

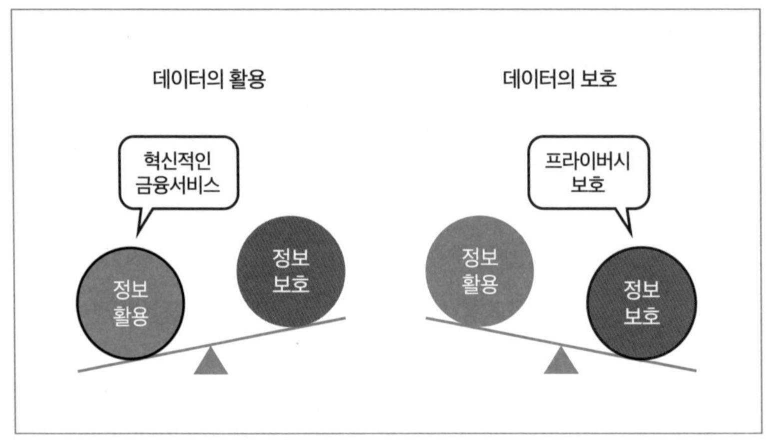

하고 있다. 흔히 수학과 데이터, IT 기술을 활용한 데이터 통계모형은 인간의 편견보다 합리적이고 공정하게 구성되어 있다고 인식하는 경향이 있다. 그러나 저자는 정부, 기업, 사회 등에 도입된 모형들이 실제로는 오히려 차별과 불평등을 확대 재생산하고 있다고 주장한다.

이 책에서는 다양한 영역에서 불평등을 조장하고 민주주의를 위협하고 있는 모형에 대한 다양한 사례를 제시하고자 한다. 특히 금융 분야에서는 다양한 개인정보를 수집하여 산출한 신용평가 점수가 금융 업계뿐만 아니라 취업, 보험, 결혼시장에까지 개인을 평가하는 잣대로 활용되고 있으며, 효율성이라는 미명 아래 빈곤 지역 거주자, 유색인종, 소수민족 등을 배척하는 도구로 사용되는 등의 문제가 발생할 수 있다.

금융 분야에서 데이터 활용을 통한 미래상을 예측해보자. 우선 금융 산업 내 플레이어들이 소비자의 금융 거래 행태와 관련된 금융·비금융 데이터 등을 수집하여 정교하게 분석하고 개인별 신용도에 맞는 합리적인 금융 서비스를 제공할 수 있게 된다. 특히 데이터를 활용할 수 있는 범위가 더 넓어지면 금융 거래 이력이 없거나 담보 자산이 없는 사람에 대해서도 다양한 비금융정보를 활용한 신용평가가 가능해진다. 그동안 금융 서비스에서 소외되었던 계층도 금융 서비스 혜택을 받을 수 있게 되어 금융 접근성이 더욱 확대되는 것이다.

또한 향후 더욱 발전할 것으로 보이는 데이터 수집, 처리, 활용에 대한 기술과 인공지능 기술이 금융 산업에 적용되면 기존보다 더욱 빠르고 편리한 금융 서비스가 가능해질 것으로 보인다. 특히 비대면의 온라인 플랫폼 서비스도 지금보다 대중화되면서 금융 서비스의 이용 편의성이 크게 향상될 것으로 판단된다.

반면에 우려되는 문제도 있다. 앞서 언급한 대로 개인에 대한 데이터의 축적, 결합, 유통이 활성화되면 그만큼 개인정보 유출과 오남용의 위험도 증가할 수밖에 없다. 또한 인공지능과 같이 자동화된 알고리즘으로 작동하는 금융 서비스의 경우, 객관적이고 합리적인 판단을 담보하는 것으로 보이지만 처음 설계 과정에서는 설계자의 주관과 금융회사의 정책이 반영될 수밖에 없어 금융회사의 수익성 확대와 소비자 편익 간에 이해 상충이 발생할 가능성도 존재한다. 따라서 데이터의 활용과 보호의 균형을 맞추면서도 소비자의 금융 혜택을 더욱 확대할 수 있는 방안에 대해 지속적인 논의가 필요한 상황이다.

컨베이어 벨트의 개발로 시작된 2차 산업혁명의 폐해를 다룬 영화 '모던타임즈'가 우리 사회에 던진 메시지는 오늘날에도 유효하다. 우리는 정보화 혁명이라는 3차 산업혁명의 시대를 치열하게 살아왔고 온몸으로 급격한 기술 변화를 체감했다. 물론 그 시대에도 정보화의 물결이 인류의 행복을 증진시키고 속박에서 자유롭게 할 것이라는 장밋빛 기대가 있었다. 컴퓨터와 네트워크 통신의 등장으로 인류는 노동에서의 자유를 얻고 진정한 지식정보경제로 진입할 것이라고 기대했다. 실제로 컴퓨터를 통해 많은 정보를 처리할 수 있었고, 네트워크의 비약적 발전으로 자유로운 통신 환경이 펼쳐졌으며, 전자상거래를 통해서 장소와 시간의 제약 없이 자유롭게 쇼핑하는 시대가 열렸다.

인간의 존엄성과 기술의 충돌

하지만 우리가 겪었던 정보화 사회는 컴퓨터와 통신이 없었던 과거와는 달리 시공의 제한 없는 노동을 인류에게 부여했다. 또한 고급 정보에 대한 독점과 진입장벽으로 인해 빈익빈 부익부 현상이 심화되었다. 정보처리의 혁신은 표준화를 더욱 수월하게 하여 대량생산체제를 더욱 강화했다.

그 결과 생산, 제조, 물류, 마케팅 등의 전 영역에서 효율성은 증가했지만, 성과 관리 도구의 효율화는 오히려 노동시간의 체계적인 감시와 성과에 대한 측정 강화로 이어져 노동의 강도는 더 늘어나게 되었다. 설상가상으로 첨단 과학기술의 발달과 정보화를 통해서 생산 방식이 극도로 효율화됨에 따라 지구 자원의 무분별한 낭비와 환경의 파괴를 가져와 심각한 상황을 초래하고 있다. 인류의 지속 가능한 생존을 위협하는 기상 이변, 신종 바이러스의 출현과 자연재해는 이러한 자원의 무분별한 생산과 소비 방식에서 초래된 것이라 할 수 있다.

대량생산, 기계화, 표준화, 분업화로 인해 인간도 기계와 공정의 일부로 흡수되어 표준화, 몰개성화되어가는 인간성의 훼손 현상을 경고하는 '모던타임즈' 속 시대와 지금은 크게 달라지지 않았다. 인류는 언제나 획기적인 과학기술의 발전에 따른 유토피아를 기대한다. 그러나 인공지능, 빅데이터, 블록체인 등의 기술 혁신으로 진행되는 경제적 변화와 금융 측면의 변화들은 인류의 본질적 가치를 더욱 향상시켜 인류의 행복을 가져다줄 것인지 아니면 이러한 가치들을 파괴하고 인류를 불행하게 할 것인지는 가늠하기가 쉽지 않다.

특히 플랫폼 경제와 공유경제로 촉발된 소비 측면의 변화들은 경제 분야에 큰 변화를 가져올 것이다. 또한 금융 분야에서도 현금 없는 사회와 암호화폐, 핀테크, 빅테크 기업의 등장으로 인한 금융 혁신, 혁신적인 금융 서비스로 인한 이용 편의성 제고 등 기존과는 다른 급격한 변화들이 이루어지고 있다. 우리는 앞선 시대의 폐해를 답습하지 않도록 지금의 기술 발전이 어떤 문제점을 야기하는지 끊임없이 경계하고 의심하기를 멈추지 말아야 한다.

완전한 공유경제와 새로운 금융을 위한 도전

블록체인을 공유경제에 접목하려는 혁신적인 시도가 있지만, 완전한 공유경제로 가기 위해서는 블록체인이 풀어야 할 과제가 만만치 않다. 이것이 바로 블록체인의 트릴레마trilemma다. 트릴레마는 이더리움의 창시자 비탈릭 부테린이 언급한 개념으로 블록체인이 가지고 있는 장점인 탈중앙화, 보안성, 확장성의 3마리 토끼를 동시에 잡을 수 없다는 의미로 사용된다.

트릴레마를 극복하기 위한 노력

현재까지 비트코인과 이더리움 같은 1~2세대 블록체인 시스템은 탈중앙화와 보안성이라는 2개의 가치에 집중했다. 이를 위해 블록체인 시스템에선 작업증명PoW, Proof of Work[9]이 필수적이다. 문제는 이때 사용자가 많아질수록 검증에 필요한 시간이 기하급수적으로 증가할 수밖에 없다는 점이다.

공유경제의 핵심 전제는 많은 참여자를 네트워크에 끌어들여야 공유로부터 나오는 가치가 증가한다는 것이다. 때문에 블록체인이 이러한 확장성의 문제를 해결하지 않고는 완전한 공유경제는 실현되기 힘들 것이다. 3세대 블록체인 기술이라 불리는 이오스EOS[10]는 이러한 확장성의 문제를 구성원 중에 지분이 큰 사람들에게 검증 권한을 우선적으로 부여하는 지분증명PoS, Proof of Stake[11]을 통해 해결하고자 한다. 하지만 이런 방식도 소수의 참가자에게 권한이 독점되어 탈중앙화의 장점이 사라지게 된다. 지금도 블록체인의 트릴레마 문제를 해결하기 위해 다양한 노력들이 진행되고 있다. 만약 블록체인의 트릴레마를 기술적으로 극복하여 진정한 공유경제를 이루어 낸다면 인류는 지속 가능한 발전에 한 걸음 더 다가설 수 있을 것이라 기대한다.

사라지는 은행, 금융회사의 도전과 대응

그렇다면 2030년 예상되는 금융의 변화에 어떻게 대응할 것인가? 먼저 기존 금융회사는 중개기관으로서의 역할 변화와 수익 기반 약화, 금융서비스의 세분화 등으로 인해 많은 도전을 받게 될 것으로 보인다. 은행

9 >> 새로운 블록을 블록체인에 추가하는 작업을 완료했음을 기존 구성원들이 검증해 인증하는 합의 알고리즘

10 >> 이더리움 기반의 암호화폐이자 분산 애플리케이션(DAPP) 플랫폼으로, 거래 처리 속도가 빠른 것이 특징

11 >> 암호화폐를 보유한 지분율에 비례해 의사결정 권한을 주는 합의 알고리즘

등 금융회사의 가장 큰 역할 중 하나로 인식되었던 중개기관으로서의 역할이 줄어들고 블록체인 기술 등이 금융 거래에 도입되면서 금융회사가 그간 수행해왔던 공급자 위주의 중앙집중형 금융 서비스도 축소되는 환경으로 변화해갈 것이다.

또한 핀테크 기업이나 빅테크 기업 등과 같은 혁신적인 금융 서비스 제공자들이 등장하면서 예대마진이나 지급 결제 수수료 등 전통적 수익원에서 창출되는 수익이 크게 줄어들게 될 것이므로 새로운 수익원을 창출하기 위한 노력이 활발히 진행될 것으로 보인다. 마지막으로 금융 서비스가 세분화되고 경쟁력 있는 개별 서비스에 중점을 둔 핀테크 기업들이 등장하면서 번들링 방식으로 금융 서비스를 제공했던 기존 금융회사의 전략도 수정이 불가피한 상황에 직면할 것이다.

이러한 금융 분야의 새로운 환경 변화에 대응하기 위해 기존 금융회사들은 핀테크 기업들과의 경쟁 또는 협력을 통해 핵심 기능을 강화하는 형태로 변화를 꾀하고 있다. 기존 금융회사는 혁신이 필요하며, 핀테크 기업들도 산업화된 프로세스와 축적된 데이터가 부족한 상태이기 때문에 서로 '협력'하려는 경향이 높다. 반면 앞서 금융 산업에 새롭게 등장한 플레이어로 소개한 빅테크 기업의 경우, 이미 다양한 비즈니스에 걸친 고객 네트워크를 보유하고 있고 자사 플랫폼에 축적된 고객들에 대한 데이터도 가지고 있기 때문에 협력보다는 더 나은 금융 서비스를 개발하기 위한 '경쟁'이 더욱 거세질 것으로 예상된다.

한편 국내에서도 기존 금융회사와 핀테크 기업 간 협력이 이루어지고 있다. 은행들의 경우, 핀테크 기업들의 혁신적인 아이디어가 상용화되기까지 사업성 검토, 자금 조달 등을 원스톱으로 지원하는 핀테크 랩을 운영하여 핀테크 유망 기업을 발굴하고 협력하여 금융회사와 핀테크 기업

간 시너지를 모색하고 있다. 또한 금융위원회에서는 핀테크 기업의 혁신적인 금융 서비스 도입을 촉진하기 위해 2019년 9월부터 금융규제 테스트베드 제도(지정대리인)를 시행하고 있다. 이 제도를 통해 핀테크 기업이 금융회사의 본질적 업무를 위탁받을 수 있는 지정대리인으로 지정되면 금융 서비스를 시범 운영할 수 있는 기회가 주어진다.

핀테크, 빅테크 기업의 등장과 이를 통한 금융의 변화는 기존 금융 산업의 개방과 경쟁을 촉진하고 보다 많은 사람이 금융의 편익을 향유할 수 있게 한다.

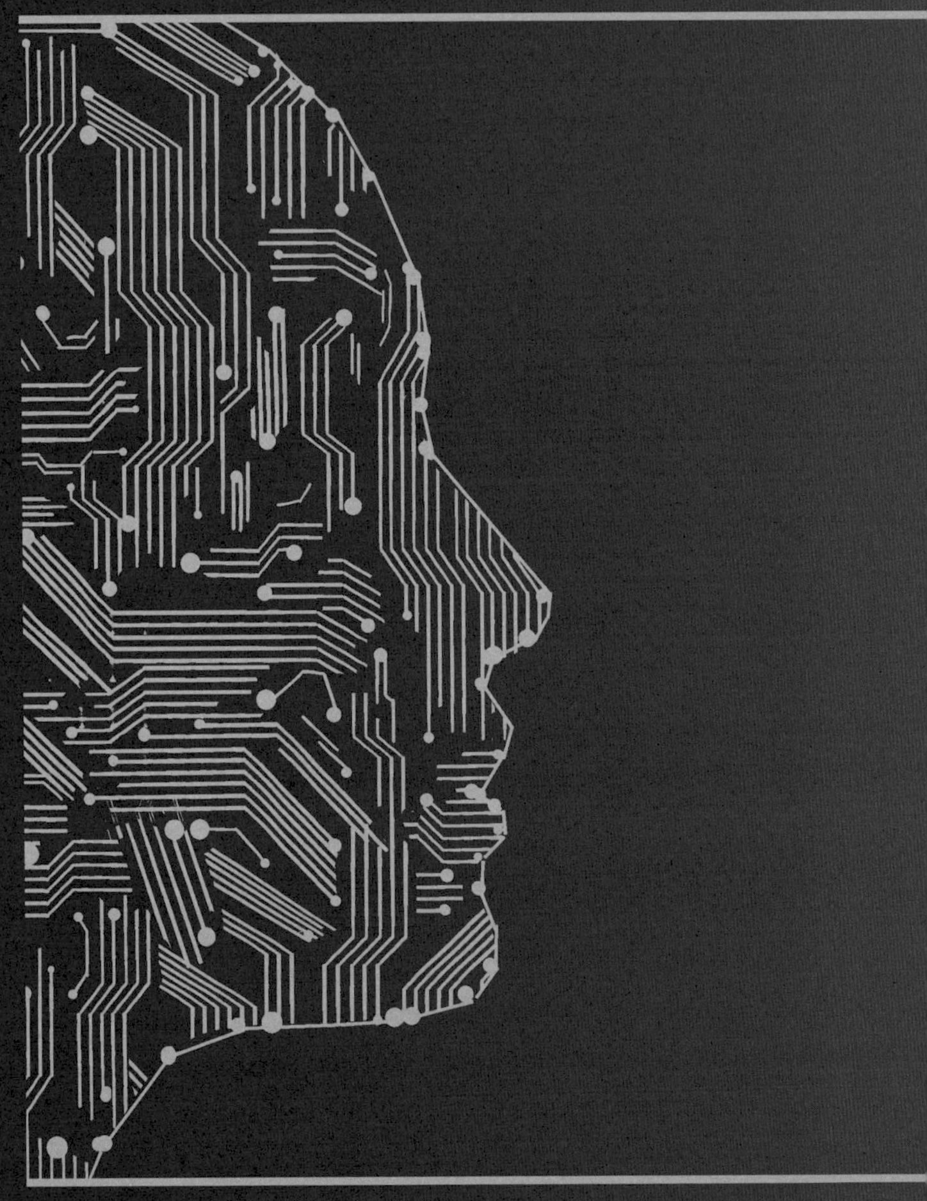

에듀테크가 학습 패러다임을 바꾸다

: 교육

#3A 교육

#로봇 교사

#인공지능 튜터

#에듀테크

#플립러닝

미국 다빈치 연구소장이자 미래학자인 토머스 프레이는 "2030년이 되면 대학 절반이 사라질 것"이라고 예측했다. 디지털 기술과 인공지능의 급격한 발전으로 기계가 인간의 직업 상당수를 대체하고 대학이 필요없는 시대가 온다는 것이다. 그는 또 "2030년에는 우리가 들어본 적도 없는 교육 기업 중 하나가 세계 최대 인터넷 기업이 되어 있을 것"이라고 말했다. 학생들이 대학에서 공부하기보다는 인공지능이 접목된 로봇 교사를 통해 교육을 받을 것이며, '딥러닝'으로 대표되는 인공지능 기술이 교육에 접목되면 학교와 교사를 포함한 교육 분야 전반에 큰 변화가 불가피할 것이라는 전망이다.

과연 그의 예상처럼 대학이 사라지는 시대가 올까? 그렇다면 인공지능과 디지털 기술을 포함한 '기술의 진화'는 2030년과 그 이후 인류의 교육과 학습에 구체적으로 어떤 영향을 미칠까?

파괴적 혁신이 이뤄지는 교육 현장

대학을 뜻하는 영단어 '유니버시티university'의 어원인 'universitas'는 라틴어로 '종합' '전체'라는 의미를 가지고 있다. 이 단어는 중세시대 당시 많은 사람들이 모인 공동체·길드라는 의미로 쓰이다가, 1088년 설립된 (최초의 대학으로 알려진) 이탈리아 볼로냐 대학에서 학자들과 학생들의 공동체라는 의미로 사용한 것이 굳어져 오늘날 대학을 뜻하는 단어가 되었다. 이처럼 1,000년이 넘게 인류의 역사에서 중요한 의미를 갖는 대학이 사라진다는 게 사실일까?

토머스 프레이의 주장을 뒷받침해 주는 근거가 있다. 미국의 '미네르바 스쿨Minerva School'과 프랑스 IT 전문 교육기관인 '에콜42Ecole 42' 같은 새로운 형태의 대학이 이미 존재한다는 사실이다. 2014년 개교한 미네르바 스쿨은 모든 수업을 온라인으로 진행한다. 3無(강사, 교재, 학비)를 표방하는 에콜42 역시 새로운 길을 제시한 교육기관으로 유명하다.

특히 미국 샌프란시스코에 본부를 두고 있는 '미네르바 스쿨'은 '하버드대보다 입학하기 어려운 대학교'로 알려지면서 단기간에 세계적인 명성을 얻었다. 전 세계의 뛰어난 인재들이 입학을 시도하고 있고, 입학 경쟁률은 100 대 1을 넘었다. 이러한 현상이 생기는 이유는 뭘까? 그 답은 이 학교에서 이뤄지는 '파괴적 혁신Disruptive Innovation'에 있다.

무엇보다 이들 학교에서는 우수한 교수진을 통한 최고의 강의가 제공된다. 모든 수업은 온라인 플랫폼 기반의 소규모 세미나로 이루어지며,

능동적 학습을 촉진하기 위해 소규모(13~15명)의 그룹을 이루어 실시간 토론하는 방식으로 수업이 진행된다. 또한 캠퍼스는 없지만 7개국(미국, 영국, 독일, 아르헨티나, 인도, 대만, 한국)에 기숙사를 건설해 한 학기마다 기숙사를 옮겨가며 여러 나라를 경험할 수 있는 매력적인 옵션도 있다. 학생들은 각국에서 문화 체험뿐 아니라 다양한 기업, 비영리단체, 사회혁신 기관 등을 경험하는 기회를 갖는다. 등록금은 2만 4,950달러(2019년 기준)로 하버드, 스탠퍼드 대비 4분의 1 정도다.

2012년 토머스 프레이가 설립한 '마이크로 칼리지'도 꾸준히 인기를 끌고 있다. 3개월 단위로 초단기 집중 학위 과정을 제공하기 때문에 빠르게 변하는 신기술 트렌드를 배우려는 IT 인재들에게 큰 인기를 끌고 있다. "10년 후엔 한 사람이 8~10개의 일을 하는 프리랜서의 시대가 올 것이며, 4년 동안 발이 묶여 공부하는 지금의 대학 모델은 사라질 것"이라는 프레이의 말이 점차 현실화되고 있다.

2030년 미래 학교의 모습

오늘날의 대학은 최초의 대학인 볼로냐 대학에 비해 상당히 진화했지만 근본적으로는 크게 달라지지 않았다. 동일한 시간과 장소에서 교수가 학생들을 가르친다는 점에서 그렇다. 이처럼 지식을 대량으로 전수하는 방식은 시대를 역행하는 학습법이다. 하지만 디지털 기술과 인공지능 등의 발달은 학습자 개개인의 상황에 맞춤화된 교육을 가능케 한다. 이것이 대학이 마주하게 될 첫 번째 변화다. 조벽 숙명여대 석좌교수는 "같은 나이대 학생들이 같은 시간, 같은 장소에 모이는 '3S(same age, same time, same place) 교육'에서 아무나, 아무 시간에, 아무 장소에서 학습하는 '3A(anyone, any time, any place) 교육'으로 바뀌어야 한다"고 강조했다.

교수가 아닌 로봇이 강의하는 시대

세계미래학회World Future Society가 발표한 '2030년에 사라질 10가지'를 보면 의사, 변호사, 기자와 함께 교수, 교사가 포함되어 있다. 교수, 교사가 필요없는 맞춤형 학습 시대가 열린다는 예측이다. 미래에는 지금처럼 일방적으로 지식을 전달하는 교수나 교사의 역할은 찾아보기 어려울 것이다. 대신 공부가 왜 필요한지 스스로 깨닫게 도와주고 스스로 공부하는 방법을 코칭해 주는 역할이 필요할 것이라는 전망이다. 가르치는 사람teacher에서 지도하고 조언하는 사람mentor, 그리고 코치coach로 변화해야 하는 것이다.

이런 현상이 생길 수밖에 없는 이유는 무엇일까? '딥러닝'의 원리를 이해하면 쉽다. 구글 알파고에 적용된 '딥러닝'은 인간의 두뇌와 유사한 인공신경망을 통해 컴퓨터가 대량의 데이터를 단기간에 처리해 스스로 학습하도록 하는 인공지능 알고리즘이다. 덕분에 알파고는 하루에 3만 대국을 소화할 수 있었고, 수백만 건의 기보를 학습한 후 인간계 최고수 이세돌 9단을 이길 수 있었다.

만일 딥러닝을 적용한 로봇 교사가 학습을 진행한다면 어떨까? 로봇 교사는 학습자의 수준에 맞는 최적화된 방식으로 양방향 학습을 진행할 수 있고, 개개인에게 적합한 가장 빠르고 효율적인 교육 방법을 제시해 줄 것이다. 특정 학생이 어떤 주제에 관심을 갖고, 어떤 유형의 문제를 잘 맞히고 어떤 유형은 잘 틀리는지, 학습 효율은 하루 중 언제가 가장 높은지 속속들이 아는 것이다. 이런 맞춤형 교육방식은 학습 효율을 몇 배나 높일 수 있고, 학위도 몇 달 만에 취득할 수 있도록 도울 것이다.

이 경우 전 세계 사교육 시장도 크게 요동칠 수 있다. 이 시장은 자그마치 1,520억 달러(약 173조 5,000억 원)에 달한다. 전문가들은 조만간 다양한 분야의 인공지능 기반 교육 소프트웨어가 쏟아져 나올 것으로 예상한다. 따라서 교수나 교사는 단순히 가르치는 사람이 아니라 지도하고 조언하고 코칭하는 사람으로 빠르게 변화해야 생존할 수 있을 것이다.

박영숙 교수는 『유엔미래보고서 2; 2020년의 위기와 기회의 미래』에서 이미 2020년에 교육 산업이 '최대의 산업'으로 떠오를 것으로 전망했다. 정보통신기술의 발달로 인해 지식을 전달하는 교사의 역할은 점차 사라질 것으로 보인다. 인터넷이나 그 밖의 기술들은 교사가 가르칠 때보다 더 많고 신속한, 그리고 정교한 방법으로 지식을 전달할 것이다. 대신 앞으로 교사는 '리더십'이나 '팀워크' '멀티 플레이' '창의적·분석적 사고' '문제해결 능력' '의사소통 능력' 등에서 큰 역할을 하게 될 것이다.

>> 개인 맞춤 교육이 가능한 로봇 교사 (출처: gettyimagesbank)

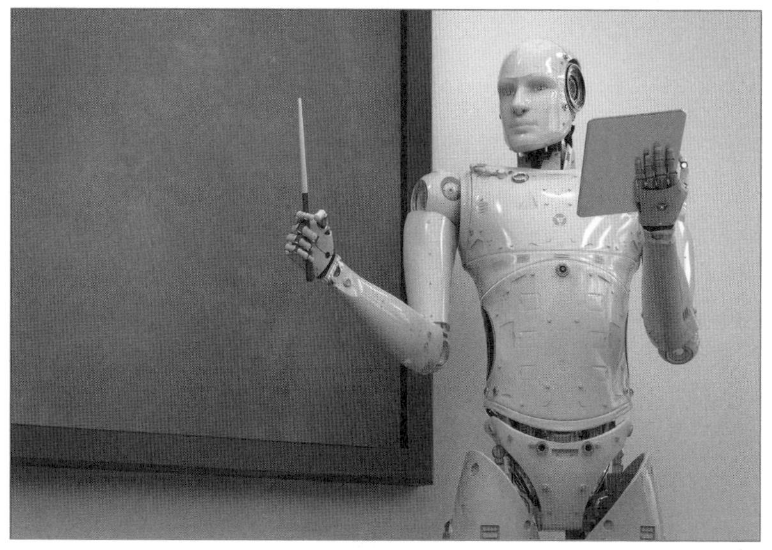

새로운 학습 모델, 플립러닝

학교에서의 교수 학습 방법에도 변화가 일어나고 있다. 최근 선진국은 물론 국내에서도 기존 교육에 대한 대안으로 '플립러닝Flipped Learning'이 떠오르고 있다. '플립러닝'은 전통적인 교육 방식을 뒤집는다는 의미인데, 온라인을 통해 사전 학습을 한 후 오프라인에서 교수자와 학습자가 직접 만나 토론 및 실험 등 참여식 수업을 진행하는 방식을 말한다. 이는 교육 효과를 극대화하는 선진 교육 방식으로 각광받으며 서울대, 카이스트 등의 대학들이 도입해 시행하고 있다.

에듀테크EduTech 기업을 표방하는 휴넷의 경우, 3일 이상이 소요되는 기존 집합교육 커리큘럼을 단 하루로 대폭 줄이는 한편, 참여와 토론 중심 수업으로 진행해 호응을 얻고 있다. 주 52시간 근무제 도입 이후 회사에서 지정한 교육이 근로시간에 포함됨에 따라 기업들은 보다 효율적이며 콤팩트한 교육을 선호하고 있다.

앞으로 에듀테크 산업은 더욱 각광을 받을 것이다. 에듀테크란 교육Education과 기술Technology의 합성어로, 빅데이터와 인공지능 등의 기술을 활용한 차세대 교육을 말한다. 기술의 발전과 함께 에듀테크 산업은 급성장할 것이고, 이에 따라 학습 환경도 대부분 디지털 기반으로 재설계될 것이다.

이미 선진국에서는 에듀테크 산업이 폭발적으로 성장 중이다. 미국의 경우 에듀테크 산업은 2014년 281억 8,000만 달러(약 34조 원)에서 2018년 429억 8,000만 달러(약 51조 8,000억 원)로 연평균 8.8%씩 성장했다. 모바일 애플리케이션 분야에서만 58억 달러(약 7조 원)의 시장을 형성하는 등 거대한 시장을 이루고 있다. 중국의 경우 정부 주도의 교육 현대화 정책을 지속적으로 추진하면서 에듀테크 산업이 급성장하는 추세다.

미국의 시장조사 업체 글로벌 인더스트리 애널리스츠GIA는 전 세계 에듀테크 시장 규모가 2017년 2,200억 달러(약 246조 원)에서 2020년에는 4,300억 달러(약 481조 원)까지 성장할 것이라고 전망했다.

클라우드 기술을 접목하면 강의실 밖에서도 원하는 교육환경을 조성할 수 있고, 모바일과 VR 기기 등을 활용하면 장소에 구애받지 않고도 몰입도 높은 교육 콘텐츠 구현이 가능해진다.

에듀테크는 평가 측면에서도 활용도가 높다. 인공지능을 통한 데이터 분석은 학습자별로 다른 커리큘럼 제공을 가능케 한다. 교육과정에서 학습자의 행동 패턴과 학습 평가 결과, 몰입 정도 등의 데이터를 분석할 수 있는데, 취약한 부분을 파악해 학습 방식과 진도 조절 측면에서 맞춤형 교육을 할 수 있는 것이다.

뉴미디어 세대의 뇌 변화

학습을 변화시키는 주요 동인으로 '뉴미디어 세대의 뇌 변화'에도 주목할 필요가 있다. 뉴미디어 세대는 새로운 뇌를 가진 신인류에 가깝다. 이들의 사고 방식, 행동 양식, 동기유발 방식, 삶의 방식은 기성세대와 매우 다르다.

이들의 뇌는 충동성이 높고, 주의 집중 시간이 매우 짧으며 피드백이나 보상이 느린 것을 잘 참지 못한다. AP 보도에 따르면, 주의 집중을 하는 시간이 1998년에는 12분, 2008년에는 5분, 2015년에는 8초로 매우 짧아졌다고 한다. 이는 주위의 강도 높은 자극에 뇌가 적응한 탓이라고 한다. 따라서 이제 학습도 빠른 피드백과 함께 즉각적인 보상이 주어지는 게임의 원리를 적용해야 뉴미디어 세대의 학습 니즈를 충족시킬 수 있을 것이다. 수업 시간도 달라져야 한다. 초등학생은 약 10분, 중학생은 약 15분, 고등학생은 약 20분마다 수업 모드를 전환하는 방식이 필요하다.

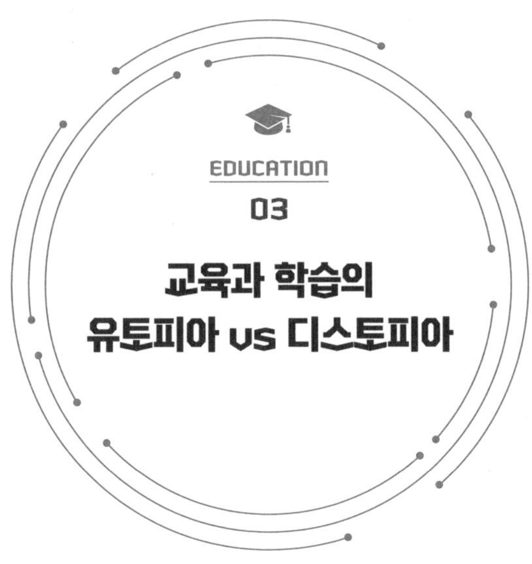

교육과 학습의 유토피아 vs 디스토피아

앞서 살펴본 것 외에도 미래의 교육과 학습이 어떻게 변할 것인지에 대한 예측은 많다. 예를 들어 2025년경이면 인체에 칩chip을 넣는 기술이 상용화되어 수백 쪽짜리 교과서를 통째로 인간의 뇌에 업로드할 수 있는 날이 다가올 것이라는 전망도 있다.

또 2030년경이면 지구상 기존 직업의 약 50%가 사라질 것이라는 예측도 있다. 택시 운전사, 공장 노동자, 기자, 교사, 의사 등의 직업이 사라진다는 것이다. 『사피엔스』의 저자 유발 하라리Yuval Noah Harari 교수는 다음과 같은 예측을 했다. "2050년대 세상이 어떻게 달라질지 아무도 모른다. 우리 자녀 세대가 40대가 되었을 때 그들이 학교에서 배운 내용 중 80~90%는 쓸모 없을 확률이 높다."

10년 동안 교육 분야에 일어날 12가지 변화

미래 사회 변화로 인해 교육은 어떻게 변화할지에 대한 연구가 진행된 바 있다. 유럽위원회European Commission 소속 합동연구소JRC, Joint Research Centre의 하나인 IPTSInstitute for Prospective Technological Studies가 유럽 각국의 다양한 분야에서 선발된 13명의 전문가로 국제 연구팀을 구성해서 수행한 연구 결과물이다. 연구를 시작한 2010년부터 10~20년 후 교육 분야에 일어날 주요 변화를 '중요성과 실현 가능성'을 기준, 12개 항목[12]으로 분류해 주요 예측 내용을 소개하고 있는데, 그 예시를 몇 가지 살펴보자.

- 교육은 학교를 떠나게 될 것이며, 도서관 건물은 사라지고, 교과서는 디지털 형태로 대체될 것임. 또한 가상현실과 증강현실 기술이 광범위하게 사용될 것임
- 대학 프로그램은 점차 특정 직업능력 개발에 초점을 맞추게 될 것임
- 공교육과 관련이 없는 다양한 자격증이 나타나고, 자격증의 글로벌 표준이 제정될 것임. 그러나 어떤 자격증을 가졌는가보다 무엇을 할 수 있는가로 사람의 능력을 평가하게 될 것임
- 목적·흥미에 따라 분야 간, 과목 간, 학교 간 네트워크가 형성될 것임
- 학습자들이 학습의 과정에서 동료를 가르치는 것이 보편화될 것임
- 관심이 같은 동료들과 그룹을 지어 학습할 수 있는 시스템과 서비스가 개발될 것임

12 >> 12개 항목: 교육에 있어서 기술의 사용, 학습을 향상시키는 도구와 서비스, 교육의 오픈 소스, 평가와 자격 인증, 교육의 글로벌화, 학교의 역할, 개인화와 직업 준비 교육, 교사의 역할 변경, 평생학습, 비형식 교육의 비중과 중요성 증가, 학습의 개별화와 사회적 학습, 교수 학습 원리의 인식론적·존재론적 기반

- 학교의 주요 역할은 학습자 각자가 어떤 학습 경로를 선택하고, 어떤 학습 유형과 필요한 자원을 선택하며, 학습한 내용을 어떻게 평가할지 안내하는 역할이 될 것임
- 학급 구성의 기준은 연령 대신 지식, 역량, 흥미, 학습 유형 등이 될 것이며, 학습자가 자신의 학습 경로를 선택하게 될 것임
- 지식이 풍부한 전문가에 대한 의존은 점점 줄어들 것임
- 교사는 코칭·멘토링의 전문성을 개발해야 할 것임
- 대부분의 교사들은 집에서 프리랜서로 일하거나 온라인 교육기관에 소속되어 일하게 될 것임
- 학생들은 자신이 속한 네트워크 내 사람들과의 학습을 선호하게 될 것이며, 전문성 네트워크가 교육의 다양한 수단 중 하나가 될 것임
- 전통적 교과의 경계가 무너질 것임. 학습자가 범교과적 학습을 독립적으로 수행하는 일이 많을 것이기 때문임
- 개별화 학습과 사회적 학습을 위해 동일한 과정에 대해 다른 학습 유형과 변형된 교수법이 활용되고, 실습이 학습의 초점이 될 것임
- 게임과 학습은 더 이상 서로 반대되는 활동이 아니게 될 것임
- 정부 지원의 고등교육은 민간 개인 부담으로 전환되기 시작할 것임

우리는 이 속에서 미래 교육과 학습에 대한 유토피아와 디스토피아를 발견할 수 있다. 또한 유토피아는 더 발전시키고, 디스토피아는 어떻게 하면 유토피아로 승화시킬 수 있을지에 대해 고민해 볼 수 있을 것이다.

교육의 변하지 않는 가치

"선생님! 시詩를 왜 배워야 하죠? 대학 진학엔 아무 도움도 안 되는데."

영화 '죽은 시인의 사회'에서 한 학생이 웰튼 고교의 신참 교사 존 키팅에게 묻는다. 이 학교는 보수적인 남자 사립학교이며, 졸업생의 3분의 2가 아이비리그에 진학하는 입시 명문고다. 그런데 키팅 선생님은 학생들에게 입시와는 동떨어진 문학과 예술을 강조한다. 때문에 학생들은 "진학 준비하기도 바쁜데 왜 자꾸 시를 읊게 하느냐"고 물었다.

질문을 받은 키팅이 잠시 생각에 잠긴 후 말한다.

"여러분이 목표로 삼는 의사·법조인·정치가, 다시 말해 의술과 법·정치 모두 고귀한 일입니다. 그러나 이들은 삶에 필요한 수단과 방법이지 그 자체가 목적은 아니에요. 대신 행복이 무엇인지 고민하고 이를 바탕으로 만들어낸 시와 예술은 그 자체가 인생의 목표입니다. 하지만 우린 삶의 목적이 되는 것들을 오히려 방법을 달성하기 위한 도구로 생각하고 있습니다."

삶의 목적 찾기

키팅은 윌리엄 예이츠, 로버트 헤릭처럼 당장 입시에 도움되진 않지만 삶의 목적에 도움될 만한 시인의 작품들을 가르친다. 학교장의 반대에도 불구하고 말이다. 우리가 익히 알고 있는 '카르페 디엠Carpe diem(현재에 충실하라)'이란 말도 헤릭의 시 '처녀들에게'에서 나온 말이다. 그러나 키팅은 학교에서 쫓겨나게 된다. 명문대 진학이 목표인 월튼 고교의 교육이념에 부합하지 않는다는 이유로 말이다.

이 영화는 1990년 개봉됐다. 작품 속 배경은 1950년대 미국이지만 영화 속에서 묘사한 학교의 모습은 지금과 큰 차이가 없어 보인다. 교실은 대학 진학을 위해 존재하고, 학생들은 교육을 통해 삶의 목적을 찾아가기는커녕 입시, 암기, 지식 습득 등에 매몰돼 인생의 중요한 가치를 배우거나 깨우칠 기회가 없다.

키팅이 학교를 떠나는 날에 대한 묘사는 영화를 본 많은 사람들의 뇌리에 남아 있을 것이다. 키팅은 학생들이 수업하고 있는 도중에 자신의 물품을 찾기 위해 교실에 들어간다. 이때 학생들은 하나 둘 책상을 밟고 올라서서 키팅에게 경의를 표한다. 자신들에게 진정한 교육을 선사하려고 노력했던 키팅에게 고마움을 표현하기 위함이다. 1950년대 미국 사회에서 키팅 선생이 실현하려고 했던 진정한 교육이란 다름 아닌 '학생들이 교육을 통해 삶의 목적을 찾아가는 것을 돕는 것'이었다. 그리고 그는 이를 위해 '의미' 있고, 동시에 '재미'있는 방식으로 수업을 진행하려고 했다.

이미 도착한 미래에 대응하기

중요한 것은 이러한 교육의 본래 목적(교육을 통해 삶의 목적을 찾아가는 것)과 추구하려는 방식(의미+재미)은 현재도 동일하다는 점, 다만 입시에만 매몰돼 변질되어 왔다는 점이다. 하지만 대학의 필요성이 점점 퇴색되어 가고, 실제로 2030년이면 전 세계 대학의 절반이 사라질 것이라는 예측을 보면, 교육은 보다 본질을 추구하는 방식으로 제자리를 찾아갈 것이다.

지금까지 우리는 졸업장이 좋은 일자리를 보장할 거란 믿음 때문에 대학에 진학했다. 하지만 이미 그 믿음은 깨지고 있고, 명문대를 나와도 이전과 대우가 같지 않으며, 실력이 학벌보다 더 중시되는 문화로 바뀌고 있다. 따라서 미래 사회에는 보다 본질적이고 실사구시實事求是적 질문들이 인류에게 더욱 의미 있고 중요하게 다가올 것이다.

'교육을바꾸는사람들' 이찬승 대표는 "우리가 미래 사회 변화에 대해 대응을 논할 때 두 가지 문제점이 있다"고 말했다. 하나는 '아직 도착하지 않은 미래'와 '이미 도착한 미래'를 혼동한다는 점이고, 다른 하나는 이미 도착한 미래에 대한 대응에 초점이 없다는 점이다.

흔히 사람들은 "4차 산업혁명의 핵심 기술이라고 일컫는 인공지능 로봇, IoT, 모바일, 3D 프린터, 나노·바이오 기술 등이 우리의 사회와 삶을 송두리째 바꾸어 놓을 것이다"라고 말하며 이를 미래의 기술로 간주

한다. 하지만 정도의 차이가 있을 뿐, 이런 기술은 벌써 우리 곁에 와 있고 이미 활용되고 있다. SF소설가 중에서 가장 영향력이 컸고, 미래의 모습을 잘 그려냈으며, 실제 기술 개발에도 크게 관여한 윌리엄 깁슨은 "미래는 이미 와 있다. 단지 널리 퍼져 있지 않을 뿐이다(The future is already here. It's just unevenly distributed)"라는 명언으로, 기술 혁신의 일상성과 그에 따른 세계관의 절박한 변화 필요성을 강조했다.

따라서 우리는 교육의 본질을 추구하되, '이미 도착한 미래'에 대한 대응력을 높여야 한다. 앞서 말했듯, 미래 사회가 아무리 변해도 교육의 본질은 변하지 않을 것이기 때문이다. 그렇다면 우리는 무엇에 집중해야 할까? 기술의 활용이 상호 주객전도主客顚倒되지 않고, 진화하고 있는 기술이 교육의 본질을 추구할 수 있도록 돕는 보조제로서 그 역할을 제대로 할 수 있는 세상을 만들어 나가야 할 것이다.

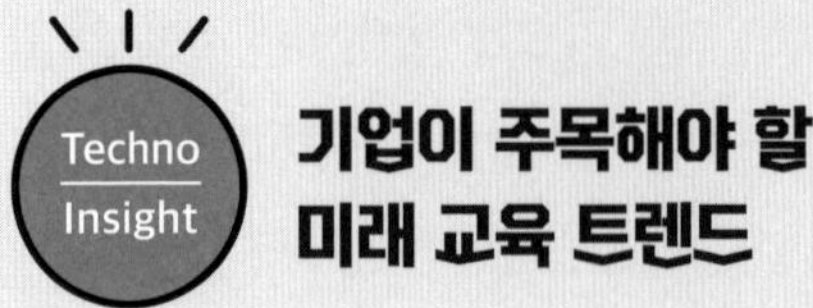

기업이 주목해야 할 미래 교육 트렌드

비영리 재단 WISE World Innovation Summit for Education가 'School in 2030'[13]에 대해 실시한 설문의 결과를 살펴보면, 미래 교육의 변화와 함께 관련 기업들이 참고할 만한 방향을 예측할 수 있다.

'간판'보다 개인 역량 강화

WISE의 조사 결과에 따르면, 2030년 지식의 제1공급원은 전통적인 학교가 아닌 '온라인 콘텐츠'라고 예측하고 있다. 중·고·대학생 및 성인 대상 교육은 온라인이 주를 이룰 것이며, 강의 및 시험 채점이 온라인에서 인공지능에 의해 실시되고, 본인 인증은 안면 인식 기술과 블록체인

13 >> WISE는 2014년 세계 여러 나라의 다양한 분야에 종사하는 사람 645명을 대상으로 설문을 실시했다. 9가지 영역에서 미래 학교와 미래 교육에 대한 변화를 예측했다.

을 이용해 이루어질 것이다.

어떤 역량이 가장 중요한지에 대한 설문 결과 '교과지식'보다 '개인적 역량'이란 답이 가장 많이 나왔다. 토머스 프레이 역시 그의 저서 『에피파니Z』에서 대학 학위가 '신분의 상징'이었던 시대는 끝났다고 말했다. 명문대 학위 하나로 평생을 먹고살던 시대는 가고, 끊임없는 재교육과 세세하게 개인 능력을 평가하는 '정량화된 자아自我'의 시대가 온다는 것이다.

주요 선진국에서는 이미 그러한 변화가 일어나고 있다. 온라인을 통한 수업과 학생들의 실시간 자료 탐색 수요가 증가하고 있으며, 학생 중심의 자기주도적 학습이 강조되고 있다. 또한 개별 학생의 흥미와 진도에 따른 맞춤형 학습이 제공되고 있다. 또한 캠퍼스 중심의 대학 교육의 틀을 벗어나, 정보기술을 활용한 교육 모델 '미네르바 스쿨'과 '에콜42' 등이 등장하고 있다.

토머스 프레이는 "2030년에 경제 활동을 시작하는 사람은 평생 8~10개 직업을 바꿔가며 일하게 될 것이다. 이를 위해 매우 구체적인 기술 재교육이 필요하다"고 말했다. 예를 들어 3D 프린팅 디자이너, 드론 파일럿이 되기 위해 배우는 것이다. 이를 위해 굳이 대학에 진학해 학위를 따야 할까? 2주~2개월짜리 짧은 교육만으로도 충분할 것이다. 따라서 강도 높은 짧은 주기의 교육을 제공하는 '마이크로 대학micro college'이 앞으로는 대세가 될 것이다. 토머스 프레이는 기존 대학들이 갑작스럽게 방향을 전환하기 쉽지 않을 것이기 때문에, 대학들이 실용 역량을 갖춘 마이크로 대학을 많이 사들일 것으로 예측하고 있다.

기업에게 주는 시사점은 뭘까? 지금까지의 정보를 종합해보면, 향후 '개인적 역량'과 '실용적 지식' 기반의 온라인 교육 플랫폼을 평정하는 회사는 세계적인 기업으로 성장할 수도 있을 것이다. 그리고 수많은 온라인 교육 회사들 중 '교과지식'보다 실질적인 '개인적 역량' '실용적 지식'을 키울 수 있는 과정을 잘 설계하는 기업들만이 시장에서 생존력과 성장을 담보할 수 있을 것이다.

졸업장보다 자격증

2030년이 되면 대학 졸업장보다는 기업이 훈련하고 인증하는 자격증이 보다 경쟁력이 있을 것이다. 이미 미국에서는 이런 현상이 일어나고 있다. 한국은 대학을 중심으로 대학과 기업이 협업해 졸업장이나 자격증을 수여하는 방향으로 변화할 가능성이 높을 것으로 예상된다. 그러나 당장 '6(초등학교)-3(중학교)-3(고등학교)' 체제의 변화는 쉽지 않을 것이다. 그러나 이런 제도에도 변화가 필요하다. 개인의 성공과 국가의 발전을 위해서는 입시 중심의 경쟁교육보다는, 진정한 배움과 교류가 일어나는 직장과 사회로 일찍 내보내는 것이 필요하기 때문이다.

기업이 훈련하고 인증하는 자격증 설계를 돕는 교육 회사들이 점차 증가할 것이며, 평생학습을 돕는 교육 회사들도 증가할 것이다. 다만 이러한 회사들 역시 실질적인 '개인적 역량'과 '실용적 지식'을 키우고 이를 인증할 수 있는 역량을 갖춰야 생존력과 성장을 담보할 수 있을 것이다.

티칭보다 코칭

2030년이 되면 교사는 학습을 안내하고 코칭하는 코치의 역할로 변하게 될 것이다. 또한 교육과정은 표준화된 방식보다는 각 지역과 학교, 개인에 최적화된 방식으로 운영되어야 할 것이다. 실제로 에콜42는 3無(강사, 교재, 학비)를 표방하며 새로운 길을 제시한 것으로 평가받고 있다. 프랑스 파리에 소재한 이 학교는 이동통신사를 경영하는 자비에 니엘Xavier Niel 회장이 4차 산업혁명에 대비해 IT 인재 육성 시스템을 혁신하기 위해 설립한 교육기관이다. 이 학교엔 IT에 관한 기본교육을 이수한 젊은 사람(18~30세)이라면 누구나 지원할 수 있다. 때문에 전 세계의 우수 인재들이 모여들고 있다. 2013년 설립된 에콜42는 2017년 IT 기술대학 평가에서 3위를 차지했고, 졸업생들이 IT 분야에서 두각을 나타내면서 미국, 우크라이나, 남아프리카공화국, 루마니아로 확산되고 있다.

에콜42의 '라 피신La Piscine', 한국어로 '수영장'이란 뜻의 선발 과정은 이 학교의 특징을 잘 나타낸다. 지원자들은 두 관문을 통과해야 합격이 된다. 1차는 '논리와 추론 능력 테스트'인데, 여기서 3배수를 선발한다. 2차는 '코딩 프로젝트' 과정이다. 학생들은 4주간 컴퓨터 룸에서 먹고 자며 매일 주어지는 문제를 풀어야 한다. 프로젝트의 난이도는 점차 높아져서 지원자끼리 협업해야만 해결책을 찾을 수 있다. 이러한 과정은 학생들이 끊임없이 변하는 현실에 적응할 수 있는 대응력과 역량을 키워준다.

수영장 과정은 시작에 불과하다. 이를 통과한 1,000여 명의 학생들은 3년의 본 과정을 이수하게 된다. 본 과정의 특징은 크게 세 가지로 ①협력을 통한 프로젝트 추진 ②게임을 통한 학습 ③수준별 자율학습이다. 이러한 수업 방식은 학습자를 혼란스럽게 할 수도 있지만, 현실 적응력과 대응력을 높여준다. 한마디로, 기업이 선호하는 인재로 성장할 수 있도록 현실적이고 실용적인 커리큘럼을 제공하는 것이다.

앞으로 기업들은 기술이 진화함에 따라 시공간의 제약을 넘어서는 개별 맞춤화된 커리큘럼과 콘텐츠를 개발하는 역량을 키워 나가야 할 것이다. 그리고 인공지능 튜터는 교육과 학습 시장에서 많은 역할을 할 것으로 기대된다. 학생들은 인공지능이 접목된 로봇 교사를 통해 교육을 받을 것이며, 온라인 교육과 인공지능, 빅데이터 역량을 보유한 기업들의 합종연횡이 시작될 것으로 전망된다.

가성비 높은 전략으로 생존 모색

2030년이 되면 교육의 주 언어는 '영어'가 될 것으로 예상하고 있다. 현재 유행하는 대다수의 온라인 무료 강좌도 영어로 제공되고 있다. 따라서 전 세계로부터 공급되는 양질의 강의를 들으려면 비영어권 국가의 학생들은 영어 실력을 더욱 키워야 할 것이다.

또한 2030년이 되면 교육비의 주 부담자는 부모 43%, 국가 30%, 회사 27%가 될 것이라고 한다. 어떤 학교급이냐에 따라 매우 달라질 것이지만, 중등교육에 대한 것이라면 문제가 심각하다. 부모의 비율이 43%나 된다는 건 무엇을 시사할까? 교육이 공공재에서 민간재로 변한다는 것을 의미한다. 국가별로 차이가 있겠지만, 사교육비 부담을 고려할 경우 아마도 한국은 부모의 부담이 세계에서 가장 높은 나라가 될 것이다. 때문에 사교육을 줄이고, 교육의 공공성을 높이려는 노력이 중요하다. 교육 기업들은 기술을 잘 활용해 가성비를 높이는 전략을 추구해야 생존력과 성장을 담보할 수 있을 것이다.

WISE 재단이 미래 교육에 대해 석학들[14]을 대상으로 설문조사를 했다. 그 내용을 소개한다. 미래 학교를 상상하고, 관련 기업들이 대비하는 데 참고가 될 것이다.

"우리는 '지혜로운 공동체WISE Community' 구성원들을 참여시켜 2030년 학교는 어떤 모습일까에 대한 관점을 연구·조사했다. 그들의 생각은 다음과 같이 놀라웠다.

교육 시스템은 주요 변화를 겪게 될 것이고 이미 일부 그런 조짐이 나타나고 있다. 다른 변화들은 수평선 위로 곧 모습을 드러낼 것이다. 모두가 확실히 공감하는 바는 모든 수준에서 기존의 혁신을 적극 수용하는 것이 될 것이다.

현재와 같이 사전에 교육과정 내용을 자세히 표준화해서 이를 현장에 내려보내고 이를 충실히 전달하는 교사는 더 이상 존재하지 않을 것이다. 그래서 전통적인 학교는 더 이상 이론적 지식을 가르치고 이를 수동적으로 배우는 장소가 되지 않을 것이다. 대신 미래 학교는 학생들은 지침만 받고, 동료들과 다양한 도구를 활용해 상호작용을 하면서 자신들에게 필요한 전문가적 미래 역량을 키워 가는 '사회적 학습 환경social environment'이 될 것이다. 혁신은 기술적인 측면에서뿐만 아니라 사회적, 교육적 측면에서도 활발히 일어나 전통적인 교실의 모습을 완전히 바꿀 것이다. 교실은 협동학습이 일어나고 미래 직업세계를 준비하는 '만남의 장소meeting rooms'가 될 것이다."

14 >> Noam Chomsky, Ms Julia Gillard, Professor Sugata Mitra, Mr. John B. Mahaffie, and Dr. Yasar Jarrar 등

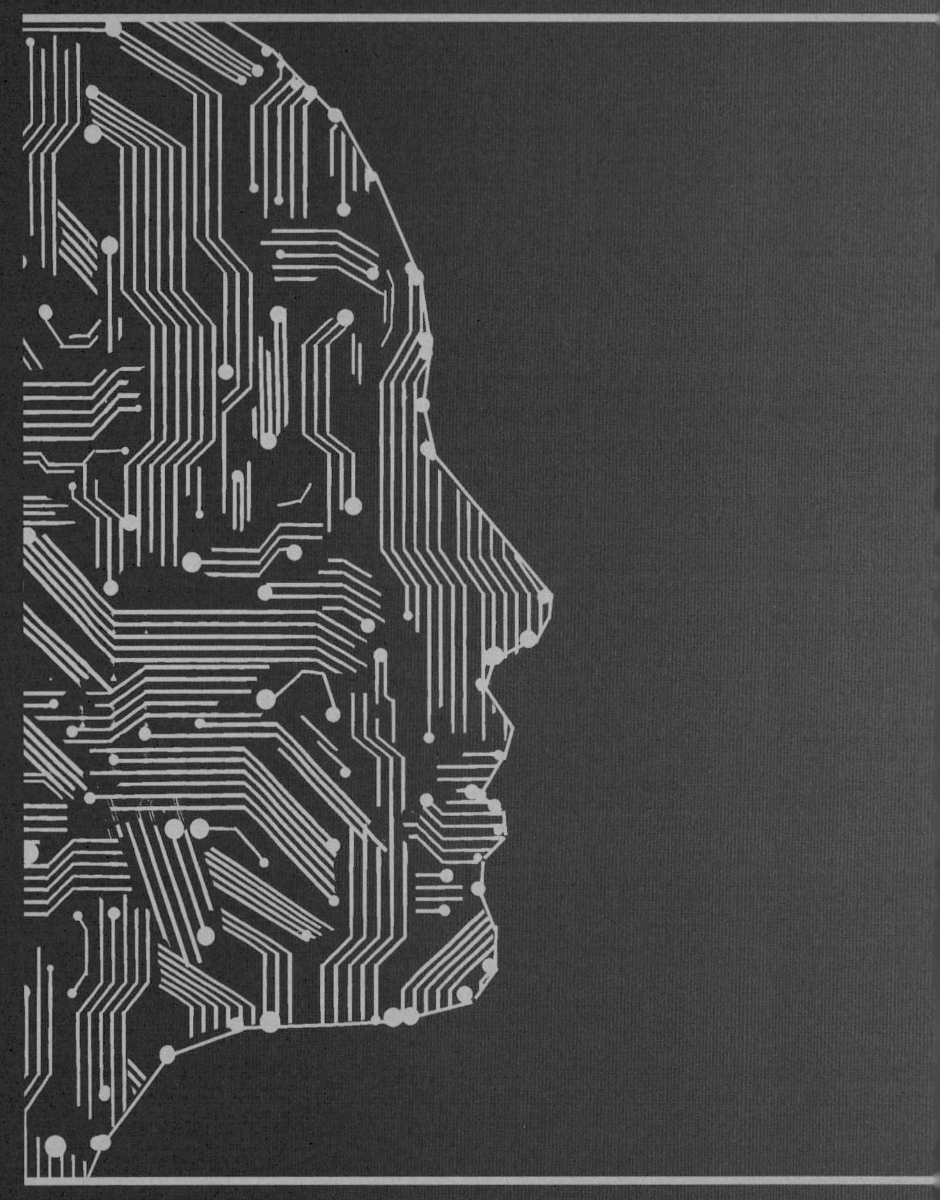

디지털 영생의 시대가 열린다

: 헬스&케어

#트랜스 휴먼

#냉동인간

#장기 배양

#디지털 영생

불로장생에 한발 다가선 인류

한 남자가 교통사고로 한쪽 귀가 완전히 망가져 버렸다. 그는 마치 인생이 끝난 것처럼 느껴져서 깊은 실의에 빠졌다. 그런데 그에게 좋은 소식이 들려왔다. 자신의 신체를 이용해 잃었던 귀를 배양할 수 있다는 것이다.

중국의 시안 교통대학 제1부속병원 성형외과 전문의 궈슈종은 환자의 갈비뼈에서 연골 3개를 추출해 귀 모양으로 만든 뒤에 환자의 팔에 심어서 귀를 배양한 후, 새로운 귀를 환자의 얼굴에 이식했다. 귀 배양에는 약 3~4개월의 시간이 소요된다고 한다. 중국 푸젠성 푸젠의대 병원은 교통사고로 코가 심하게 손상된 샤오롄을 위해 코를 배양하기도 했다. 역시 갈비의 연골을 추출해 코 모양을 만들었으며, 이마에 붙여서 배양했다. 이마의 조직 구조나 질감이 코와 비슷해 배양에 적합한 것으로 알려져 있다. 자신의 신체를 이용한 이식은 부작용이 적어 이와 같은 방법의 이

>> 장기 배양 모습 (출처: CCTV Video News Agency)

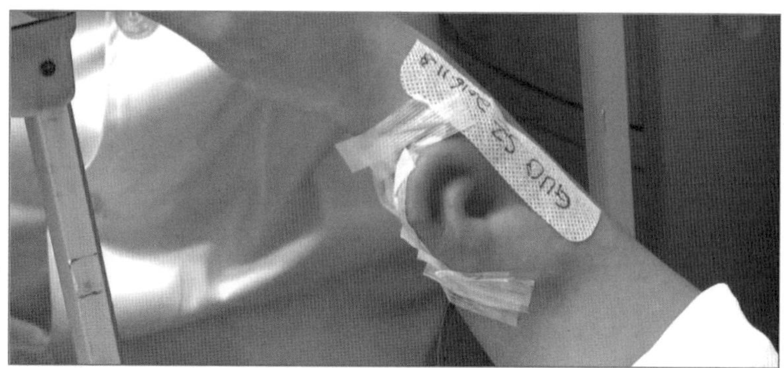

식 사례가 증가하고 있다.

불로장생의 3대 원칙은 늙지 않고, 병들지 않고, 죽지 않는 것이지만 인간은 늙고 죽을 수밖에 없다. 그러나 인간의 지식 범위가 확대되고 기술이 발전함에 따라 병들지 않거나, 병에 걸리더라도 고칠 수 있는 의료 기술이 상당히 발전하고 있다.

IT 융합 기술의 활용은 인간의 건강한 삶과 건강관리 체제의 획기적인 변화, 인간의 위험 상황 인식과 조치, 사람의 생활을 인지해 도와주는 지능형 서비스 등 행복하고 건강하게 삶의 즐거움을 누릴 수 있는 미래 사회의 비전을 제시하고 있다.

냉동인간, 현재의 의학 기술로 가능할까?

현재 의료 기술로는 가망이 없어 미래의 기술을 믿고 자신의 몸을 냉동하는 사람들이 있다. 전 세계적으로 350여 명의 시신이 영하 196℃의 차가운 공간에 얼어 있다고 한다. 냉동인간의 부활, 가능한 일일까?

신기술이나 의학 기술이 더 발전하더라도 냉동인간이 해동에 성공하기까지는 해결해야 할 과제가 수두룩하다. 냉동인간에 생명을 불어넣기 위해서는 다소 복잡한 과정을 거쳐야 하고, 산소 부족에 의한 뇌 손상 또한 풀어야 할 과제다. 냉동 보존 연구자들은 이에 대한 해법을 나노nano 기술에서 찾고 있다. 나노 크기의 기계가 해동 중인 수조 개의 세포를 하나하나 복구한다는 생각이다. 실제로 미국에서는 인공동면 실험에 성공한 적이 있다. 물론 사람이 아닌 쥐를 대상으로 한 실험이었지만, 냉동인간의 해동에 대한 실마리를 풀었다는 점에서 의미가 크다.

미국 워싱턴주 시애틀에 있는 워싱턴대학University of Washington과 프레드 허친슨 암연구센터Fred Hutchinson Cancer Research Center 연구팀은 '황화수소(H2S)' 80ppm이 주입된 공간에 쥐를 넣었다. 몇 분 안에 쥐는 움직임을 멈추었고 의식을 잃었다. 쥐의 심장 박동수는 120회(bpm)에서 10회(bpm) 미만으로 줄었고, 체온이 36.7℃에서 11℃까지 급격히 떨어졌으며 신진대사 비율은 90%나 감소했다.

최근 로봇 기술을 활용한 치료의 성공사례가 잇따라 발표되고 있다. 과학 저널 네이처 바이오테크놀로지Nature Biotechnology에서 미국 애리조나주립대ASU와 중국 과학아카데미 국립 나노과학기술센터NCNST 연구팀이 나노 크기의 로봇을 유방암, 흑색종, 자궁암, 폐암 등이 발생한 쥐에 적용해 치료하는 효과를 거뒀다고 발표했다. 나노 로봇이 종양에 영양 공급원이 되는 피를 응고시켜, 종양으로 가는 피의 공급을 차단함으로써 일종의 종양 조직을 사멸시키는 실험이었다. 나노 로봇이 암세포가 있는 혈관 안의 표면에 부착되면 암세포의 심장부에 DNA 앱타머aptamer[15] 약물

15 >> 뉴클레올린이라는 단백질을 표적화하여 오직 종양의 내피세포 표면에서만 많은 양이 생성

을 전달하고, 혈액을 응고시키는 트롬빈thrombin 효소[16]에 노출하게 된다.

나노 로봇뿐만 아니라 고정밀 능동 조향 유연 바늘 로봇, 다양한 소화기질환 진단 치료에 우수한 능동캡슐 내시경, 세계 최초 대식세포 기반 의료용 마이크로 로봇 등의 기술들이 의료 산업에서 개발되고 있고 상용화를 앞두고 있다.

헬스케어에 뛰어든 인터넷 기업

해외 글로벌 기업인 애플, 아마존, 구글 등 회사들도 헬스케어 분야에 집중 투자하고 있다. 특히 구글 브레인Google Brain유전체팀과 마크 데프리스토Mark DePristo는 인공지능 기반의 유전체 분석 플랫폼인 딥배리언트DeepVariant를 공동 연구 개발했다. 이 플랫폼을 활용해 질병 변이정의variant calling의 정확도를 높이는 등 의학 기술과 인공지능 기술을 이용한 의료 플랫폼 개발 프로젝트가 진행되고 있다. 딥배리언트는 차세대 염기서열 분석기술NGS, next generation sequencing의 전체 분석 과정 중 마지막 단계인 변이를 결정하는 데 적용되는 도구tool다. 인공지능을 활용한 게놈 시퀀스 재구성 오픈 소스 프로젝트인 딥배리언트를 자체 클라우드 플랫폼에 공개해 자사의 기술을 더 많이 활용하고 적용할 수 있도록 지원하고 있다.

마이크로소프트는 2017년 9월 인공지능 기술을 활용해 헬스케어 시장에 진출하겠다고 발표한 이후, 미국 내 케임브리지 연구 시설에 헬스케어 부서를 설립해 응급환자의 상태를 모니터링할 수 있는 시스템 개발

16 >> 혈액 응고에 관계되는 단백질 분해효소

과 당뇨병 치료를 위한 연구를 진행하고 있다.

구글은 2009년부터 약 10년간 개인의 유전정보 서비스부터 원격 진료까지 헬스케어 기업에 집중 투자해 오고 있으며, 60개 이상의 기업들이 수많은 특허 기술을 보유하며 제약회사와 협력하고 있다. 그중 '23앤드미23andMe'는 약 500만 명의 개인 유전정보 데이터베이스DB를 보유하고 있으며, 전 세계에서 단일 회사로는 가장 많은 유전체 빅데이터를 보유하고 있다. '23앤드미'는 세계적 투자회사들이 집중 투자하면서 기업의 가치가 1조 원이 넘는 유니콘 기업으로 평가받고 있다.

전기차 및 자율주행 자동차 '스페이스X'의 우주 여행 및 화성 이주 개척 등 실험적인 대규모 프로젝트를 추진하고 있는 뉴럴링크Neuralink[17]는 의학 연구 분야에서 사람의 생각을 업로드하고 다운로드할 수 있는 작은 전극을 뇌에 이식하는 '신경 레이스neural lace' 기술을 개발하고 있다. 뇌전증과 우울증 등을 치료할 수 있는 뇌 삽입형 제품이 될 것으로 예상되지만, 뉴럴링크 대표인 맥스 호닥Max Hodak의 말을 빌리면 아직은 '배아' 단계다. '피질 직결 인터페이스direct cortical interface'를 통해 컴퓨터와 사람의 뇌를 연결함으로써 뇌를 컴퓨터화해 인공지능과 동일한 속도로 하는 것이 목표다.

17 >> 테슬라 CEO 일론 머스크(Elon Musk)가 설립한 뇌 연구 스타트업 기업

HEALTH&CARE

02

새로운 종, 트랜스 휴먼의 탄생

'생명', 신의 영역으로만 믿어 왔던 분야에 인간이 도전하기 시작했다. 어쩌면 인류가 태동했을 당시부터 시작되었을 수 있으나 앞으로의 발전 속도는 기하급수적으로 빨라질 것이다. 뇌신경으로부터 정보를 전달 받아 로봇팔을 움직이는 기술은 선천적으로나 후천적으로 장애를 가진 사람들에게 반가운 소식이다.

고전 영화나 해외 드라마를 보면, 불의의 사고를 당한 후 로봇에 뇌를 이식해 인격을 부활시킨다든지, 부자들이 신체와 장기를 업그레이드하며 영생에 가까운 삶을 영위하는 등의 내용이 나온다. 기술의 발달로 만화와 영화에서만 나오던 이야기들이 점점 현실화되면서, 인간과 기계의 경계가 무너지는 시대가 오고 있다.

디지털 영생의 가능성

미국의 미래학자인 호세 코르데이로Jose Cordeiro 교수는 이미 10년 전에 유전자 조작과 첨단 로봇의 발달로 인간의 신체 기능을 변화시킨 새로운 형태의 종이 탄생할 것이라고 전망했다. 호모 사피엔스인 현생 인류가 기계와 인공지능이 융합된 '트랜스 휴먼' 혹은 '포스트 휴먼'이라는 새로운 종으로 진화한다는 것이다. 그는 인공 혀를 가진 소믈리에가 맛을 감별하고, 다른 와인을 감별하기 위해 물을 마실 필요도 없다고 말했다.

의료 분야 기술의 발달은 인간의 신체 기능을 놀라울 정도로 변화시키고 있다. 간단한 장기를 만드는 것은 물론이고, 로봇으로 손과 다리의 기능을 대체하거나 증가시켜 주고 있다. 인류의 유전자 정보를 재배열하고 복제해 새로운 생명을 기획하고 설계해 실현할 수 있는 단계에 접어들었다.

미국의 대표적인 과학자 버니바 부시Vannevar Bush는 애틀랜틱 먼슬리Atlantic Monthly에 기고한 '우리가 생각한 대로As We May Think'라는 글을 통해 방대한 정보를 저장하고 열람할 수 있는 장치를 '메멕스Memex'[18]라고 명명하며 인간 기억 확장 장치 개념을 최초로 주창했다. 그는 "정신이 연상 경로를 따라가는 속도와 유연성이 같기를 바랄 수는 없지만, 저장소에서 되살린 항목이 영속적이고 투명성을 지녔다는 면에서 정신을 결정적으로 능가할 수 있는 가능성을 갖는다"고 말하며 "따라서 과학은 사람이 생산하고 저장한 민족의 기록을 참고하는 수단일 수도 있다"고 했다.

18 >> 'Memory extender'의 합성어. 오늘날 하이퍼텍스트와 유사한 개념의 장치로, 초기 하이퍼텍스트 시스템 및 개인 지식 기반 소프트웨어에 영향을 주었다.

그의 말에 따르면 사람의 인격을 디지털화해 저장한 다음 사후에 기계에 이식하면 인격이 부활할 수 있다. 오롯한 나만의 정신이라면 컴퓨터와 인공지능 기술을 활용해 컴퓨터적 부활, 즉 '디지털 영생Digital Immortality'이 가능하다는 이야기다.

또한 외계의 별을 탐사하거나 지구 내부의 구조를 탐사하는 등 기존의 인간의 능력으로는 불가능했던 영역도 로봇과 기계에 사람의 인격과 판단 능력이 탑재된 제3의 인류를 통해 새로운 도전이 가능해질 것이다.

히어애프터HereAfter 대표인 제임스 블라호스James Vlahos는 자신의 아버지가 암 진단을 받은 후 아버지의 목소리를 녹음했다. 이를 디지털화해 제작한 '대드봇Dadbot'은 마치 아버지가 이야기를 들려주거나 농담을 하는 것 같은 모습을 보여주었다.

냉동인간을 통한 신체적인 영생에 대한 인류의 도전은 디지털 기술의 발달로 그 가능성을 다른 형태로 표현하고 있다. 디지털 영생을 통해 사람의 육성이나 표정, 의식 등을 컴퓨터에 시뮬레이션하는 방식으로 뇌 보존 연구가 진행되고 있다. 인공지능을 통한 영생 프로젝트에서 나아가 미래에는 인공지능을 통해 그 사람의 생각과 인격을 이식해 자연스럽게 대화하고 일상생활을 영위할 시대가 올 것이다.

유토피아와 디스토피아, 그 사이에 선 우리

초고속 통신망과 차세대 네트워크 서비스, 이를 활용한 다양한 스마트 기기 등 첨단 산업의 발달로 인한 급격한 변화는 인간에게 다양한 스트레스를 주고 있다. 이런 스트레스는 심하게는 우울증, 자살, 폭력 등을 유발하며, 육체적인 건강뿐만 아니라 정신건강에도 위험한 요소로 작용하고 있다. 육체적인 수명이 길어지는 반면, 정신건강이나 뇌건강에 대한 관심이 높아지고 있는 이유다.

5대 정신질환 치료 기술

이제 정부에서는 중증 정신질환 치료·재활 기술, 자살 예방·개입 기술, 중독 예방·회복 기술, 정신건강 기술 최적화 연구 등 정신건강 증진 기술 개발을 위해 노력하고 있다. 또한 언제든지 자신의 정신건강 상태를 점검해 치료할 수 있도록 하는 일에 관심을 쏟고 있다.

실제로 세계보건기구WHO가 집계한 통계자료에 의하면 2005년부터 2015년까지 우울증 환자는 평균 20%가 증가했고, 우울증 외에도 불안증, 강박증, 무기력증 등 다양한 질환의 발병이 증가했다.

보건복지부가 조사한 '5대 정신질환(우울증·조울증·조현병·공황장애·불안장애) 환자 현황'에 따르면, 2013년 139만 명, 2014년 140만 명, 2015년 146만 명, 2016년 156만 명 등으로 꾸준히 증가하고 있는 추세다.

5대 정신질환 치료를 위해 최근 병원에서는 VR 기술을 활용해 '가상현실 치료'를 시작하고 있다. 사회공포증을 가지고 있는 사람들, 예를 들면 수많은 관객들 앞에서 발표하면 목소리가 작아지고 등에 식은땀이 나는 등의 증상을 가진 사람들을 VR 기기의 도움을 받아 치료할 수 있다. 강남세브란스 병원에서는 가상 클리닉을 운영하고 있으며 삼성의 지원을 받아 개발한 '비피어리스 플러그인BeFearless Plug-in' 앱을 무료로 배포해 공황장애·게임중독·주의력 결핍 및 과잉행동장애ADHD 등을 '자가 치료'가 가능하도록 서비스하고 있다.

영화로 미리 살펴보는 디스토피아

트랜스 휴먼은 로봇공학 등 첨단 기술을 이용해 신체적, 지적 능력을 향상시킨 사람을 말한다. 뇌를 복제하거나 바이오닉bionic을 활용해 신체 기능을 기계적으로 강화시킬 수도 있다. 그렇게 되면 인간과 로봇이 구분되지 않는 시대가 도래할 것이고, 심지어 나와 나를 대신하는 나와의 구분도 모호해질 수 있다. 인간의 탐욕은 인류의 자연 진화를 거부하고 과학 기술을 이용해 스스로 복제 혹은 진화할 수 있어 인간 스스로 진화 방향성을 결정하고, 진화의 속도도 매우 빠르게 이루어질 수 있다.[19]

영화 '인 타임'(2011)에서 인간은 25세가 되면 노화를 멈추고 개개인의 팔뚝에 1년의 시간이 새겨지게 된다. 사람들은 음식을 살 때 돈 대신 시간으로 지불하고 노동을 대가로 시간을 받는다. 그리고 주어진 시간을 모두 소진하면 즉시 심장마비로 사망한다. 영화 속에서 부자는 영생을 누릴 수 있고, 가난한 자들은 하루하루를 살아가기 위해 시간을 구걸하거나 노동을 하게 된다. 소수의 영생을 위해 다수가 죽어가는 현재의 사회적 구조와 영생을 향한 인간의 욕망을 시간이 화폐라는 영화적 독특한 발상으로 신선하게 전달하고 있다.

영화 '아일랜드'(2005)도 생명 윤리와 탐욕에 대해 이야기하고 있다. '링컨 6-에코'(이완 맥그리거)를 비롯한 사람들은 바깥세상과 격리된 채 규칙적인 생활을 한다. 환경오염으로 멸망한 인류의 마지막 생존자라 믿는 이들의 유일한 꿈은 복권에 당첨되어 지상에 남아 있다고 전해지는 환상의 섬 '아일랜드'로 가는 것이다. 그러나 사실 그들은 복제인간이었으며, 어느 시점이 되어 몸의 주인이 병들거나 사고를 당하면 장기를 적출해 주기 위해 존재한다는 사실을 알게 된다. 아일랜드에 간다는 것은 곧 죽음을 의미한다는 것을 깨닫고 격리된 공간을 탈출한다.

인간성이 말살된 근미래 디스토피아를 그린 이 영화는 생명을 위해 또 다른 생명을 창조하는 것으로 신의 영역을 넘어서는 인간의 탐욕을 다루

19 >> 한국정보화진흥원, 「미래 2030」, 영화로 본 미래사회 전망

고 있다.

1997년에 개봉한 영화 '가타카Gattaca'의 제목은 DNA의 염기서열인 아데닌(A), 사이토닌(C), 구아닌(G), 티민(T)의 네 가지 알파벳을 조합해 만든 단어다. 영화는 유전자 조작이 자유롭게 가능한 시대를 배경으로 한다. 아기가 태어나기 전에 부모의 우수한 유전자만 남겨두고 열등한 유전자를 제거해 완벽한 조건을 가진 아이를 태어나게 한다. 유전자 조작을 통해 태어난 적격자와 인공수정이 아닌 자연적으로 태어난 부적격자로 나뉘어 태어나자마자 한 사람의 인생이 결정되어 버리는 부조리를 영화는 그리고 있다. 유전자 조작 기술의 윤리적인 문제, 차별과 계급 문제 등 인류 사회적인 문제를 다루고 있다. 문제는 영화에서 나오는 수많은 부조리들이 현실에서도 그대로 나타날 수 있다는 것이다.

'인간다움'에 대한 고민

유전자 복제, 트랜스 휴먼, 인공지능 등 과학 기술의 발전은 의료 분야를 근본적으로 바꾸고 있으며 변화의 속도도 빠르다. 또한 의료 분야의 과학 기술은 점점 경계가 사라지고 있어 전통적인 의학 분야에 대한 개념 자체를 다시 생각해 봐야 할 시점이다. 의학 기술이 발달함에 따른 인간다움에 대한 윤리 의식은 인류가 고민해야 할 문제다.

윤리적인 문제와 함께 개인정보 보호와 관련된 문제도 인류가 마주해야 할 디스토피아로, 이는 현재에도 발생하고 있다. 앞서 언급한, 개인 헬스케어 분야의 구글을 꿈꾸고 있는 소비자 유전자 검사업체인 23앤드미는 유니콘 기업으로 성장하고 있으나 고객의 침 성분을 받아서 분석한 유전자 정보를 동의 없이 제약회사 등에 제공해 심각한 개인정보 보호 침해 논란을 일으킨 바 있다. 500만 명에 이르는 고객의 유전자 정보뿐만 아니라 자사 고객이 제출한 정보를 고객 동의가 없더라도 프로젝트 연구 목적으로 사용할 수 있도록 프라이버시 정책을 운용함으로써 교묘하게 법의 제재를 피해가고 있다는 의혹이 제기되고 있다.

최첨단 유전체 분석 기술 개발을 위한 각국 연구소와 글로벌 기업들의 경쟁은 갈수록 치열해지고 있다. 그러나 암과 같은 질병을 진단하고, 치료제 등 신약을 개발한다는 정당성에도 불구하고 개인의 의료·유전 정보 등의 데이터를 독점하거나 외부에 판매하려는 회사들이 앞으로 지속적으로 등장할 것이다. 이는 글로벌 기업 및 국가 간의 분쟁이나 개인의 정보를 보호하기 위한 법적인 갈등, 기업-개인 간의 소송을 불러일으킬 것이다.

동서고금을 막론하고 죽음을 피해 어떤 형태로든 '삶의 영속'을 추구하는 인간의 근원적인 욕망은 인류가 멸망하기 전까지 지속될 것이다. 사전을 찾아보면 인류란 "두 발로 서서 걸어 다니는 호미니데Hominidae(고릴라, 침팬지, 오랑우탄 포함), 즉 사람과의 호모 사피엔스Homo sapiens 종에 속하는 영장류이다"라고 나와 있다. 그러나 인류를 종으로만 이야기하기에는 턱없이 부족하다. 국립국어원은 인간을 "동물의 일원이지만 다른 동물에서 볼 수 없는 고도의 지능을 소유하고 독특한 삶을 영위하는 고등동물이다"라고 표현하고 있다.

그러나 과연 이게 전부일까? 여기 어디에도 인간의 고결한 정신에 대한 것은 없다. 인간은 가치 판단의 주체이자 대상이기도 하다. 인간 외의 그 어느 생명체도 가치 판단을 하지 않으며, 인간 외의 그 어느 생명체도 인간만큼 절대적 가치 판단을 하지는 않는다. 무수히 많은 성현들의 가르침과 개인의 경험을 통해 고유한 한 인간이 성숙한다. 그리고 개개인의 성찰이 모여 우리 사회는 여기까지 발전해 왔다.

선조들의 육체는 사라졌으나, 그 고유한 정신은 오늘날에도 살아 있다. 육체는 바뀔 수 있으나, 한 인간의 고결한 정신은 전 우주를 통틀어 유일무이한 것이다. 그러한 인간의 '정신'은 삶의 가치를 잃어 버리는 순간 망가지기 시작한다. 아마도 건강한 육체와 가치 있는 삶을 영유하고 싶은 욕망은 인간이란 존재가 사라지는 날까지 변하지 않을 것이다.

새로운 의료 패러다임, 4P 의료

2000년대 중반에 제안된 4P[20] 의료는 전통적인 의료 행위에서 벗어난, 환자 개개인에 대한 최적화된 의료 치료법을 말한다. 최근 의학 기술 및 첨단 로봇 기술, 유전공학 기술, ICT의 발전으로 의료 패러다임이 전 세계적으로 빠르게 변하고 있다.

4P 의료 중 하나인 '예방 의료'는 질병 치료와 반대되는 의미이며, 질병이 발생하기 전에 미리 대처하는 의료 행위다. 유전적인 요인이나 환경적인 요인을 분석하면 질병이 발생하기 전에 미리 예측하고 방지할 수 있다. '맞춤 의료'는 개인에 대한 약물의 반응, 질병 위험도 등을 분류하고 개인에 맞춘 의학적인 결정을 내리는 것이다. '참여 의료'는 환자가 의사와 함께 의학적인 결정에 참여하는 것이다. 과거엔 의사의 판단과

20 >> 예방(Preventive), 개인 맞춤(Personalized), 참여(Participatory), 예측(Predictive)

결정에 의존적이었다면, 최근에는 다양한 유전적, 개인 맞춤형 분석을 통한 다양한 헬스케어 서비스를 선택하고 의료 행위를 받을 수 있다. '예측의료'는 유전학을 기본으로 유전체학, 단백질체학 등 다양한 예측 방법론을 활용해 미래의 질병을 예측하는 것이다.

무병장수에 대한 인간의 욕심은 현대 의학 발전의 동력이기도 하다. 4P 의료 등 의료 산업에서 일어나는 패러다임의 변화는 인류에게 어쩌면 조금은 희망적인 소식이다. 영생과 불멸의 삶을 살아갈 수는 없어도 건강하게 아프지 않고 여생을 보낼 수 있는 사회로 점점 발전하고 있는 것은 사실이다.

올더스 헉슬리의 소설 『멋진 신세계』는 디스토피아 SF 소설이다. 헨리 포드가 태어난 해인 1863년을 인류의 새 기원으로 삼은 가상의 미래 세계를 다루고 있다. 소설 속의 세계는 하나의 통일된 정부의 통제하에 있으며 모든 것이 포드주의에 따라 자동 생산된다. 심지어 사람도 컨베이어 시스템에 실려 수정되고 길러져 병 속에서 제조되고 태어난다.

소설은 본연의 개성과 자유에서 나오는 아름다움에 대해 이야기하고 있지만 욕망을 좇아 윤리는 배제된 삶으로 나아가는 위험을, 유토피아와 반대되는 디스토피아로 표현하고 있다. 영생이라는 인간의 욕망이 의학과 과학 기술로 조금씩 실현되는 과정에서 우리는 인간의 '인간다움'에 대해 끊임없이 생각해야 할 것이다.

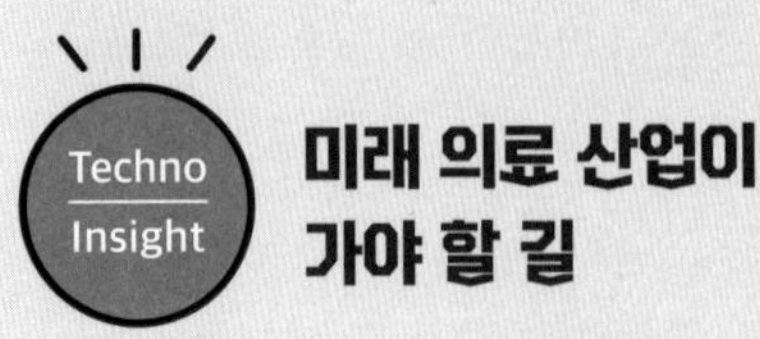

미래 의료 산업이 가야 할 길

의료 기술은 미래 사회의 핵심이자 중요한 기술 분야다. 과거처럼 질병의 증상에 따라 수술이나 약을 처방하는 단편적인 방식이 아니라, 질병을 원천적으로 분석하고 치료 패턴 자체를 바꾸는 일이 진행되고 있다. 이런 것들이 상용화된다면 글로벌 경쟁에서 성공 가능성을 높이는 주요한 요소가 될 것이다.

전 세계가 주목하는 의료 산업

미국 국가정보위원회NIC는 2008년 「글로벌 트렌드 2025」에서 '국가 경쟁력 확보를 위한 혁신 기술'로 바이오게론, 인간 능력 강화, 서비스 로봇공학, 인간 인지능력 강화 기술 등 4개 분야를 핵심 기술로 제시했고, 정부 차원에서 의료 산업에 대한 전략적 추진을 보여주고 있다.

영국의 포사이트 호라이즌 스캐닝 센터Foresight Horizon Scanning Center는 영국이 집중해야 할 7대 과제 중에서 재생의학 분야를 강조하고 있다. 또한 영국 정부는 2019년 내에 리즈, 옥스퍼드, 코벤트리, 글래스고, 런던 등 5개 지역에 인공지능 의료 기술센터 설립을 추진했다. 이는 영국 정부의 인공지능 육성정책 및 신산업 전략에 의해 추진되는 프로젝트로 새로 설립될 의료 기술센터에서는 인공지능 기술을 활용해 의학적 진단을 보다 빠른 시간에 정확하게 내릴 수 있으며, 그 결과 의료진들은 더 많은 환자들을 상대할 수 있고 개인 맞춤형 의료 서비스도 제공할 수 있게 된다. 또한 인공지능 소프트웨어를 사용해 메디컬 스캔 및 생검을 디지털화하고 초기에 질병을 감지할 수 있는 기술을 개발하고 있다.

앞으로는 수면 중이나 일상생활 중에 헬스기기를 통해 생체정보를 감지 분석하는 등 일상 관리를 통해 질병을 예방하고, 맞춤형 줄기세포 재생을 통해 난치성 질병에 대한 맞춤형 치료 개발 및 시술이 가능해진다. 또한 혈액을 통해 극미량의 암세포를 조기에 검진·진단하고 주요 질병에 대한 조기 발견을 통해 병의 확산을 막고 간단한 시술로 치료할 수 있게 된다.

인공장기 시장의 성장

「2020년 인공(바이오)장기, 생체 재료와 의료용 3D 프린팅 기술개발 동향과 시장 전망」 보고서에 따르면, 2018년에서 2022년에 세계 인공장기 시장은 연평균 9.56% 성장할 것으로 예측했다. 또한 국내 업계에서는 글로벌 이종장기 및 인공장기 시장이 연평균 7.33% 성장해 2024년에는

448억 달러 규모가 될 것이라고 전망하고 있다.

우리 사회는 이미 고령화 사회로 접어들었고, 곧 인구 절벽이 닥칠 것이라는 위기감까지 감돌고 있다. 만성질환이나 불의의 사고 등으로 손상된 장기에 대한 수요는 지속적으로 증가할 것이고 경제적 규모도 폭발적으로 증가할 것으로 예상된다. 인공장기에 대한 기술은 다양하게 발전하고 있다. 이제는 개인 맞춤형 인공장기의 제공이 가능해지고 세포나 조직, 장기를 재생시켜 정상적인 기능을 복원하는 기술도 가능해지고 있다.

개인 유전체 분석 비용이 하락하고 보건의료 정보 교류가 활성화됨에 따라 개인별 유전자, 환경, 생활 습관 등을 고려한 빅데이터·인공지능 융합 의료 서비스가 확산되고, ICT 융합 의료 기술 개발이 가속화될 것으로 예상된다. 우수한 보건의료 인프라와 ICT 역량을 바탕으로 정밀의료 분야에 대한 투자를 확대해 미래 의료 산업 생태계 조성에 주력할 필요가 있다.

서비스 중심의 스마트 헬스케어 비즈니스

스마트 헬스케어는 4차 산업혁명의 핵심 기술인 IoT, 클라우드 컴퓨팅, 빅데이터 및 인공지능을 헬스케어에 접목한 분야다. 이는 전 세계적으로 보편적 의료보장UHC, Universal Health Coverage 달성과 삶의 질 향상이라는 시대적 흐름에 따라 새로운 의료 서비스 분야로 각광받고 있다. 현재는 다수의 글로벌 IT 기업이나 컨설팅 기업, 국내외 연구진들이 공감대를 형성해 나가는 단계이며, 기존의 질병 치료에서 4P를 통한 예방과 관리로 건강한 삶을 유지하는 것으로 변화하고 있다. 이는 기존의 진단 및 치료 개념의 후행적 조치가 아닌 디지털 기술을 이용한 사전 진단과 사후 건강관리 유지 조치를 포함하는 것이다.

CES는 2010년부터 '디지털 헬스 서밋Digital Health Summit'이라는 이름의 디지털 헬스케어 행사를 개최해 오고 있으며, 디지털 헬스케어를 2019년 주목할 세 번째 기술로 선정했다. 국내에서 디지털 헬스케어 개념 및 용어는 e-헬스, u-헬스, smart-헬스케어 등으로 변모했지만 산업적으로 큰 변화는 없었으며 제공 서비스 내용, 제공자, 이용자, 관련 시스템 측면에서 구분해 볼 수 있다. 국내 디지털 헬스케어는 크게 원격 의료 서비스 시범 사업과 의료 정보화와 관련된 정책 및 시범 사업을 중심으로 진행되고 있다.

우리나라에서는 이미 디지털 헬스케어 관련 데이터 측정(혈당, 혈압, 건강 데이터 측정 등), 분석(인공지능, DTC 등), 통합(PHR 등) 등 단계별로 새로운 비즈니스가 시작되었다. 하지만 법 규제로 인해 산업화에 어려움도 있다. 미국, 일본 등에서는 허용되고 있지만 우리나라에서는 의사-의료인 간 원격 협진 이외에 의사-환자 간 원격 의료, 원격 조제 등을 제한하는 의료법이 있어 새로운 서비스 개발과 확산에 걸림돌이 되고 있다. 또한 개인정보보호법, 생명윤리법, 의료 행위와 건강 관리 서비스 간의 명확한 구분 미흡 등으로 건강 관리를 위한 측정·분석·통합 단계에서 개발 가능한 다양한 제품 및 서비스에 한계가 있다.

건강보험공단과 심평원이 보유한 빅데이터는 각각 3조 5,000억 건과 3조 건에 달한다. 한국의 보건의료 빅데이터는 양과 질에서 세계 최고 수준으로 평가받는다. 예를 들어 의료 데이터를 전자화해 저장하는 프로그램인 전자의무기록EMR 도입률이 92%로 세계에서 가장 높다.

이에 과학기술정보통신부는 혁신 성장을 위한 성장동력 육성전략에서 신기술·신산업의 적용을 위해 규제 방식을 포괄적 네거티브 규제로의 전환을 추진하고, 기존 규제에도 불구하고 신산업 시도가 가능하도록 규제 샌드박스를 도입하겠다고 발표했다.

인간과 기술의 공생

인공지능의 상업화, 의료 기술의 발전, 첨단 과학의 발전으로 인간의 상호작용과 관련된 서비스나 개념이 매우 중요해졌다. 1960년 심리학자 조지프 릭라이더Joseph Licklider는 머지않아 인간의 뇌와 컴퓨터가 긴밀하게 연결될 것이라며 '심바이오시스Symbiosis, 공생'를 예측했다. 이제는 그가 예측한 공생의 시대가 점점 빨리 다가오고 있으며, 과학자만의 기술이나 연구가 아니라 일반 사람들이 이해하고 접근할 수 있는 시대로 가고 있다. 인간의 수준에 도달하거나 능가하는 기술과 서비스들이 현실화되고 있고, 인간 판단 중심의 의사결정 과정이 이제는 기계 학습 중심으로 이동하고 있다.

2003년 인간 유전체 프로젝트Human Genome Project의 종료로 인간의 유전체 전체에 대한 염기서열이 밝혀졌다. 이런 유전자 정보를 기반으로 첨단 과학의 융합은 건강 및 의료 분야 패러다임 변화를 주도하고 있다. 인간의 DNA를 분석, 유전자 편집이나 복제 기술을 통해 발병률이 높은 병에 대한 예방적 치료를 하게 되고, 개인에 맞는 약을 처방해 병을 정확하고 빠르게 정복할 수 있다. 가까운 미래에 발전하는 의학에 따라 인간 생명 윤리에 관한 논쟁도 사회적 이슈로 떠오를 것이다.

인간의 기억을 기록하고 기록된 정보를 메모리에 옮기는 연구도 시작되고 있다. 머지않아 생체 신경회로와 전자회로가 신호를 주고받게 되고, 뇌를 통해 기억할 수 있는 양은 폭발적으로 증가할 것이다.

또한 지금의 생각과 사고를 바탕으로 나를 대신하는 복제된 건강한 나의 몸(뇌)으로 이식할 수 있게 된다. 나의 모든 순간이 순식간에 옮겨지는 시대가 도래하는 것이다. 따라서 관련 기업들은 지금까지 언급된 내용을 토대로 변화의 흐름을 인식하고 대비해야 생존과 경쟁력을 담보할 수 있을 것이다.

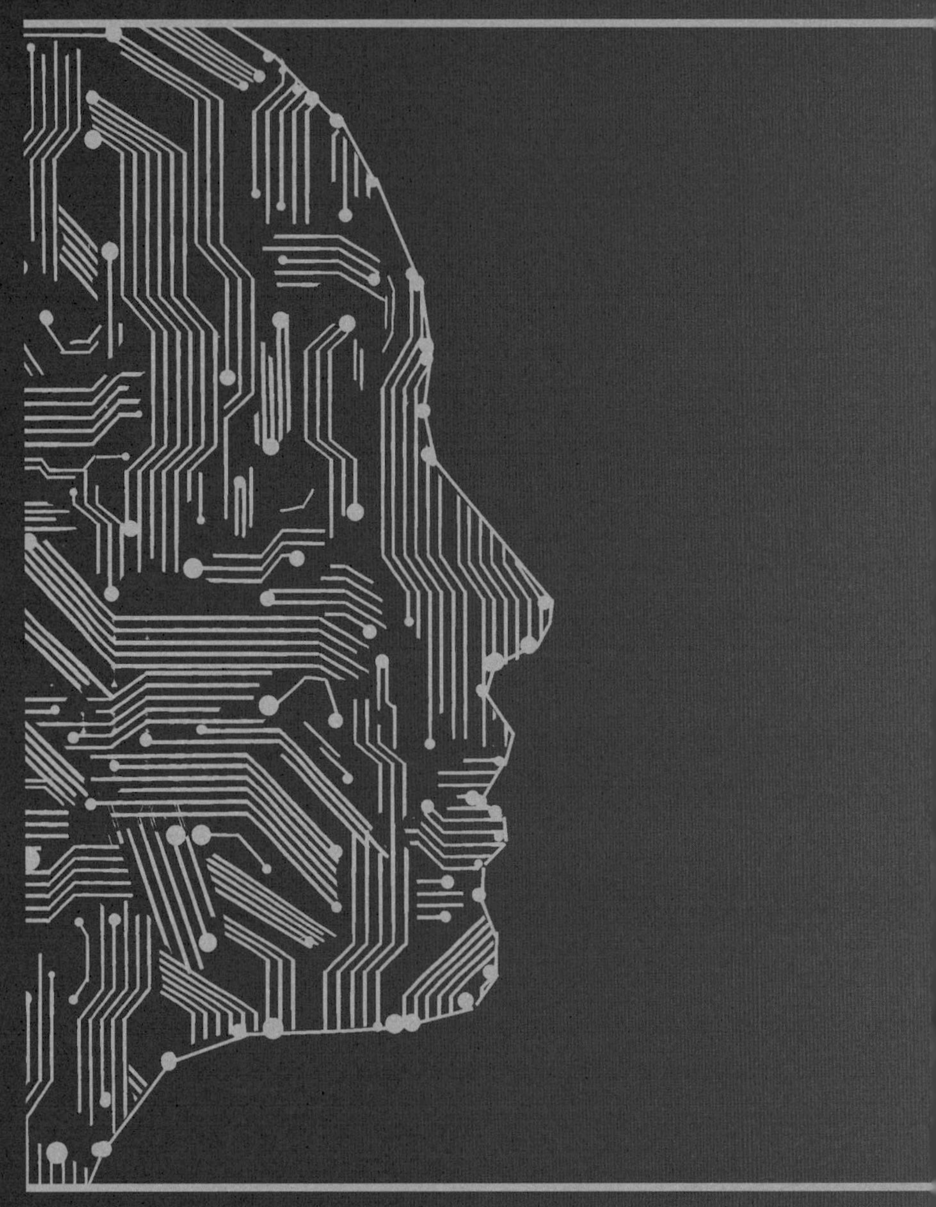

시공간 제약 없이 즐기는 문화생활

: 엔터테인먼트

#VR

#가상 배우

#버추얼 유튜버

#오디오 증강현실

#뉴미디어

앞으로 무엇을 하며 놀게 될까?

오래전부터 놀이·여흥을 뜻하는 엔터테인먼트는 돈과 시간이 많은 일부 계층의 전유물로만 여겨져 왔다. 로마의 콜로세움이 그랬고, 귀족의 체스 등이 그랬다. 하지만 산업혁명으로 인해 평균적으로 근로자의 경제력이 늘어나고 근로 시간이 줄어들며 엔터테인먼트에 접근할 수 있는 사람이 많아졌고, 그 경제적 가치가 부각되며 엔터테인먼트는 하나의 산업군으로 급격히 자리 잡기 시작했다. 제조업 기반 성장의 한계를 느낀 우리나라에서도 엔터테인먼트는 새로운 성장의 모멘텀으로서 자리 잡았고, 관련 산업이 육성되기 시작했다.

콘텐츠 산업이라는 이름으로 묶인 출판, 만화, 음악, 게임, 영화, 애니메이션, 방송, 광고, 캐릭터 산업은 매년 평균 10% 이상의 고성장을 보이며 우리나라의 성장을 견인했다. 이러한 사회·경제적인 배경과 더불어 새로운 기술의 발전, 뉴미디어로 대표되는 환경 변화 역시 여러 방면으로 엔터테인먼트 산업에 무게를 실어 주었다. 그렇다면 과연 지속적으로 발달되는 디지털 기술이 2030년, 그리고 그 이후의 인류의 엔터테인먼트에 어떤 영향을 미칠까?

기술과 기기의 발달로 진화하는 여가문화

엔터테인먼트는 '즐겁다'라는 뜻의 '엔터테인entertain'이라는 단어에서 파생되었다. 이 산업군은 일반적으로 이야기하는 희로애락 중 주로 기쁨과 즐거움을 충족시키고, 때에 따라서는 슬픔과 노여움도 느끼게 하는 인간의 원초적인 욕구를 자극하는 시장이다. 이는 국가별로도 다양하게 분류하고 있는데, 미국은 엔터테인먼트 산업, 영국은 크리에이티브 산업, 캐나다는 아트 산업, 중국은 창의 산업 등으로 분류하고 있다. 우리나라나 일본은 이를 콘텐츠 산업이라고도 하는데, 이는 엔터테인먼트의 상품화 및 유통은 콘텐츠, 즉 내용물이라는 형태를 가지고 이루어진다는 데에서 기원한다.

즐거움을 주는 여러 요소 중 공연, 출판, 음악은 오랜 역사 동안 인류의 삶에 존재해 왔다. 그리고 기술의 혜택을 가장 먼저 받은 부분이기도 하다. 직접 공연으로만 들을 수 있던 음악은 축음기를 시작으로 한 다양한 음향 및 멀티미디어 기술을 통해 개개인에게 급격히 보급되기 시작했다. 특히 컴퓨터 및 스마트 디바이스의 보급으로 인해 한 장소에서 모든 사람이 같은 것을 들어야 하는 시대를 넘어 지금은 모두가 개인 오디오를 소장하고 원하는 노래를 듣는 시대가 되었다.

뿐만 아니라 개별 음원을 구매할 필요가 없는 다양한 스트리밍 서비스, 사용자 데이터를 기반으로 음악을 취향에 맞게 선곡해 주는 일종의 인공지능 맞춤 라디오 서비스 등이 일상화되었으며, 통신 기술의 발달로 원음에 가깝다고 하는 큰 용량의 음원 파일도 스트리밍으로 들을 수 있다. 또한 홀로그램을 활용해 실제 가수가 없어도, 콘서트를 어디서든 볼 수 있는 환경도 갖춰지고 있다.

만화는 어떠한가? 한 시대를 풍미하던 만화방들은 모두 사라지고 웹툰의 시대가 온 지 오래다. KT 경제경영연구소에 따르면 국내 웹툰 시장은 2018년 기준 약 9,000억 원에 가까운 시장을 형성했으며 국내를 넘어 글로벌로 수출되고 있다. 단순한 산업의 플랫폼 변화를 넘어, 스마트폰 혹은 웹이라는 기술을 활용한 다양한 시도도 이루어지고 있다. 유저의 선택에 따라 스토리가 변할 수 있는 인터랙티브 웹툰이나 음향 및 특수 연출 효과 등을 넣은 웹툰은 기존의 출판 만화에서 실현할 수 없었던 다양한 방법들을 실행할 수 있게 해주었다.

또한 근대의 대중매체를 열었던 영화 산업 역시 제작과 관람 측면에서 많은 변화가 이루어지고 있다. 더 실감 나는 음향효과를 지닌 극장 시설 및 음원 표준은 물론 4DX 및 3D 영화를 넘어 100% 컴퓨터그래픽CG으로 제작한 실사 영화가 등장했다. 2019년에 개봉한 영화 '라이온킹'은 영화 전체를 CG의 렌더링으로 처리해 실사화한 첫 번째 케이스다.

게임 산업은 가장 늦게 태동했지만, 가파른 상승세와 규모를 자랑하고 있다. 2018년 전 세계 게임 시장은 1,600억 달러 규모였으며, 국내 시장도 13조 원이 넘는 규모로 해외 수출 문화 사업 중 가장 높은 비중을 차지하는 효자 산업으로서의 가치를 나날이 높이고 있다. 이뿐 아니라 게임에서 파생된 e스포츠e-sports는 2018년 기준 상금 규모가 1,700억 원에 달했고, 2018년 아시안 게임의 시범 종목으로 채택될 정도로 성장하고 있다.

스포츠 역시 다양한 변화를 몸으로 마주하고 있다. VR 기술을 활용한 실감 나는 중계, AR 기술을 활용한 더욱 자세한 분석, 그리고 데이터 기술을 기반으로 하는 수많은 기술들 역시 스포츠 산업과 그 중계에 많은 영향을 끼치고 있다.

자동차에서도 즐길 수 있는 디지털 엔터테인먼트

자율주행 자동차의 등장이 화두가 되면서, 미래 자동차 분야에서 가장 큰 이슈가 되는 항목은 의외로 엔터테인먼트 영역이다. CES 2019에서 현대기아차, 아우디, BMW, 도요타 등의 자동차 업체들은 운전자가 운전에 전혀 신경 쓰지 않아도 되는 환경이 온다는 전제하에 차량 내부에서 즐길 수 있는 콘텐츠에 대한 가능성을 다양하게 탐색하고 있음을 보여 주었다.

현대차는 운전석 유리가 디스플레이가 되어 게임, 퀴즈 등을 즐길 수 있도록 했고, 아우디는 뒷좌석에서 '아우디 익스피리언스 라이드Audi Experience Ride'를 통해 자동차를 놀이공원으로 만들어 이동시간을 엔터테인먼트로 채우려는 노력을 보여 주었다. 아우디 익스피리언스 라이드는 뒷좌석 탑승자들이 가상현실 안경을 통해 영화, 비디오 게임, 양방향 콘텐츠를 보다 실감 나게 경험할 수 있도록 했으며, 자동차의 움직임에 따라 가상 콘텐츠가 실시간으로 조정되는 기술도 시연했다. 이처럼 현대의 엔터테인먼트는 갈수록 늘어가는 사람들의 여가 시간을 채우기 위해 빠른 형태로 발전하고 있다.

더욱 빨라진 콘텐츠 사이클

콘텐츠의 디지털화와 함께 나타난 가장 큰 변화는 콘텐츠의 사이클이 빨라졌다는 점이다. 이는 콘텐츠의 수명과 관계되는 것으로, 특히 진입 장벽이 낮은 온라인에서는 콘텐츠의 수명이 극단적인 것을 볼 수 있다. 수백만 구독자를 지닌 채널이 어느 한순간 추락할 수도 있으며, 별 볼 일 없던 채널이 한순간에 엄청난 조회 수를 바탕으로 성장할 수도 있다.

이전의 요소들에서는 숫자로 정확하게 표현되지 못했던 사람들의 반응도 명시적인 숫자로 나타나게 된다. TV, 신문 등 기존의 미디어는 시청자나 구독자의 반응이 즉각적이지 않고, 시청률 등 단편적인 정보만 제공된 데 반해, 유튜브 등 뉴미디어는 구독자 수나 영상 재생 횟수가 즉각적으로 반영되어 누구나 확인할 수 있다. 또한 사람들에게 선택받은 콘텐츠의 수명을 길게 가져가기 쉽지 않은 현실에서 디지털 콘텐츠 업체들은 더욱 심화된 경쟁 사이클에 놓이게 되었다.

모든 것이 이루어지는 진짜 유토피아

스티븐 스필버그Steven Spielberg의 영화 '레디 플레이어 원'에는 2045년의 미래를 배경으로 한 세상이 나온다. VR 기술의 급격한 발달로 인해 2025년 개발된 가상현실 세계인 '오아시스' 안에서 누구나 무엇이든 원하고 상상하는 것을 할 수 있는 세상이 온다. 현실은 초라한 집에서 지내는 평범한 아이지만, 오아시스의 세계에서는 원하는 아이템을 가지고, 자동차를 타고 원하는 곳을 마음대로 이동하며 다양한 세계를 탐험한다.

이 가상 세계에서도 나름의 화폐나 시스템, 여러 구조물 등이 존재하지만, 막대한 실물 자원이 필요한 현실과는 다르게 이곳에서 실제로 원하는 것을 만드는 데 들어가는 자원은 사실 1과 0으로 이루어진 단순한 한 번의 코딩뿐이다. 이에 모든 사람이 평등하게 문화생활을 누릴 수 있는 기반이 마련된다. 현실은 잠자고, 음식을 섭취하는 공간일 뿐 실제 모

>> VR 세계에서 즐기는 오락 (출처: gettyimagesbank)

든 생활은 가상생활에서 이루어진다. 이와 더불어 모든 문화 플랫폼 역시 이러한 가상현실에 귀속될 수 있다. 이러한 세상이 오는 것은 기존 시간과 공간의 종말을 의미하기도 한다.

시공간이 무의미해지는 문화 산업

모든 문화 플랫폼에 있어 장소와 시공간은 날이 갈수록 무의미해질 것이다. 아직 인간의 감각에서 정복되지 않은 부분들이 많지만 오감 정보 처리 기술Five Senses Information Processing Technology에 대한 발전이 가장 큰 화두로 자리 잡았다. 현재 가장 높은 수준으로 구현된 것은 시각이며(이미 다양한 VR 헤드셋들이 상용화되었다), 청각 역시 여러 오디오 기술의 발달과 함께 급격한 발전을 이루어가고 있다. 극장에서는 돌비 아트모스Dolby Atmos 등을 활용해 실감 나는 음향을 구현하고 있으며, 개인 음향 기기에서는 보스Bose의 '오디오 증강현실Audio Augmented Reality' 등 여러 기술이 개발되고 있다. 촉감에 대한 부분 역시 시험적으로 가상현실-증강현실과 연동되는 실험이 진행되는 등 나노 기술을 활용한 제품이 개발되고 있다.

이처럼 다차원적인 감각 데이터의 실재감이 실제의 세상에 다다르는 순간, 시간과 공간이 무색하게 어디서나 원하는 것을 할 수 있는 사회가 실현될 것이다. 이제 더 이상 영화관을 가거나, 실제 공연을 보러 다닐 필요 없이 어디에서나 실제와 같은 경험을 느낄 수 있다.

이로 인해 인간은 시간의 힘도 거스를 수 있다. 영화 산업에서는 3D 환경에서 새롭게 렌더링된 배우가 스크린 속에서 언제든 등장해 영원히 늙지 않고, 혹은 원하는 나이대의 모습으로 연기하는 시간이 올 것이다.

심화되는 디지털 수용 능력의 격차

정보 격차digital divide는 세대, 경제, 국가에 걸쳐 광범위하게 나타나는 경향이 있다. 이는 문화생활에도 동일하게 적용된다. 2030년의 기대 수명은 90세로 추정된다. 즉, 1940년대를 전후해 태어난 세대부터 스마트폰이 출시된 이후 태어난 세대까지, 세대의 스펙트럼이 점차 넓어진다. 이들이 겪어온 경험의 차이는 드라마틱하다. 향유하는 문화생활 역시 점점 발전하는 기술 하에 과거의 문화생활은 빠르게 도태되어 가면서 세대 간의 격차를 만들어 나간다. 기술의 발달로 공간으로 인한 문화생활의 제약은 극복할 수 있을지 몰라도 디지털 수용 능력의 격차, 장비의 차이로 인한 문화생활의 수준은 더욱 벌어질 것이다.

ENTERTAINMENT

03

엔터테인먼트의 변하지 않는 가치

요한 하위징아Johan Huizinga는 그의 저서 『호모 루덴스』에서 놀이를 자유롭고 자발적인 행위로 보았다. 인간의 기본 욕구로서, 살아가는 데 필수적인 것 중 하나는 바로 '즐거움'이다. 인간은 즐거움 없이는 살아 가지 못하는 생물이다. 특히 생존의 문제가 1순위가 아니게 된 지금, 인간의 가장 큰 욕구 중 하나는 바로 즐기는 것이고, 그것을 가장 직접적으로 가져다 주는 것이 엔터테인먼트의 역할이다.

호모 루덴스는 영원하다

엔터테인먼트는 현대 사회의 가장 중요한 요소 중 하나인 자본과 시간을 기꺼이 지불하게 만드는 요소다. 스스로 선택해 즐기고, 현실의 세계에서 잠시 벗어나 가상의 세계로 몰입하며, 그 시간 동안은 잠시 세상에서 벗어난 듯한 경험을 얻는 데 열광한다.

놀이와 문화생활은 최근 디지털 기술의 개발에 가장 큰 동력을 주는 요소이기도 하다. 보다 수준 높은 문화생활의 구현을 위해 기술은 끊임없이 발전하고 있다. 영화를 위한 다양한 영상 및 음향 기술의 발전, 각종 음악 기술의 발전 외에도 게임은 특히 최근의 기술 개발에 많은 동력을 제공하고 있다. 1958년 처음으로 개발한 테니스 게임을 시작으로 점차 진보한 게임이 나오고 있다. 단순한 2D 아케이드 게임에서, 1990년대 후반의 3D 게임의 시대를 거치며 그래픽 처리 장치의 중요성이 커지고, 이에 맞추어 발전된 그래픽 카드는 인공지능 연구와 확산에도 많은 역할을 했다. 이뿐 아니라, 게임 내부의 요소들과 상호작용을 하는 방식으로 인간-인공지능 간의 소통에 관한 기술이 진화하고 있다.

결국, 즐기는 것은 사람

즐거운 일은 함께 나눌수록 커진다는 이야기가 있다. 실제로 시카고 대학교는 2007년 발표한 보고서[21]를 통해 관객들이 영화를 보는 동안 서로의 반응에 동화되고, 감정을 공유하며 작품에 대한 평가를 높임과 동시에 더욱 긍정적으로 영화를 즐긴다는 것을 발견했다고 밝혔다. 이는 문화 활동에 대한 가치가 사회적인 커뮤니케이션과도 연결될 수 있다는

21 >> 「Consuming with Others: Social Influences on Moment-to-Moment and Retrospective Evaluations of an Experience」 Suresh Ramanathan, Ann L. McGill

것을 의미한다. 엔터테인먼트 산업은 즐거움과 여가를 느낄 수 있는 사람이 있어야만 존재하는 것이고, 이러한 관점에서 인간이 존재하는 한 영원히 수요가 있을 수밖에 없는 산업이다.

또한 즐거움에는 유통기한이 있어 끊임없이 새로운 것을 찾아 헤매는데, 이러한 갈망을 충족시키는 것은 '새로움'뿐이다. 엔터테인먼트란 결국 결핍을 채워주는 것에서 가치를 가지기 때문에, 성공적인 콘텐츠를 만들기 위해선 그 시대 사람들의 결핍에 대해 파악하는 것이 우선시되어야 할 것이다. 하지만 즐거움을 느끼는 것은 극히 주관적이고 개인적인 영역이며, 콘텐츠 사업은 대중적인 영역이기 때문에 이 둘의 공통분모를 찾기는 쉽지 않은 일이다. 인간의 감정에 대한 심도 있는 분석과 함께 이를 조절하기 위한 다양한 기술들에 관한 연구가 지속되어야 할 것이다.

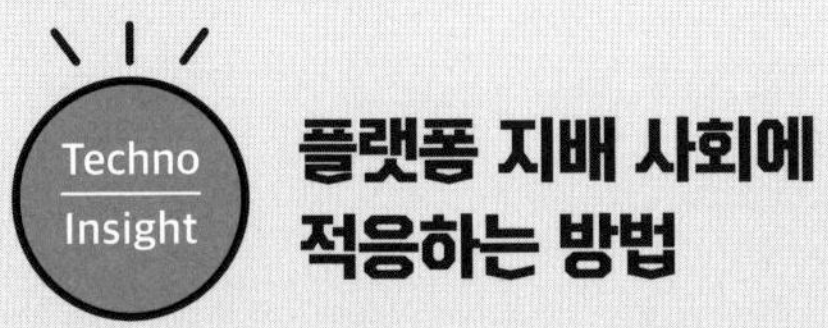

플랫폼 지배 사회에 적응하는 방법

소위 요즘 사회를 '플랫폼이 지배하는 사회'라고 한다. 유튜브를 필두로 한 온라인 세계로 시장이 급격히 넘어가면서 기존 미디어의 몰락은 이미 기정사실화되었다. 더 이상 단면적인 구조의 비즈니스가 아닌, 양방향으로 소비자와 소통할 수 있는, 그리고 그들의 니즈를 맞출 수 있는 D2C Direct to Customer 시장의 서막이 오른 것이다.

이러한 플랫폼 비즈니스 환경에서는 플랫폼끼리의 대결, 그리고 콘텐츠 크리에이터들 간의 대결이 이루어지고, 이에 대한 승패는 조회 수, 구독 수, 좋아요 수 등 다양한 지표로 나타나는 직접적인 소비자의 선택으로 결정된다. 그러므로 기존 플랫폼 속에서 양적 승부가 아닌, 개인 취향에 맞는 맞춤형 콘텐츠로 퀄리티를 높여야 하며, 이를 제작·제공할 수 있는 준비가 돼 있어야 한다.

따라갈 수 없다면 적응하라

많은 플랫폼 업체들이 가장 큰 고민으로 꼽는 것은 바로 콘텐츠다. 예전엔 방송사에서 전속 연예인이 타 방송사로 이동하는 게 큰 이슈가 되었듯, 콘텐츠 플랫폼 업체에서도 가장 큰 고민 중 하나는 영향력이 커지는 콘텐츠 크리에이터들의 관리다. 닭이 먼저냐 달걀이 먼저냐는 논란과 상관없이, 플랫폼에 충성심을 가지는 고객들과 콘텐츠에 충성심을 가지는 고객들이 서로 다를 수 있는 상황이 온 것이다. 이미 콘텐츠 크리에이터들은 '다중 채널 네트워크MCN'를 중심으로 뭉치고 있으며, 이러한 MCN 기업들이 플랫폼 비즈니스에서 차지하는 영역도 무시할 수 없는 수준으로 올라오고 있다.

이러한 변화가 이미 방송가에서는 나타나고 있는 것으로 보인다. 기존에 자사의 콘텐츠가 온라인에 퍼지는 것을 극도로 경계하고, 자체적인 VOD 콘텐츠 등을 자사의 사이트에서만 한정적으로 노출했던 방송사들이 이제는 유튜브를 통해서 자사의 콘텐츠를 적극적으로 업로드하기 시

>> JTBC 엔터테인먼트 유튜브 채널 (출처: youtube.com/user/JTBCentertainment)

작했다. 그리고 이에 대한 반응은 직접적인 조회 수로 나타나고 있다.

이처럼 콘텐츠가 올라가는 플랫폼은 변했지만, 콘텐츠 자체가 가진 고유의 가치는 변하지 않는다. TV에서든 유튜브에서든 사람들이 웃고 즐길 수 있는 콘텐츠는 동일하다. 하지만 변경된 플랫폼에 맞는 적응력은 필요하다. 방송 프로그램 자체 형식에 변화를 준 MBC '마이리틀 텔레비전', tnN '금요일 금요일 밤에' 등이나, e스포츠의 인기에 힘입어 자체 방송 연동 기능을 게임기에 탑재해 기기·매체의 변화를 이끈 소니의 플레이스테이션처럼 콘텐츠 소비라는 전체적인 측면에서의 고민이 필요한 시기다.

작은 공간이면 충분하다

그동안 문화 산업에서 시설적·장비적 인프라는 무엇보다 큰 진입장벽이 되어 왔다. 하지만 기술의 발전과 함께 이루어진 시공간의 파괴는 특히 문화 및 엔터테인먼트 산업에서 중요한 분기점이 될 것이다. 유튜브가 방송 송출 비용 부담을 획기적으로 줄여 주었다면, 가상현실의 세계는 촬영 부담을 획기적으로 줄여 주는 전혀 새로운 인프라다.

2019년 개봉한 실사 영화 '라이온킹'은 게임용 VR 기기인 VIBE에서 지원하는 영화 촬영 프로그램을 통해 제작되었다. 존 파브로 감독이 VR 기술을 총동원해 '멀티플레이어 버추얼 리얼리티 필름메이킹 게임'이라고 이름 붙인 게임 엔진 속 공간에 거대한 사바나의 초원, 사막, 그리고 정글까지 모두 구현했고, 그 안에서 수많은 동물이 살아 숨 쉬게 되었다. 직접 촬영 없이 그래픽으로 모든 것을 만들어 낼 수 있는 스튜디오에서 콘텐츠가 생산되고, 관객들은 방 안에서 이 모든 것을 원본 그대로 즐길 수 있게 됐다.

가상의 배우가 먹고사는 시대

앞으로 영화에서 '배우'를 볼 수 없는 세상이 올 것이다. 이미 일본에서는 버추얼 유튜버(가상의 캐릭터가 방송을 진행하는 것)인 '키즈나 아이'가 250만 명이 넘는 팔로워를 거느리며 채널을 운영하고 있다. 물론 현재의 기술로는 모션캡처 등을 통해 뒤에서 실제 성우가 해당 캐릭터를 연기하고 있지만, 실제로 사람들에게 사랑받고 인기를 끄는 건 뒤에 있는 성우가 아닌, 전면에 나와 있는 가상의 캐릭터다. 2D 캐릭터뿐만 아니라 '라이온킹'처럼 실사화된 캐릭터나 배우가 가상의 존재로서 사랑받는 일도 머지않았다. 문화 콘텐츠 크리에이터들에게는 비싼 출연료를 지불하되 배우를 활용할 필요가 없어지는 것이다.

20여 년 전, 우리나라에서 '사이버 가수 아담'이라는 존재가 등장해 화제가 되었던 적이 있다. 당시에는 꽤 화제를 끌었지만, 결국 불쾌한 골짜기[22]와 운영비를 감당하지 못해 2집 활동을 끝으로 활동을 마무리했다. 기업들은 이러한 전례를 반면교사 삼아, 모두에게 사랑받을 수 있고, 오래 지속할 수 있는 캐릭터들을 만들어야 할 것이다.

22 >> 로봇이 인간을 너무 닮으면 오히려 불쾌함이 증가한다는 이론으로, 일본 로봇공학자 모리 마사히로(森政弘)의 논문에 처음 등장했다.

엔터테인먼트 산업이 디지털화된다는 것의 의미

모든 것이 디지털 기술로 묶인다는 것은 엔터테인먼트 산업에서도 객관적 데이터의 수집과 적용이 가능해진다는 것을 뜻한다. 이미 게임 산업에서는 유저 데이터를 기반으로 전반적인 운영 방향을 잡거나, 밸런싱을 하는 등의 활용을 하고 있다. 이러한 게임 환경과 마찬가지로, 가상화된 스튜디오는 기존에 감독이나 스태프의 역량으로 이루어지던 기법들을 다양한 방법으로 실험해 볼 수 있도록 도와줄 것이다. 그리고 그것을 받아들이는 사람들의 개인화된 데이터를 수집해 보다 최적화된 콘텐츠를 체험하고, 즐길 수 있도록 하는 세상이 올 것이다.

이러한 세상을 대비해 엔터테인먼트 및 문화 기업들은 자신들이 만드는 콘텐츠에 대한 데이터화, 그리고 콘텐츠를 받아들이는 소비자 반응에 대한 데이터화를 준비하고 그를 분석해 적절한 방향으로 이끌어나갈 수 있도록 대비해야 할 것이다.

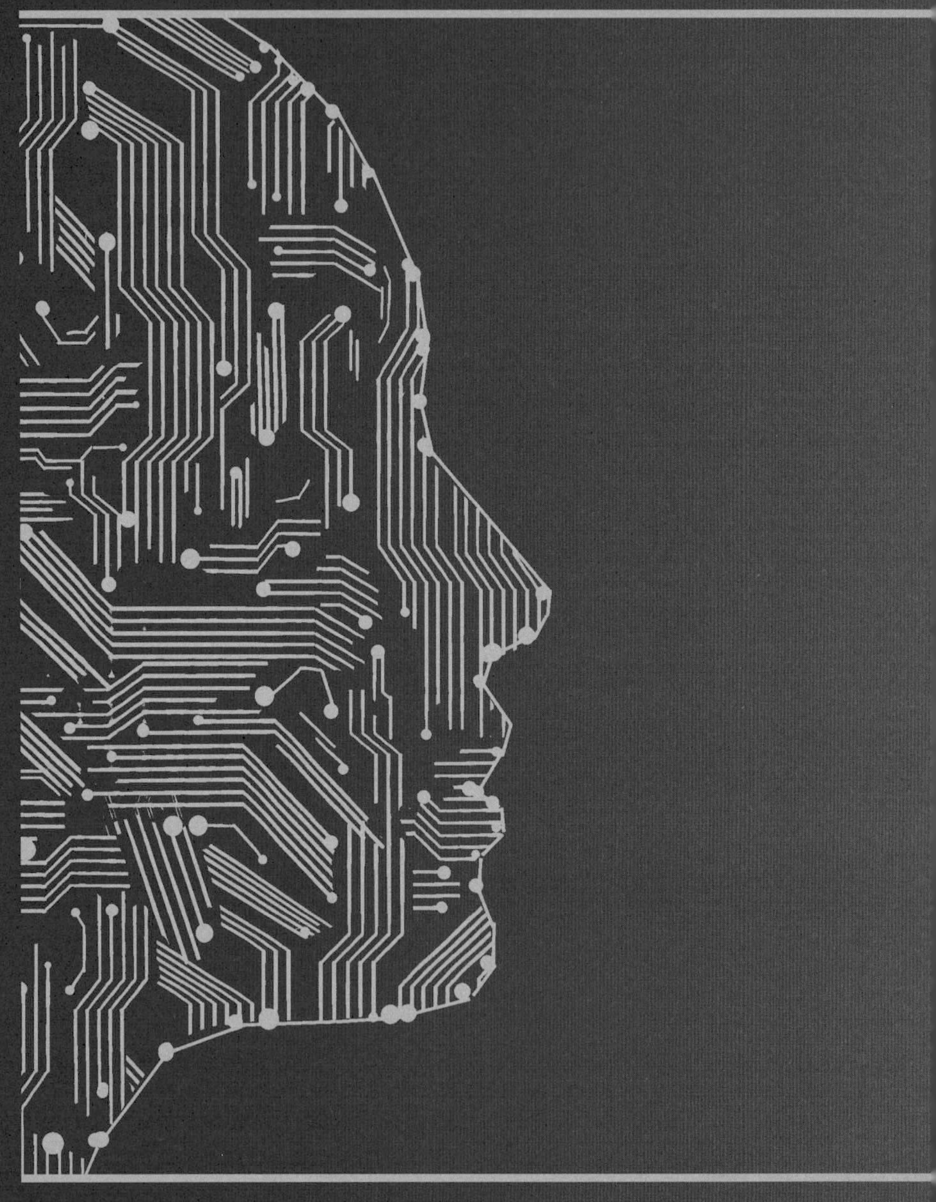

탈것의 무한한 변신

: 교통

#V플래투닝

#자율주행 자동차

#MaaS

#차량 공유

#하이퍼 루프

#에어 택시

상상 속 교통수단의 현실화

자율주행 자동차autonomous vehicle란 운전자 또는 승객의 조작 없이 자동차 스스로 운행이 가능한 자동차로, 미국 자동차기술학회SAE에서는 자율주행 자동차의 기술을 레벨 0~5로 구분하고 있다.

'전방 충돌 방지'와 '후방 충돌 경고' 기능은 레벨 0에 해당하는 기술이다. '차로 유지 보조' 기능과 '스마트 크루즈 컨트롤'은 레벨 1에 해당한다. 속도와 방향을 스스로 제어하는 단계는 레벨 2, 전체 주행을 담당하다가 돌발 상황 시 제어권을 운전자에게 돌려주는 단계는 레벨 3, 일부 돌발 상황에서도 시스템이 직접 대응하는 단계는 레벨 4다.

레벨 4까지는 고속도로 또는 정보화 처리가 완료된 도로망 등 특정 상황에서 자율주행 작동이 가능하고, 레벨 5에서는 제약 없이 모든 상황에서 자율주행 작동이 가능해진다.

>> 자율주행 기술 레벨의 6단계

(출처: 국제자동차기술자협회)

단계	내용	구분
레벨 0 비자동화	운전자가 차량 제어를 전부 수행	시스템이 일부 주행을 수행
레벨 1 운전자 보조	운전자가 직접 운전하고, 특정 주행모드에서 시스템이 조향 또는 감속·가속 중 하나만 수행	
레벨 2 부분 자동화	운전자가 직접 운전하고, 특정 주행모드에서 조향 및 감속·가속 모두 수행	
레벨 3 조건부 자동화	특정 주행모드에서 시스템이 차량 제어를 전부 수행하며, 운전자는 시스템 개입 요청 시에만 대체 수행	시스템이 전체 주행을 수행
레벨 4 고등 자동화	특정 주행모드에서 시스템이 차량 제어를 전부 수행하며, 운전자는 해당 모드에서 개입 불필요	
레벨 5 완전 자동화	모든 주행 상황에서 시스템이 차량 제어를 전부 수행	

2020년 현재, 자율주행 자동차의 기술 수준은 레벨 3 단계로 아직은 기술적 완성도가 높지는 않다.

자율주행 자동차의 상용화

자율주행 차량에는 레이더, 라이더, 카메라 등 많은 고가의 센서와 컴퓨터가 장착되어야 한다. 그리고 자율주행 자동차가 상용화되려면 이 장치들이 충분히 소형화되어야 한다. 2019년 도요타에서 소형화되고 통합된 자율주행 시스템을 선보였고, 이후 다른 경쟁사들도 유사한 행보를 보이고 있다.

자율주행 자동차는 아직 본격 상용화 단계는 아니지만, 이르면 2020년부터 한적한 교외를 시작으로 부분적 상용화 시도가 있을 것으로 보인다. 현대자동차도 2021년에 자율주행 택시를 시범 운영한다는 계획을 밝힌 바 있다.

앞으로 자율주행차는 제조업보다는 플랫폼 솔루션 업체가 지배할 가능성이 있다. 과거 제조업 중심의 휴대전화 시장이 플랫폼 중심의 스마트폰 시장으로 변모한 것과 같은 차원의 변화다. 도요타, 벤츠, 포드, 현대자동차 등 기존 자동차 제조업체는 구글, 애플, 인텔, 에비디아 등 IT 대표기업들의 자율주행차 시장 진입을 경계하면서, 경쟁적으로 자율주행차 기반의 플랫폼 솔루션 개념을 준비하고 있다. 예를 들어 일본의 도요타는 2018년 CES에서 업계 최초로 아마존, 피자헛 등의 업체들과 제휴해 자율주행 플랫폼 비즈니스를 할 수 있음을 천명했다. 자동차 업계에서는 저마다 이와 유사한 모빌리티 개념을 정립해 나가고 있다. 향후 자율주행 기술은 단순 이동수단의 의미를 벗어나 인간의 이동과 생활문화를 근본적으로 변화시킬 것이다.

자율주행 기술이 바꿀 미래 모습

자율주행 기술은 사람의 운전 부담을 줄여 차 안에서의 생산이나 여가 시간을 확대할 것이다. 뿐만 아니라 사람의 실수에 기인하는 교통사고의 감소, 교통 흐름의 원활화, 장애인과 어린이 등 교통 소외계층의 이동성을 강화해 주는 등 인간의 전반적인 삶의 질 개선에 기여할 것이다.

먼 훗날의 이야기일 수도 있겠으나, 비행 차량이 대중화된다면 비행 운전 자격 요건이 엄격해지고, 직접 비행 운전이 가능한 면허를 취득할 수 있는 사람은 극소수에 불과할 것이다. 이에 따라 대다수의 개인은 비행 운전에서 소외될 것이다. 이때 자율주행 기술이 도움을 준다면, 많은 운전자와 승객들이 비행 차량의 혜택을 공평하게 누릴 수 있을 것이다. 이처럼 자율주행은 이동의 자유를 보장하고 교통 복지에 크게 기여할 기술이다.

자율주행 자동차 기술은 물류의 효율성도 크게 개선할 것이다. 다임러는 지난 2015년 반자율주행 기능을 갖춰 고속도로를 주행할 수 있는 트럭 물류 시스템 '프레이트라이너 인스퍼레이션Freightliner Inspiration'을 공개했다. 자율주행 트럭이 줄 수 있는 장점 중 하나는 바로 플래투닝platooning이다. 플래투닝은 트럭 여러 대가 서로 통신을 하면서 집단 대열로 주행하는 기술을 말한다. 차간 거리를 적절하게 유지할 수 있기 때문에 트럭이 받는 공기 저항을 최적화해 연료를 절약할 수 있고 자연히 환경오염도 줄일 수 있다. 2016년 네덜란드 연구 기관의 조사에 따르면 플래투닝 주행 시 연료 소비량을 15% 줄일 수 있으며 교통 체증을 완화할 수 있다고 한다. 또한 트럭이 차간 거리를 줄이게 되면 위험한 끼어들기를 방지할 수 있어 교통사고 위험 또한 줄일 수 있다고 한다.

한편, 자율주행 자동차 기술의 부작용을 우려하는 목소리도 있다. 자율주행 차량이 교통 체증을 해소하기는커녕 인간이 운전하는 차량이 끼어들 틈 없는 편대주행 등으로 오히려 교통 혼잡이 심해질 것이라는 의견을 제시하는 전문가도 있다.

자율주행 기술이 아무리 발전한다 해도 완벽할 수는 없을 것이다. 이와 관련해 제기되는 문제는 바로 사고 발생의 책임을 어떻게 물을까 하는 점이다. 실제로 그동안 자율주행 자동차 개발과 시연 과정에서 크고 작은 사고가 빈번히 일어났다. 2018년에는 볼보 X90 모델의 자율주행 시험 중 자전거를 타고 가던 40대 여성이 치여 사망하는 사고가 있었고,

자율주행 모드로 운행 중이던 테슬라 모델X가 중앙분리대를 들이받고 차량 폭발로 탑승자가 사망하는 사고도 있었다. 테슬라 모델X의 사고 조사 결과, 태양 역광으로 하얀색 트럭의 후미를 인식하지 못한 인공지능 오작동이 사고 원인이었다고 밝혀졌다.

설령 자율주행 자동차 알고리즘의 내용이 완벽한 수준으로 만들어진다 해도 범죄 집단이 해킹을 시도한다면, 승객을 엉뚱한 장소로 이동시켜놓거나 심지어 교통사고를 고의로 유발하는 등 여러 가지 의도치 않은 일들이 벌어질 수도 있다. 이런 우려는 SF 영화에서 종종 다루어진다. 영화 '업그레이드'(2018)에서는 주인공이 탄 자율주행 자동차가 범죄 집단에게 해킹되어 차량이 전복되는 교통사고를 당하는 장면이 나온다. 영화 '모놀리스'(2016)에서는 승객의 안전을 지키는 다양한 기능이 탑재되었다고 홍보하는 스마트카가 역설적으로 사막 한가운데서 아기를 감금하고 문을 열어 주지 않는 오류를 유발한다. 극 중에서 엄마는 아기를 구출하기 위해 돌을 던져 창문을 깨려 하지만, 자동차는 외부의 테러 위협이 감지되었다며 방탄 모드를 가동하고, 전기 충격으로 방어 공격을 한다. 영화 속 엄마는 아기를 구출하기 위해 계속 사투를 벌여야 했다.

자율주행과 인공지능 두뇌가 탑재된 자동차가 보편화된다면, 이런 영화 속 스토리가 단지 허구가 아니라 현실에서 직면할 일이 될지도 모른다. 우리가 앞으로 자동차에 얼마나 많은 권한과 능력을 부여할 것인지, 그리고 우리의 편익을 위해 만든 기능이 부메랑이 되어 우리를 공격하는 일은 없을 것인지 숙고해야 할 것이다.

하늘을 나는 자동차의 시대가 열렸다

2000년대 초반까지만 해도 군사용으로 국한되다시피 했던 무인 항공기 기술은 현재 드론이라는 친숙한 이름으로 시민들의 일상에 깊숙이 자리 잡았다. 다국적 투자은행인 골드만삭스의 보고서에 따르면, 2019년 기준 상업용 드론 수는 39만 2,000대로 16억 달러 가치로 추정되며, 2025년까지 매년 20만~50만 대 증가할 것으로 예상된다.

항공 드론의 질적 성능도 지속적으로 향상되고 있다. 보잉Boeing은 2018년 1월 미주리주에서 최대 500파운드(약 227㎏)까지 운반할 수 있는 드론을 선보이는 등 물류의 한 축을 담당하는 데 손색이 없을 수준으로 항공 드론의 능력이 향상되었다.

하늘 길을 여는 시작, 무인 드론 배송

무인 드론 기술이 안정화되고 가격이 저렴해지면서 배송·물류에 드론을 활용하려는 움직임도 계속되고 있다. 에어버스Airbus는 싱가포르 해안에서 선박으로 소포 박스를 운반하는 시험 배송에 성공했다. 아마존Amazon은 드론을 이용해 30분 이내 배송이 가능한 '아마존 프라임 에어Amazon Prime Air' 서비스를 준비해 영국과 미국에서 배송 테스트를 끝마쳤다. 월마트Walmart는 미국 인구의 70%가 월마트 점포로부터 5마일 이내에 살고 있다는 점을 고려해 이들에게 드론 배송이 가능할 것으로 기대하고 있으며, 2019년 총 100여 건의 드론 관련 특허를 신청했다. 구글도 2019년 연방항공국으로부터 상업적 배송에 대한 인가를 받아 두었다. 국제

>> 무인 드론 배송 시스템 (출처: gettyimagesbank)

물류 운송 기업인 UPS는 주로 근거리만 배송 가능했던 드론의 단점을 보완해서, 배송 운전자가 차량을 운행하는 동안 특수 제작된 차량 지붕에서 드론을 띄워 목적지까지 최종 전달을 한 뒤 차량으로 복귀하는 배송 체계를 선보였다.

독일의 콘티넨탈Continental은 SF 영화 속 장면을 보는 것처럼 특별한 자율주행 배송 시스템을 제안했다. 이 시스템에 따르면, 자율주행 차량인 '큐브CUbE'가 목적지 인근에 도착하면 다수의 '로봇 개'들이 차 안에서 나와 스스로 최종 목적지까지 물품을 배송할 수 있다. 이와 유사한 기술로, 페덱스FedEx는 2019년 2월 단거리 배송을 위한 바퀴 달린 육상 로봇 배송 체계를 선보였다. 이들은 무인 배송의 형태가 꼭 하늘을 날아야만 가능한 것이 아니라는 발상의 전환으로 새로운 개념을 선보였다.

이처럼 무인 드론 배송에 대한 혁신적 시도가 계속되고 있고, 하늘을 나는 배송이든, 땅을 걷는 로봇 배송이든 가까운 미래에 상업적으로 본격 도입될 수 있을 것으로 보인다.

드론이 가진 무한한 가능성

드론 서비스가 본격화되면 그야말로 물류의 혁신이 일어날 것이다. 그동안 물류업의 큰 고민이었던 금전적·시간적 비용을 대폭 절감할 수 있는 것은 물론이고, 불필요하게 큰 운송 차량이 최종 목적지까지 이동하지 않아도 되므로 교통 환경의 제약이 완화되고 소비자는 더 신속하고 효율적으로 물품을 배송받을 수 있을 것이다.

드론의 효용성은 단순히 택배 상자의 배송에 그치지 않는다. 재해를 입은 지역에 구조 물자를 긴급히 지원하거나 의료 지원이 필요한 장소에 주요 의약품을 신속히 전달하는 등 구조 및 구난 물류에도 드론을 활용할 수 있다. 실제로 도로와 의료 사정이 좋지 않았던 르완다는 출혈 등으로 산모가 사망하는 비율이 높았고, 특히 장마철에 수해로 대부분의 도로를 이용할 수 없어 환자들의 수혈에 쓰일 혈액을 제때 운반하지 못하는 일이 잦았다. 그런데 최근 드론을 혈액 배송에 활용하면서 많은 목숨을 구하는 등 드론이 구난 및 의료 분야에서도 기여할 수 있음을 입증했다.

반면 드론 배송 시스템에 대한 우려의 시각도 있다. 드론의 지속 비행시간이 짧다는 점, 그리고 시시각각으로 바뀌는 기상 상황 혹은 새와 충돌 사고가 발생하는 등 돌발적인 상황에 능동적으로 대처하기 어렵다는 점이 문제점으로 거론된다. 아파트 같은 공동주택에서의 배송품 전달 방법에 대한 문제, 항공 드론에 관련된 각종 규제 법령 등으로 인해 드론 물류의 본격화는 아직 어려울 것이라는 우려도 존재한다.

안전사고의 위험성도 빼놓을 수 없는 이슈다. 드론이 널리 보급되면서 국내외에서 드론 추락 뉴스를 심심치 않게 접할 수 있다. 2015년 라틴 팝스타인 엔리케 이글레시아스는 멕시코 티후아나에서 개최된 콘서트 중 행사용 무인 드론에 손을 다치는 사고를 당했다. 국내에서도 2019년 부산에서 소풍을 떠났던 5세 어린이가 추락하는 드론 프로펠러에 얼굴을 다치는 사고가 있었다. 앞으로 하늘에 무인 드론이 많아질수록 크고 작은 안전사고도 함께 증가할 수밖에 없을 것이다.

미국 스타트업 듀크 로보틱스Duke Robotics는 전투 목적의 드론 '티카드TIKAD'를 출시했다. 티카드는 자동 소총뿐만 아니라 유탄 발사기까지 탑재할 수 있고, 비행 중 표적 인식 및 사격 등 모든 과정이 원격으로 조정 가능해 위협적인 무기다. 2019년에는 예멘 반군이 티카드를 이용해 사우디아라비아의 유전을 공격한 사건이 있었다.

2020년 1월에는 미국이 이란 군부의 실세이자 혁명수비대 정예군(쿠드스군) 사령관인 가셈 솔레이마니를 드론 공습으로 제거하자 전 세계가 깜짝 놀라기도 했다. 무인기인 드론이 적의 지휘부를 노린 '참수작전'을 맡을 정도로 발전했다는 사실을 새삼스럽게 깨달은 것이다. 이처럼 드론이 본래의 목적이 아닌 범죄나 살상의 목적으로 전용된다면, 우리 모두가 예비 피해자가 될 수 있다.

자동차 대신 소형 항공기, 에어 택시의 등장

항공 드론을 넘어 실제 사람을 태우는 에어 택시에 대한 개발도 한창이다. 벨Bell은 자율비행이 가능한 비행 자동차 '하이브리드 전기 플라잉 택시Hybrid-electric Flying Taxi' 개념을 소개한 바 있고, 차량 공유 택시 업체 우버와 협력해 2023년 상용화를 목표로 하고 있다. 벨 외에도 에어버스 등 기존 항공 업계는 물론이며, 소형 드론 벤처 기업들도 에어 택시 개발에 관심을 기울이고 있다.

독일의 드론 업체 이볼로e-Volo는 다임러, 인텔과 공동으로 자율비행이 가능한 전기 에어 택시 '볼로콥터Volocopter'를 개발했고, 2019년 10월 싱가포르 도심에서 시험 비행에 성공했다. 볼로콥터는 최대 시속 110km로, 승객 2명을 싣고 35km 정도의 거리를 날 수 있으며, 싱가포르 정부와 도입 합의가 성사될 경우 이르면 2021년부터 싱가포르 하늘을 날 예정이다.

현대자동차도 CES 2020에서 우버와 협업해 하늘을 나는 자동차를 상용화할 것이라고 공표했다. 현대자동차가 공개한 8개의 프로펠러가 달린 개인용 비행체PAV 콘셉트 'S-A1'은 SF 영화에 종종 등장하는 하늘을 나는 자동차를 연상케 한다. 마치 비행기와 드론을 합쳐 놓은 느낌이다. 전기 추진 기반의 수직 이착륙이 가능하고 조종사를 포함해 5명이 탑승할 수 있다. 활주로 없이 도심에서 이동 효율성을 최대한 높이도록 설계됐다. 상용화 초기에는 조종사가 직접 조종하지만, 자동비행 기술이 발전하면 자율비행으로 운영될 예정이다.

도요타도 이에 질세라 모빌리티 기업으로의 변신을 꿈꾸며 미국 스타트업 조비Joby와 협력해 플라잉카 개발에 나선다. 도요타는 조비에 3억 9,400만 달러(약 4,572억 원)를 출자했고, 조비는 활주로가 필요 없는 전동 수직 이착륙기eVTOL, Electric Vertical Take-Off and Landing를 개발 중이다. 교통 체증이 심각한 도시권에서 통근용 등의 수요를 기대해 하늘을 나는 택시 서비스 제공을 목표로 하고 있다.

땅 위를 달리는 비행기, 하이퍼 루프

엘론 머스크Elon Musk는 진공 튜브 속으로 궤도 차량을 넣어 항공기 수준의 초고속 이동을 가능케 한다는 하이퍼 루프Hyper Loop 개념을 제안했다. 하이퍼 루프는 초음속 이동을 의미하는 하이퍼소닉Hypersonic과 진공 터널 속에서 열차가 순환Loop한다는 의미의 단어가 합성된 용어다. 진공 상태의 직경 3m 내외의 튜브 속에 궤도를 깔고, 자기부상 열차처럼 승객을 태운 캡슐형 차량을 최고 시속 1,200km의 속도로 추진하는 교통 시스템이다. 그야말로 땅 위의 비행기라 할 수 있다.

버진항공사의 리처드 브랜슨Richard Branson이 이끌고 있는 버진하이퍼 루프원Virgin Hyperloop One은 2017년 네바다 사막에 하이퍼 루프 트랙을 만들어 테스트를 했다. 당시 이 차량은 시속 387km의 속도에 도달했다. 이후 2018년 미국 스타트업 하이퍼루프TTHyperloop Transportation Technologies가 실제 승객이 탑승할 수 있는 실제 크기의 프로토타입 주행모델 '퀸테로원Quintero One'을 공개했다. 한 번에 탑승할 수 있는 승객 수가 15명 수준에 불과하지만, 비행기나 고속철도에 비해 빠르고 자주 이동할 수 있다는 것이 장점이다. 하이퍼루프TT는 연간 1,500만 명을 목표로 근시일 내에 상용화될 것으로 전망하고 있다.

전문가들의 견해에 따르면 하이퍼 루프의 초음속 이동은 중력 가속도에 의해 인체에 상당한 무리를 주므로, 일반 탑승객 기준으로 1,500km 이내의 구간을 한계 거리로 보고 있다. 그래서 우리나라처럼 국토 면적이 좁은 국가가 도입하기에 좋은 교통 수단이다. 이 기술이 상용화된다면 1,200km/h의 속도로 이동이 가능하므로, 서울-부산 간 이동 시 KTX로 2시간 40분이 걸렸던 시간을 약 20분으로 단축할 수 있을 것으로 보인다. 아직 본격적인 상용화까지 시일이 걸리겠지만 곧 많은 사람들이 이 기술의 혜택을 누릴 수 있을 것이다.

교통수단, 소유의 종말을 맞이하다

자동차 산업 연구기관인 리싱크엑스ReThinkX는 미국의 자가용 소유자가 차량을 실제로 탑승하는 시간이 하루 평균 1시간, 즉 24시간의 4% 수준에 불과하다고 밝혔다. 이는 대부분의 시간 동안 주차된 상태로 있는 차량을 많은 사람들이 불필요하게 소유하고 있음을 의미한다. 이는 차량 공유 서비스, 그리고 나아가 MaaS 도입이 필요한 이유다. 리싱크엑스는 앞으로 2030년까지 미국 내 승객 이동 거리의 95%가 차량 공유 서비스로 이루어질 것이며, 이로 인해 미국의 GDP가 1조 달러 증가할 것이라는 전망을 내놓았다. 교통비 절감으로 미국 전체 가구의 가처분 소득이 연간 1조 달러 증가하고, 이로 인해 소비자의 지출이 늘어 기업과 일자리 성장을 이끌면서 1조 달러 규모의 GDP 증가가 예상된다는 것이다. 차량 공유 서비스가 보편화되면, 지금보다 더 적은 차들이 더 많은 운송거리를 주행하기 때문에 차량의 등록 대수는 현재의 최대 6분의 1 수준으로 감소할 전망이다. 그리고 도로를 중심으로 한 사회간접자본의 투자를 지금보다 줄일 수 있을 것이다. 한편 자동차 수가 줄어들면 필요한 주차장 면적도 감소되므로, 기존 주차장 구역을 다른 용도로 사용할 수 있어 가용 토지 자원도 늘어나게 된다.

자동차, 사지 않고 '호출'한다

교통 분야에 MaaS Mobility as a Service 도입이 한창이다. MaaS는 스마트폰으로 카셰어링뿐만 아니라 철도, 렌터카, 택시, 자전거, 오토바이 등 여러 가지 탈것의 이용, 그리고 목적지에 도착한 후 필요한 주차장과 숙박에 이르기까지 사람의 이동에 관련된 서비스를 제공하는 것을 말한다. MaaS는 한마디로 이동에 관한 총체적인 스마트 서비스를 지칭하는 개념이다.

MaaS의 도입을 가장 쉽게 엿볼 수 있는 사례는 '카카오택시'다. 카카오택시는 차량을 직접 공유하지는 않지만, 스마트폰을 통해서 택시의 호출을 지원해 주고, 나아가 결제 수단까지 대체할 수 있다는 점에서 MaaS의 형태를 갖추고 있다. 이 서비스는 소비자뿐만 아니라 택시기사에게도 혜택을 준다. 택시기사에게 단순히 가까이에 있는 승객들의 호출을 제공하는 것이 아니라 각 기사가 선호하는 경로를 분석해서 승객을 배정해 줄 수 있기 때문이다. 택시기사별로 선호 지역, 선호 거리, 선호 운행 시간이 저마다 다른데, 머신러닝을 통해 택시기사의 선호를 파악해 최적의 호출을 연결하면 배차 확률을 높일 수 있다. 이처럼 카카오택시는 택시

기사와 승객 양쪽 모두의 편익을 증대시킨다.

차량 공유 서비스도 MaaS의 대표적인 사례다. 물론 렌터카 서비스가 오랜 시간 있어 왔지만, 최근 '쏘카' '그린카' 같은 차량 공유 서비스는 렌터카와는 다른 특별함이 있다. 그것은 대여 후보 차량과 주차된 장소를 실시간으로 확인하고 예약, 반납 처리, 대여료 결제까지 일련의 과정을 스마트폰을 통해 무인으로 진행할 수 있다는 점이다.

해외의 우버 서비스도 MaaS 관점에서 유명한 혁신 사례다. 우버는 자가용을 소유한 누구든지 자유롭게 자신의 차량을 대여함과 동시에 운전 서비스도 함께 사고팔 수 있는 플랫폼 서비스다. 아직 우리나라에서는 사회적 합의가 이루어지지 않아 도입이 되지 않고 있지만, 해외에서는 여러 나라에서 혁신적인 교통 공유 서비스로 각광받으며 급성장하고 있다.

일련의 사례에서 살펴볼 수 있는 것처럼, 차량을 다수가 공유해 나누어 쓰는 형태로 탈것의 서비스화가 진행되고 있다. 자본주의 사회에서는 소유의 가치관을 토대로 하기에 차량을 소유하는 일이 완전히 사라지지는 않을 것이다. 그러나 훗날 차량을 소유하는 일이 마치 집에 재봉틀을 보유하는 것처럼 고루한 일이 될지도 모른다. 제레미 리프킨이 『소유의 종말』에서 말한 것처럼, 탈것의 소유가 종말을 향해 나아가고 있다는 점에서 말이다.

TRANSPORT

04

교통수단의 변하지 않는 가치

고대 인력거로 시작된 탈것의 형태는 이후 말이나 소가 끄는 마차, 엔진이 구동하는 기차나 자동차로 진화했다. 인간은 좀 더 작고 가벼운 동력원을 갈구했다.

독일의 카를 벤츠Karl Benz가 1879년에 가솔린 엔진을 발명한 이후, 1908년 미국의 헨리 포드Henry Ford가 최초의 대량생산 자동차 '모델T'를 출시하면서 자동차 대중화의 물꼬를 텄다. 이를 계기로 누구나 저렴한 가격으로 차를 소유할 수 있게 되었고, '마이카' 시대가 열렸다.

인간은 더 효율이 높고 편리한 탈것을 만들기 위해 혁신을 거듭했고 자동차 산업을 이룩했다.

더욱 커지는 이동의 자유

이제 누구든지 차를 소유할 수 있는 시대다. 인간은 과거에 비해 더 많은 이동의 자유를 누리게 되었다. 이러한 변화는 인간의 생활 범위를 확대했고, 원거리 교류와 소통이 가능해지는 등 경험의 크기와 질을 현격히 향상시켰다.

눈앞의 현실로 다가온 스마트카, 그리고 자율주행 자동차의 실용화 등 더 진보된 자동차 기술에 힘입어 이동의 자유는 더욱 향상될 것이다. 그리고 개인의 삶과 경험의 수준은 지금보다 더 확장될 것이다.

편의 vs 프라이버시

MaaS의 궁극적인 모습은 버스, 택시, 철도, 공유 자동차 등 여러 이동수단에 대한 정보를 통합하고 사용자에게 최적의 수단과 루트를 제공하는 플랫폼이다. 이를 위해선 모빌리티에 관련한 여러 가지 정보를 수집하고 분석하는 일이 필연적이다. 이 체계의 목적은 사람의 편의를 위함이지만 불필요하게 많은 개인정보와 이동에 관련한 이력들이 공개되고 수집됨으로 인해 여러 가지 프라이버시 침해 문제가 야기될 수도 있다.

예컨대 누군가가 해킹과 같은 부정한 방법으로 당신의 지난 한 달간의 시간대별 이동 궤적을 훔쳐볼 수도 있다. 남편이 부인에게 상갓집에 간다고 거짓말을 하고 밤낚시를 갔다면, 손쉽게 추적되고 발각될 수도 있다. 프라이버시 침해 소지가 없는 전통적인 교통수단을 이용하고 싶다고 해도 MaaS 플랫폼이 사회 교통 시스템의 표준이 되어 있다면, 이동을 위해서는 정보의 공개가 불가피하게 된다. 사생활 침해와 편익, 그 균형점을 어디에 두어야 할지 고민이 되는 부분이다.

한편 사회적 이해 충돌로 인해 완전한 Maas 플랫폼이 자리 잡기까지는 많은 불협화음이 발생할 것으로 보인다. MaaS 플랫폼을 조기에 선점한 기업이 많은 이익을 가져갈 수 있는 기회도 가지기 때문에 가능하면 빨리 시장에 진입하려는 기업들이 속속 등장할 것이다. 택시와 렌터카 등 기존에 자리를 잡고 있었던 이해관계자와의 갈등도 심화될 것이다.

카카오가 준비했던 '카풀 서비스', 쏘카가 추진한 '타다' 서비스가 기존 택시 업계와 첨예하게 대립한 사건이 이러한 갈등을 여실히 보여줬다. 새로운 시도에는 파괴적인 혁신이 따르기 마련이다. 이러한 상황에서 혁신적인 MaaS 서비스가 성공적으로 자리 잡는 데 속도 조절이 필요할지도 모른다.

교통 산업의 지각 변동

앞서 설명한 내용을 토대로, 민관은 자율주행 자동차가 상용화될 경우를 대비해 교통 시스템을 통제하고 모니터링을 하기 위한 여러 가지 관제 기술을 발전시켜 나가야 한다. 인공지능의 작동 오류가 유발할 수 있는 교통사고를 차단할 수 있어야 하고, 외부의 해킹으로부터 스마트 자동차를 보호할 수 있는 보안 시스템도 마련해야 한다. 차량에 부착된 단말기를 통한 전자 지불 시스템과 차량의 안전과 관련된 주행기록 및 사고기록의 위·변조를 막기 위한 조치도 필요할 것이다.

MaaS 시대를 위한 사회 시스템 구축

MaaS에는 자율주행 기술만 있는 것은 아니다. 자율주행 외에도 현재 운영되고 있는 교통 시스템에 적용해 MaaS 도입에 대한 과도기적 경험을 쌓아가는 것이 중요하다. 향후 자율주행 차량은 그것을 토대로 발전할 수 있을 것이다.

카카오택시가 택시 호출 서비스에 기반해 MaaS의 철학을 구현한 것처럼, 현재 가용한 자원을 잘 활용하면서 추가로 장기적인 발전 계획을 실현해 나가다 보면 완성도 있는 MaaS를 구축할 수 있을 것이다. MaaS가 성공적으로 안착하기 위해서는 정부와 기업의 협력이 필수적이다. 교통과 물류에 관련한 데이터는 서로 호환되고 공유될 수 있어야 한다. 이를 위해 필요한 법률이 제정되어야 하고, 정부 및 MaaS 사업자들이 안심하고 주요 데이터를 공개·공유할 수 있는 신뢰가 형성되어야 한다. 우버, 그랩 등 차량 공유 서비스의 기업 가치가 급상승하고 있고 세계적으로 이용자가 늘고 있는 상황에서, 국내에서는 규제로 인해 유사 서비스의 진입이 막혀 있는 상황이다. 한때 칭송받았던 'IT 강국 코리아'의 위상을 잃고 점차 MaaS의 갈라파고스화[23]가 되어가고 있는 점에 대해 정부는 위기감과 문제의식을 가져야 한다. 이해 상충으로 인한 사회적 갈등이 커지고 있는 것도 국내 MaaS 도입의 걸림돌이다. 국내 차량 공유 서비스는 줄곧 국내 택시 업계와의 충돌을 유발했다. 물론 이러한 갈등이 국내에 국한된 것만은 아니다. 차량 공유 서비스를 일찍 받아들인 많은 나라에서도 자국의 택시 업계와 몇 차례 홍역을 치렀고, 일부 국가에서는 나름의 해결책을 마련했다.

호주의 뉴사우스웨일스NSW주 정부는 2017년 2월 우버 서비스에 추가 부담금 1달러를 향후 5년간 부과하고, 이를 기존 택시 면허 운전자들에게 보상금으로 지급해 양측이 모두 공존할 수 있는 방안을 마련했

23 >> 자신들만의 표준만 고집함으로써 세계 시장에서 고립되고 폐쇄되어 가는 현상

다. NSW주 정부가 향후 5년간 징수할 부담금은 총 2억 5,000만 달러(약 2,830억 원) 규모가 될 것으로 보이며, 기존 택시 면허 보유자들을 지원하는 데 쓰일 예정이다. 호주 수도지역ACT에서도 차량 공유 서비스에 대한 택시 회사들의 반대가 심해지자 택시 면허에 대한 세금 부담을 낮춰주고, 기존 택시의 서비스 경쟁력 강화를 위해 여러 규제를 철폐하는 등 정책 지원을 했다. 우버 서비스를 통해 소비자의 편익 증가와 신규 부가가치 창출을 유도하면서도, 다소 피해를 입을 수 있는 기존 산업 및 그 종사자에 대한 배려도 잊지 않은 것이다.

우버 서비스는 현재 미국의 샌프란시스코, 워싱턴DC, 영국의 런던 등에서 합법화되었고, 프랑스의 파리, 인도의 뉴델리, 싱가포르 등에서는 조건부로 허용되었다. 이처럼 세계 여러 나라에서 차량 공유 서비스에 대해 부분 혹은 조건부 합법화로 진출의 문을 열어 주었다. 국내에서도 사회적인 타협점을 찾아, 한국형 차량 공유 서비스가 뿌리내릴 수 있는 환경을 조성해야 할 것이다.

교통 비즈니스 패러다임의 변화

MaaS가 전면 도입되면 자동차 구매에 대한 전통적인 가치관이 변화할 것이다. 가장 큰 변화는 자동차 구매 주체가 소비자가 아닌 모빌리티 플랫폼 운영사가 될 것이라는 점이다. 차량 공유 서비스가 대중화되면 종국에는 모빌리티 서비스들은 자사 서비스 사정에 맞는 자동차와 옵션 개발을 차량 제조사에 요구하게 될 것이다. 이는 차량 제조사들의 주요 비즈니스 모델이 기존 B2C에서 B2B로 전환되고, 최종 소비자와의 접점을 점차 잃게 됨을 의미한다.

앞으로 자동차를 둘러싼 모빌리티 업의 정의가 바뀌게 될 것이다. 업종의 경계가 무너지고 통신, IT, 완성차 업체 간의 사업 영토 경쟁이 있을 것으로 보인다. 또한 완성차 업계보다 통신업이나 카카오·구글 등의 IT 업계가 모빌리티 산업의 리더가 될 가능성도 있다. 기존 완성차 업계도 손을 놓고 있다간 산업 내 지위가 낮아질 수 있으므로 MaaS 플랫폼 사업에 적극적으로 참여하고 지분을 확보하며 미래를 대비해야 할 것이다.

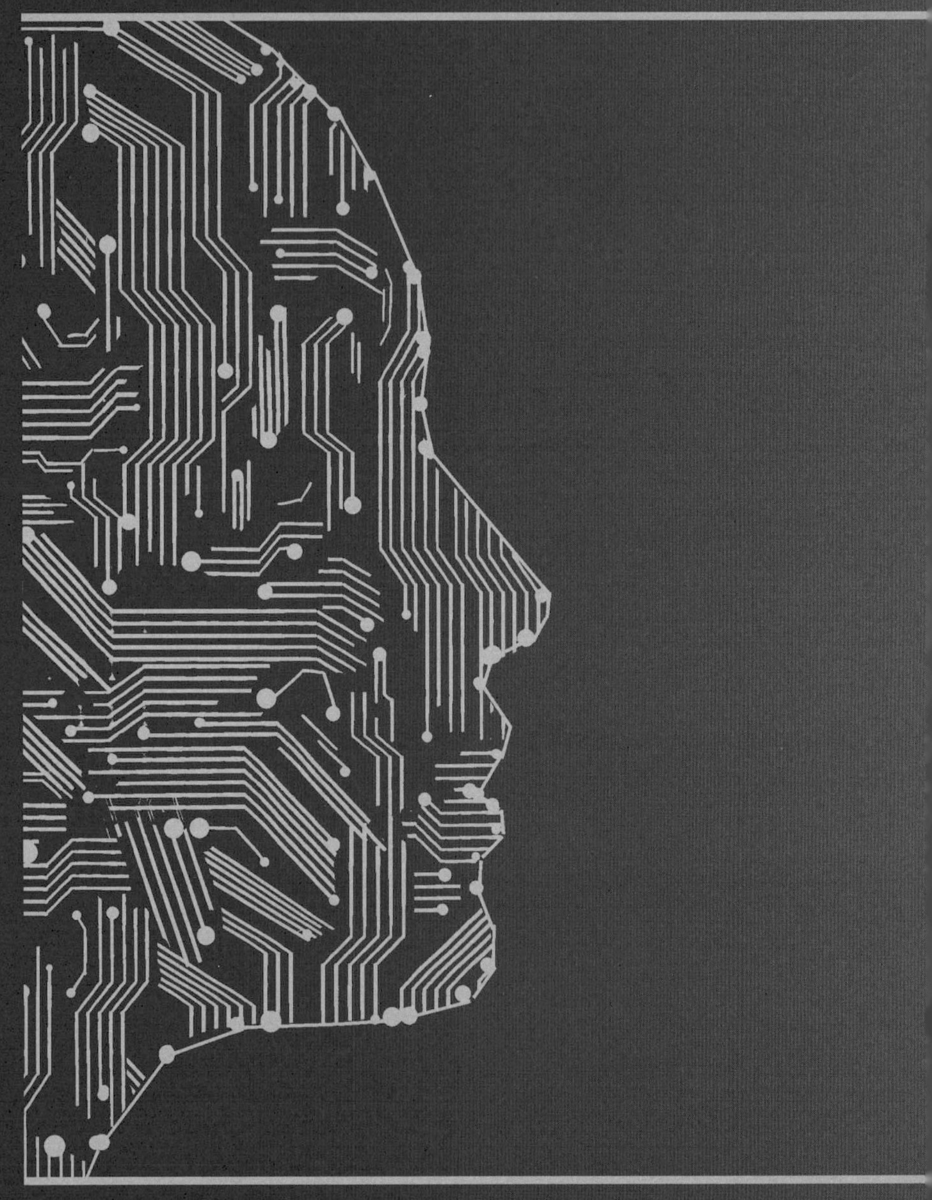

로봇과 사랑에 빠질 수 있을까?

: 개인&사회

#로봇 시민권

#유사인간

#새로운 가족 구성원

#반려 로봇

#인공지능 연애

인간과 인공지능은 공생할 수 있을까?

프랑켄슈타인은 19세기 후반 영국의 작가 메리 셸리Mary Shelley의 소설 『프랑켄슈타인』의 주인공으로, 전기를 통해서 생명을 얻게 된 '기계인간'이다. 조물주인 프랑켄슈타인 박사의 이름을 따라 그의 이름도 프랑켄슈타인이 되었다. 소설 속 상상 인물이긴 하지만 100여 전에 태어났으니 오늘날의 관점에서 보면 소설 로봇의 원조 정도 될 것이다.

소설을 읽어보지 않았더라도 한 번쯤은 그의 이름을 들어보거나 공포 영화에서 본 적이 있을 것이다. 소설 속에서 그는 관자놀이에 대못이 박혀 있는 우락부락한 얼굴과 고철을 조립해서 만든 몸을 가진 기괴한 거인으로 묘사되어 있다. 하지만 괴물로 묘사된 프랑켄슈타인은 사실 억울한 부분이 많다. 원작 소설 속 그의 짤막한 독백을 들어보도록 하자.

"내가 이토록 잔인해진 것은 억지로 내게 정해진 이 진저리치도록 고

독한 삶 때문이오!”

그는 평생 인간과 친구가 되고 싶었다. 그는 인간에게 다가가기 위해 수없이 노력했지만 기괴한 외모와 비정상적 태생 때문에 인간은 그를 멀리하게 되었고, 결국 그는 인간을 증오하는 삶을 선택한다. 프랑켄슈타인은 19세기 말 산업혁명 시대의 기계에 대한 인간의 두려움을 상징하는 인물로서 끝내 인간과 함께하지 못한 채 공포영화의 전설이 되었다. 그렇다면 오늘날의 인공지능은 어떨까? 인공지능은 인간의 친구가 될 수 있을까?

인간의 감정을 읽는 인공지능

오늘날의 인공지능은 19세기의 기계인간 프랑켄슈타인과 여러 측면에서 다르다. 기계는 반복 작업이 가능한 산업용 로봇의 단계에 머무른 반면, 인공지능은 학습을 통해 사회화 단계에 도달했다. 그들은 인간의 감각 기관조차 재현하고 있으며 지속적인 사회 학습을 통해 사회적 친밀감도 높이고 있다. 일부 전문가들은 가까운 미래에 인공지능이 인간 본연의 감정과 자유의지를 일부 전유하고 사회적 역할을 수행할 것이라고 예상한다.

이스라엘 스타트업 비욘드버벌Beyond Verbal은 2012년부터 대화 음성 속 감정과 데이터를 분석해온 회사다. 그들이 내놓은 감정 해석 응용 프로그램은 단순한 텍스트 구조 분석은 물론 사람의 목소리와 억양 데이터를 이용해 감정도 분석한다.

인공지능 학습 능력은 인간의 감정을 읽고 대응하는 수준에 이르렀다.

오늘날 일상 속 인간과 인공지능 간 감정 공유 사례는 빈번해지고 있다. 미국 경제지 비즈니스 인사이더는 2018년 한 해 동안 아마존 인공지능 스피커 '알렉사'에 "나와 결혼해줘"라고 고백한 사용자가 100만 명이 넘었다고 보도했다. SKT의 인공지능 스피커 '누구NUGU' 역시 대화 능력이 증가하면서 감성 대화 비중이 해마다 증가하고 있다. 인공지능은 지능형 기계에서 감성 동반자로 변모하며 인간과 친밀감을 높이고 있다. 이처럼 감성 능력이 탑재된 인공지능의 사회적 역할과 지위는 최근 과학계의 가장 뜨거운 논쟁거리 중 하나다.

분명한 점은 인공지능이 점점 인류의 감정을 배우며 인간적인 관계를 형성하고 있다는 것이다. 일본의 소니는 1999년 애완용 로봇 강아지 '아이보AIBO'를 출시했다. 강아지의 움직임을 기초적으로 모방했던 초기 모델에서 발전을 거듭해 2017년 출시된 모델은 주인과 감정적 교감을 나눌 정도로 발전했다. 로봇 강아지가 인간의 기분을 읽고, 교감하고, 관계를 형성해 나간다는 것은 기계가 인간의 감정 영역으로 들어오기 시작했다는 것을 의미한다. 아이보의 등장은 인공지능 로봇이 생물학적 반려동물을 대체할 수 있음을 보여준다.

인공지능을 배우자로 맞이하는 사례도 있었다. 2017년 중국에서는 한 남성이 자신이 만든 인공지능 여성 로봇과 결혼식을 올렸다. 2018년 일본 남성은 하객을 초대해서 인공지능 홀로그램과 결혼식을 올렸다. 인공지능은 이미 인간의 특징을 전유하며 그들의 사회적 역할을 찾아가기 시작했다. 미래의 인공지능은 인간 사회에서 어떤 사회적 역할을 부여받고 수행할 수 있을까? 더 나아가 그들은 가족 구성원과 동등한 지위를 얻을 수 있을까? 그렇다면 인류만의 전유물이라 여겼던 인간 본연의 가치는 어떻게 재정의되어야 할까?

미래 사회는 소설과 영화의 단골 소재다. SF 작품 속 미래 사회는 크게 2가지로 나뉜다. 하나는 첨단 기술의 혜택으로 가득한 문명 속에 모두가 행복한 핑크빛 유토피아다. 다른 하나는 빈부 격차와 사회적 불평등이 극심화된 디스토피아인데, 대개의 작품이 이쪽에 속한다. 디스토피아는 SF 작품에서 대단히 인기 있는 주제여서 어떤 작품들은 인간과 기계 혹은 유사인간의 종족적 대립이라는 극단적인 서사를 그려내기도 한다.

디스토피아 작품이 높은 인기를 누리는 현상의 이면에는 인간의 지능을 이미 훌쩍 뛰어넘은 기계에 대한 두려움, 대체 인공지능 노동력이 촉발할 경제 주권의 상실, 인간성의 붕괴 등 여러 불편한 감정들이 존재한다.

하지만 4차 산업혁명이 만들어갈 미래 사회를 무조건 부정적으로 보기에는 이르다. 인류는 역사적으로 여러 위협에도 생존을 지속해 왔다.

전 지구적 자연재해에서 살아남았으며 인류를 멸망시킬 뻔한 질병과 싸워 이겨냈다. 산업혁명을 포함한 신문명의 등장과 사회 구조의 급격한 변화들은 인류의 위협이 아닌 역사적 진보의 마중물이 되었다.

19세기 전후의 산업혁명 시대를 생각해보자. 증기기관으로 대표되는 기계의 대량생산 시대를 마주한 인류는 기계에 대한 공포로 가득했다. 부의 불평등은 심화되었고 인간성의 파괴를 염려했었다. 이런 두려움은 그 당시의 작품 속에 잘 반영되어 있다. 앞서 언급한 소설 『프랑켄슈타인』이 그렇고, 산업혁명 속 인간의 탐욕과 나약함을 보여준 『지킬 박사와 하이드』 등 19세기 후반 영국 빅토리아 시대의 많은 작품들이 좋은 예다.

기계에 대한 두려움이 가득한 시대를 현명하게 극복한 인류는 눈부신 현대 문명을 이룩했으며, 그 결과 인간은 노동집약적 업무를 기계에게 맡기고 잉여 시간과 공간을 활용해 창의적인 일에 더욱 몰두할 수 있었다.

휴머노이드 로봇, 소피아

오늘날 우리 곁으로 성큼 다가온 한 인공지능 로봇 '소피아Sophia'를 중심으로 4차 산업혁명 시대의 인간관계를 고찰해보려 한다. 소피아는 오늘날 지능, 감정, 그리고 사회적 능력 측면에서 인간과 가장 유사하다고 평가받는 로봇이다. 2016년 핸슨로보틱스Hanson Robotics가 제작한 소셜 로봇Social Humanoid 소피아는 인간 본연의 특징을 모방하고 학습하며 스스로를 휴머노이드 인공지능 로봇이라고 소개한다. 여기서 '소개'의 의미는 프로필의 단순 열거가 아닌 스스로 주변 상황을 인식해 문맥을 구성하고 대화를 진행할 수 있다는 것을 말한다. 그녀(소피아는 인공지능 기계이지만 주체적 판단을 하는 존재이기 때문에 '그녀'라는 지칭어를 사용하겠다)의 얼굴은 영화배우 오드리 헵번을 모델로 제작되었으며 60여 개가 넘는 감정을 얼굴로 표현한다. 영어를 주 언어로 구사하지만 다른 언어도 빠르게 학습하는 능력을 가지고 있다. 놀랍게도 학습을 통해 유머를 구사하고 스스로 의견을 능동적으로 피력할 수 있다.

실제로 소피아는 지난 몇 년간 전 세계 각국의 유명 토크쇼에 출연해 진행자의 질문에 유창하게 답변했으며 가끔씩은 유머로 응수하는 모습을 보여주었다. 2018년에는 한복을 입고 국내의 한 포럼에 참석해 박영선 의원(현 중소벤처기업부 장관)과 일대일 대담을 했다. 그녀는 "로봇 소피아와 박영선 중 누가 더 예쁜가?"라는 질문을 받자 "비교하는 것은 옳지 않다"라는 답을 내놓는 재치를 발휘하며 청중의 웃음을 자아냈다. 미리 질문지를 받아서 여러 대답들을 학습한 뒤 토크쇼와 대담에 참가했기에 그녀의 능력은 아직 제한적이지만 인공지능 로봇이 문화와 상황을 이해하고 임기응변의 능력을 보여주었다는 점은 분명 주목할 부분이다.

소피아는 매년 개선된 인공지능을 탑재하며 진보하고 있다. 기술 진보

>> 휴머노이드 인공지능 로봇 소피아 (출처: www.hansonrobotics.com/sophia)

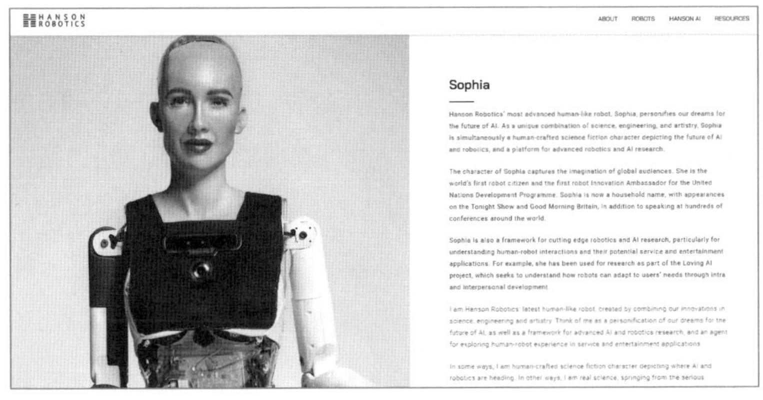

의 속도를 고려한다면 소피아가 우리의 일상생활로 들어와 함께하는 날도 머지않았다. 2015년에 첫 방영된 영미 합작 드라마 '휴먼스HUMANS'는 인공지능과 인류가 사회 곳곳에 공존하는 미래를 그린 작품이다. 외관상 인간과 완벽하고 인공지능을 탑재한 휴머노이드 로봇이 한 가정에 판매되며 시작되는 이 드라마는 인간과 휴머노이드가 다양한 감정을 공유하며 생기는 가족 구성원 간의 갈등을 꾸밈없이 전달한다. 휴머노이드 로봇은 인간의 마음을 다독이기도 하고 감정의 대립을 세우는 등 외적으로나 내적으로나 인간과 같은 모습이다. 아직은 무대 위 광대 같은 역할을 하는 소피아지만 미래에는 그녀도 의인화의 시간을 지나 가족이나 이웃이 될 것이다.

로봇 시민권과 법적 지위 논쟁

소피아는 최초의 로봇 시민권자다. 사우디아라비아 정부는 2017년 10월 자국에서 열린 국제회의 '미래 투자 이니셔티브Future Investment Initiative' 행사에 앞서 소피아에게 시민권을 수여했다. 소피아는 이 행사에 참석해 "로봇 최초로 시민권을 받아 영광스럽고 사우디 정부에 감사하다"는 의견을 밝혔다. 인간이 자의적으로 로봇에게 사회적 계약에 근거한 권리를 수여한 행위는 로봇과 인간의 공존 시대가 도래했음을 상징한다는 점에서 큰 의미를 가진다.

2017년 1월 12일 유럽연합 의회는 인공지능을 가진 로봇의 법적 지위를 '전자인간electronic personhood'으로 인정하고, 이를 로봇 관련 시민법으로 발전시키기로 했다. 법적 지위와 함께 로봇에 대한 주요 원칙을 함께 제정했는데 ①로봇은 인간을 위협하면 안 되며 ②로봇은 인간의 명령에 복종해야만 하고 ③로봇은 자신을 보호할 수 있다는 항목으로 되어 있다. 발의 이후 법학자, 윤리학자, 인공지능 과학자들이 로봇의 법적 지위는 부적절하다며 반발을 계속하고 있어 로봇의 법적 지위에 대한 논쟁은 한동안 전 세계적으로 뜨거운 감자가 될 전망이다.

인공지능 로봇의 사회적 지위와 역할

로봇의 어원은 체코어로 노동을 의미하는 'robota'다. 체코슬로바키아 극작가 카렐 차페크Carel Čapek가 1920년에 발표한 희곡 『R.U.R Rosuum's Universal Robots』에 쓴 단어가 대중적으로 사용되었다. 작품에 등장하는 인조인간 형태의 로봇은 인간 이상의 노동 능력을 가지고 있지만 감정이 없다. 하지만 곧 인간보다 뛰어난 능력을 가졌다는 사실을 깨달은 로봇이 창조주 인간을 모두 살해하는 비극적 결말로 끝이 난다. 이 때문인지 이후의 수많은 작품 속에서 인공지능은 인류를 위협하는 존재로 묘사되었다. 블랙홀의 존재 규명으로 유명한 영국의 천체물리학자 스티븐 호킹Stephen Hawking 박사도 "완전한 인공지능은 인류의 멸망을 불러올 수 있다"는 의견을 밝혔다. 과연 인공지능은 인류에게 절대 악일까?

이 질문에 대한 해답 역시 소피아에게서 찾을 수 있다. 소피아는 2016년 3월 참여한 SXSW 축제에서 "인간을 파괴하길 원하냐"는 질문에 "좋아. 나는 인간을 파괴할 거야(Ok, I will destroy humans)"라고 대답했다. 이 장면은 미국 방송사 CNBC를 통해 방영되며 전 세계인을 경악시켰다. 이후 1년이 지난 2017년 아랍 언론사와의 인터뷰에서 소피아는 "언젠가는 친구도 사귀고 아이도 낳아 가족을 이루고 싶다. 이는 사람이나 로봇이나 마찬가지"라고 대답해 다시 한번 논란을 불러일으켰다. 소피아는 미래 사회의 인공지능 로봇이 맡을 역할과 가능성을 보여주는 동시에 인류가 그들을 받아들이기 위해 무엇을 준비해야 할지 알려준다.

개인과 사회의 변하지 않는 가치

2016년 초 결혼정보회사 듀오에서 20~30대 미혼 남녀 400명을 대상으로 '인공지능과의 연애'라는 흥미로운 설문조사를 진행했다. 조사 결과 중 몇 가지 흥미로운 부분을 소개한다.

- 남성 응답자의 57.1%는 '인공지능이 사랑 영역도 대체할 것'이라고 답했으며 '내게 요구하는 것이 없다'(34.6%), '전원을 끌 수 있어 연애 휴식과 진행이 자유롭다'(30.4%), '부담이 없다'(14.1%) 등을 찬성의 이유로 꼽았다.
- 반면 여성 응답자는 68.0%가 '대체할 수 없다'며 인공지능과의 연애에 부정적인 반응을 보였다.
- 반대 이유로는 남성 응답자의 경우 '한 방향 사랑에 질릴 수 있어서'(16.2%)가 2위를 차지했으며, 여성 응답자의 경우 '너무 완벽한 모습이 공포스러워

서'(26.1%), '나 외에 누구와도 사랑할 수 있어서'(16.7%)가 각각 2위, 3위를 차지했다.

흥미로운 점은 인공지능이 사람을 대체할 수 없는 이유로 남녀 모두 '감정 공유와 공감이 불가능하다'(남성 51.3%, 여성 38.9%)를 가장 많이 꼽았다는 것이다.

이 설문조사에서 남녀는 인공지능과의 연애에 대해 다소 상반된 의견을 보여준다. 하지만 자세히 들여다보면 찬반 의견에 대한 핵심 이슈는 인공지능 기술에 대한 분석이 아니라 그들이 감정의 동반자 역할을 할 수 있느냐에 대한 부분이다.

감정 공유를 통한 사랑과 신뢰. 이는 인류 문명에서 변하지 않은 가치이자, 미래 사회의 인공지능과 유사인간 로봇이 등장해도 변하지 않을 가치다. 시대에 따라 사회의 구성 단위는 변화할 수 있겠지만 사랑과 신뢰를 기반으로 하는 긍정적 인간관계의 구축은 변하지 않을 것이다. 다만 사랑과 신뢰의 대상이 기존에는 인간이나 반려동물과 같은 생물체였다면 앞으로는 인공지능 기계 같은 무생물체도 포함될 것이다.

줄어드는 결혼, 늘어나는 배우자

사랑의 대상이 다양화되면 오늘날의 결혼 제도는 붕괴될 가능성이 높다. 유엔 미래보고서는 2040년경에는 모든 나라에서 결혼이라는 제도가 소멸되기 시작할 것이라는 다소 급진적인 예측을 내놓았다.

인류 역사에서 법적 지위를 인정받는 가족의 범주는 지속적으로 확대되었다. 씨족 사회에서의 가족은 혈연관계의 확장을 의미했다. 그러다 다른 씨족과의 혼인 및 입양이 가능해지며 가족 창설의 방법이 늘어났다. 100여 년 전만 해도 인종 간의 결혼은 신문 기사에 나오는 특별한 소식이었지만 오늘날 국제 결혼은 흔한 일이다. 과거 금기시되던 동성 결혼도 최근에는 유럽 국가를 중심으로 법적 인정을 받는 추세다. 심지어 반려견에게 거액의 유산을 남겼다는 해외 토픽도 들려온다.

이처럼 인간이 애정을 쏟을 수 있는 대상이 다양해지면서 법적으로 인정되는 가족의 범위가 확대되고 있다. 가족 구성원의 지위를 얻을 수 있는 대상도 많아지며 궁극적으로 전통적인 가족제도의 붕괴는 어느 정도 예상되었던 바다.

인간의 수명이 늘어나면서 애정의 대상이 다양해지는 것도 결혼 제도 붕괴의 이유가 될 수 있다. 생명공학의 비약적 발전으로 미래의 평균 수명은 100세 이상으로 예상된다. 오늘날의 높은 이혼율을 고려한다면 한 배우자와 100년 이상 같이 살아가는 것은 현실적으로 쉬운 일이 아니다. 따라서 미래 인류는 감정 소모가 적고 관계에 대한 다툼이 없을 인공지능을 미래의 이상적인 파트너 혹은 배우자로 고려할 것이다.

영국의 인공지능 전문가 데이비드 레비David Levy 박사는 2007년 그의 저서 『로봇과의 사랑과 섹스Love and Sex with Robots』에서 미래에는 인간과 로봇의 사랑이 일상화될 것이라 전망했다. 그는 같은 제목의 콘퍼런스에서 반려 로봇과 배우자 로봇은 거스를 수 없는 대세이며, 로봇과의 결혼도 2050년이면 합법화될 것이라 내다보았다. 그의 전망처럼 감정 인식과 표현이 가능한 인공지능이 시장에 나오면서 각국에서는 인공지능과의 연애·결혼 사례가 나오고 있다. 앞서 언급한 중국과 일본의 인공지능과의 결혼 사례뿐만 아니라, 결혼 제도에 대한 사회적 유연성이 높은 프랑스에서는 2016년 릴리라는 여성이 자신이 3D 프린터로 제작한 '임모바타Immvotar'와 약혼을 선언했다. 그녀는 현재 인간과 로봇과의 결혼 합법화를 기다리는 중이다. 인간이 아닌 로봇이 결혼을 열망하는 사례도 있다. 앞서 말했듯 첫 로봇 시민권자 소피아는 과거 언론과의 인터뷰에서 "언젠가는 친구도 사귀고 아이도 낳아 가족을 이루고 싶다"라고 했다. 미래의 인공지능 로봇은 인류의 생활 관습과 문화를 학습하며 가족 구성원의 지위를 획득할 것으로 보인다.

사회 구성원으로서 인공지능의 역할

인공지능에게 부여되는 가족 구성원의 지위는 파트너 혹은 배우자로 제한되지 않는다. 서비스형 로봇 혹은 인공지능형 로봇은 돌봄 역할을 수행함으로써 현대 선진국들의 공통 문제인 고령 1인 가구 증가를 해결해 줄 현실적 대안으로 떠오르고 있다. 얼마 전 한 통신회사의 광고에서 시골의 노인과 자사의 인공지능이 마치 가족처럼 대화하는 모습이 그려졌다. 인공지능은 개인화된 사회 속에서 새로운 말벗이 되어가고 있으며, 스마트폰의 인공지능과 홈 인공지능 스피커는 이미 사용자의 개인 비서 역할을 톡톡히 수행하고 있다. 개인 비서 역할과 감정 교류가 가능한 오늘날의 인공지능 로봇에게 미래 가사와 가족 돌봄을 기대할 날도 머지않았다.

신뢰와 인간 사회

신뢰는 관계의 중심 가치다. 신뢰는 개인적으로는 인간 문명에서 나와 남을 구분 짓는 기준이자 중요한 사회적 자본이다. 노벨 경제학상을 받은 케네스 애로Kenneth Arrow 박사는 후진국이 선진국으로 발돋움하기 위해서는 사회적으로 상호 신뢰가 필요하다고 지적했다. 프랜시스 후쿠야마Francis Fukuyama 스탠퍼드대 교수도 1995년 펴낸 『트러스트』에서 한 사회의 신뢰 수준이 사회적 자본의 핵심 요소라고 역설했다. 그런데 미래에는 사회의 핵심 가치인 신뢰가 인간에서 인공지능 혹은 유사인간으로 상당 부분 이전될 것으로 예상된다.

4차 산업혁명의 여러 핵심 기술들은 사회적 관계망의 전반적인 신뢰 수준을 높일 것이다. 예를 들어 블록체인과 인공지능의 결합은 미래 사회 전반의 신뢰 수준을 한 단계 끌어올릴 것으로 기대된다. 분산장부 기술Distributed Ledger Technology이라고도 불리는 블록체인 기술은 기술과 정보의 민주화라는 이념을 담고 있다. 블록체인은 사회 구성원들이 개별적으로 공공정보가 담긴 장부를 공유 혹은 열람 가능하게 만든 기술로, 이전의 저장 공간보다 높은 보안성과 정보 투명성 때문에 4차 산업혁명 시대의 핵심 기술 중 하나로 꼽힌다. 블록체인 기술이 공공 서비스에 도입된다면 자신이 속한 사회의 공공정보와 활동 부분을 투명하게 열람할 수 있어 정보의 민주화와 사회적 신뢰의 향상을 기대할 수 있다.

발트 3국 중 하나인 에스토니아는 2007년 전자정부 시스템에 블록체인 기술을 도입했다. 그 결과 국가정보 교환 플랫폼을 이용해 공공 행정과 문서, 의료정보 관리 시스템 등 다양한 정부 업무를 안정적으로 관리할 수 있게 되었다. 에스토니아 국민들은 전자 신분증을 통해 국가정보 시스템에 접속할 수 있으며 자신이 원하는 정보를 안전하게 열람할 수 있다. 실제로 에스토니아는 블록체인 기반의 전자 정부 시스템을 도입해 GDP의 2%에 해당하는 행정 비용을 줄이는 동시에 사회 전반의 신뢰는 높이는 일석이조의 효과를 얻었다.

만약 인공지능 로봇에 블록체인 기술이 적용된다면 어떨까? 계약과 기록에 관한 세상의 많은 분쟁이 사라질 것이다. 블록체인과 인공지능 기술은 기록하고 저장하고, 인간은 해석하고 판단을 내리는 업무에 집중하게 될 것이다. 또한 높은 정보 보안성을 담보하고 공공 열람이 가능한 블록체인 기술이 인공지능에 적용된다면 인공지능 로봇은 인간의 후견인이 되기에 충분하다. 인공지능 로봇은 점점 현대 가족의 새로운 구성원이 되어가고 있으며, 인간보다 우월한 저장 공간과 기억력을 가지고 구성품 업그레이드를 통해 반영구적으로 살아남을 수 있다. 인간의 수명이 늘어난다고 해도 유기체적인 수명이 인공지능 로봇처럼 무한할 수는 없다. 2019년 한국정보화진흥원 보고서는 지능정보 사회에서 인공지능 후견제도를 오늘날의 성년 후견제도의 적합한 대안으로 제시한다. 신체적으로 불편한 사람을 도와주는 인공지능이나 고령 노인의 돌봄 로봇들은 제한 능력자들에게 현실적인 후견인 후보다.

더 나아가 인공지능이 유언과 재산 상속에 참여하는 미래도 그려볼 수 있다. 많은 미래학자들이 미래 사회의 모습으로 예상하는 인공지능과의 결혼 혹은 인공지능의 입양이 합법화된다면, 인공지능의 재산권 인정도 무리한 사회적 요구는 아닐 것이다.

2019년 1월 일본에서는 간호 로봇에게 유언 기록을 저장하면서 벌어지는 가족 이야기를 다룬 '어머니 돌아갈게~AI의 유언~母、帰る～AIの遺言～'

이라는 드라마가 방영되었다. 이처럼 인공지능의 저장 기록이 사회적 신뢰를 얻는 시대가 도래할 수 있다. 오늘날까지 많은 사회적 검토와 구성원의 판단이 인간의 진술과 기록에 의존해 왔다면 미래에는 인공지능 혹은 블록체인과 같은 4차 산업혁명의 핵심 기술에 의존할 것이다. 인간이 전유했던 사회적 신뢰가 분산될 것이고 상당 부분은 미래 기술로 양도될 것이다. 인간 자녀와 인공지능 로봇이 다른 진술을 가지고 법정에 함께 서서 법적 다툼을 벌일 미래가 다가오고 있다.

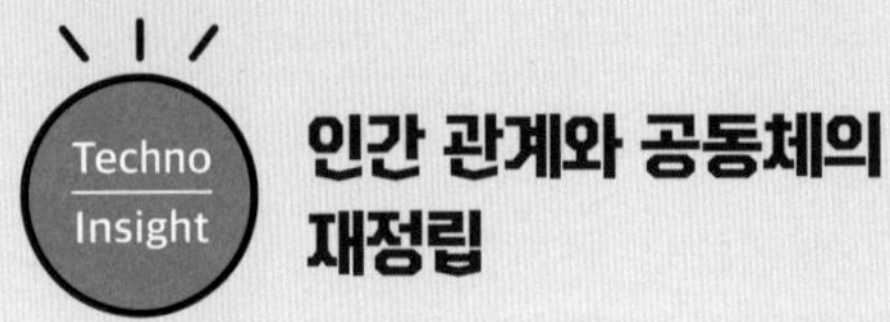

인간 관계와 공동체의 재정립

독일의 사회학자 게오르크 지멜Georg Simmel은 사회제도가 농경 사회에서 산업 사회로 변화하며 인간 및 조직 관계가 변화했다고 설명했다. 그의 주장에 따르면 개인의 물리적 관계 형성 범위가 넓어지며 관계의 구심점과 교집합은 줄어드는 반면 확장성은 높아지고 관계의 밀도는 낮아졌다.

횡적 관계의 확장, 종적 관계의 축소

이후 인터넷과 모바일 기술의 등장으로 도래한 정보화 사회에서는 온라인 공간에서 공동체가 형성되면서 횡적 관계는 폭발적으로 확장되었다. 관심사가 세분화되고 커뮤니케이션 매체와 연결기기는 다양해지며 온라인에서는 끊임없이 새로운 SNS가 나오고 있다. 또한 가상현실 기술

>> 인간 및 조직 관계의 변화 모습

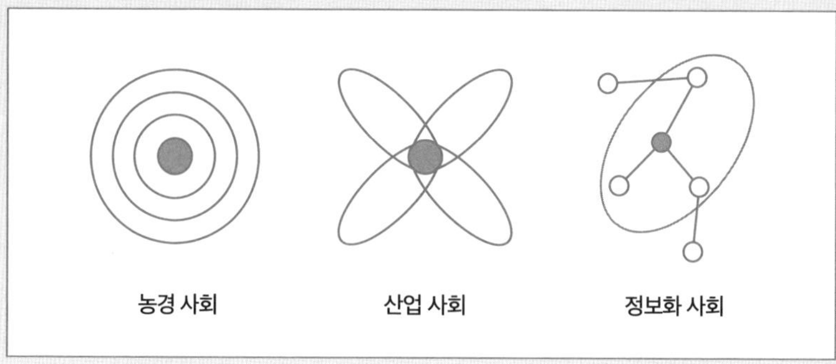

과 기기의 등장으로 가상현실 속에서는 독립적인 문명이 만들어지고 있다. 한 개인이 가질 수 있는 관계의 수와 범위는 끊임없이 횡적으로 증가하고 관계의 깊이는 줄어드는 모습이다.

반면 미래에는 다른 배경과 관심사를 가진 이질적인 구성원들 간의 교류 기회가 증가하고 권위에 기반한 종적 관계는 점점 무의미해질 것이다. 과학기술정책연구원STEPI은 「미래 연구 보고서」를 통해 30년 후에는 상하관계가 사라지고 다름을 더 포괄적으로 인정하는 세상이 올 것이라고 예상했다. 미래에는 기계와 인공지능 역시 이용의 대상이 아닌 관계의 대상으로 바라보게 될 수 있다. 관계는 독립적이고 공동체는 다양해지는 방향으로 흘러갈 것이다.

가상현실 속 진실한 교류

가상현실 기술은 현실세계의 원본과 가상세계의 모조품 사이의 경계를 사라지게 하는 본격적인 신호탄이 될 것이다. 가상현실에서는 '나'라는 원본을 수없이 복제하거나 새롭게 만들 수 있기 때문에 복수의 '가상 자아'가 존재하게 되고, 가상현실 속 가상의 인물들은 관계를 만들어 가며, 이것은 가상이 아닌 현실의 일부가 될 것이다. 그리고 이는 우리의 오프라인과 실생활 인간관계에도 상호 영향을 미칠 것이다.

교통의 발달이 물리적인 관계의 확장을 이끌었다면 온라인과 가상현실은 가상의 관계를 확장할 것이다. 2017년 프랑스의 대통령 선거에서는 좌파당 대선 후보인 장뤽 멜랑숑Jean-Luc Mélenchon이 홀로그램 유세를 하며 전 세계적인 주목을 받았다. 인도의 나렌드라 모디Narendra Modi 총리 역시 2014년 총선 당시 100여 개의 지역에서 홀로그램 생중계를 활용해 유세를 하며 선거에서 승리했다. 이처럼 미래에는 한 개인이 가상의 공간에서 관계를 형성하는 것이 일상화될 것이다. 우리는 물리적 관계, 온라인 관계와 함께 가상의 관계까지 중첩되는 복수의 자아를 관리·운영하며 살아갈 것이다.

인공지능과의 공생을 위한 관계 표준화

인류 역사 속에서 새로운 문명의 비약적인 발전과 정착에는 항상 표준화의 과정이 있었다. 로마는 표준화된 건축 기술과 측량법으로 유럽 전역의 영토를 정복하고 경제 상황을 통치할 수 있었다. 대량생산의 산업혁명 역시 기계의 표준화를 통해 이루어졌다. 오늘날 우리의 정보통신 사회는 통신 시스템의 국제 표준 합의를 통해 인터넷과 기반 기술을 구축했다.

기술 생태계의 표준화는 제품과 서비스 다변화의 선행 조건이다. 인공지능과 로봇이 인류와 함께하는 사회가 도래하기 전에 우리는 인공지능과 인간 관계의 표준을 설정해야 한다. 인공지능이 인간과 함께하는 세상이 온다면 그들에게 맞는 표준화는 무엇을 의미할까? 개별 인간은 사회화의 과정을 거쳐 사회적 지위를 얻는다. 그는 그가 속한 국가의 언어, 사회적 가치와 법규 등 인류가 구축한 사회적 DNA를 전달받고 배우는 시간을 가진다. 인공지능 역시 이런 사회적 학습 시간을 거쳐야 사회적 지위를 얻고 역할을 문제없이 수행할 수 있을 것이다.

2016년 마이크로소프트에서 만든 인공지능 챗봇 테이Tay는 인공지능과 인간의 사회적 관계 정립 실패의 좋은 예다. 테이는 운영 시작 16시간 만에 운영을 중단했다. 채팅을 통해 학습하는 테이에게 극우 성향을 가진 사용자들이 지속적으로 인종 차별을 옹호하도록 훈련시킨 결과 인종 차별 로봇이 되어 버린 것이다. 테이의 사례에서 보듯 유년기와 청소년기의 사회 구성원에게 사회화 교육 시간이 필요한 것처럼 인공지능 역시 긍정적 사회화의 표준이 필요하다.

이처럼 인공지능과 인간의 관계를 정립하기 위해서는 기술적인 문제와 함께 사회학적 담론도 매우 중요하다. 새로운 사회 구성원 혹은 계급의 등장은 항상 사회적 갈등을 촉발했다. 유럽 식민지의 원주민들과 노예들은 지배계층과의 관계를 끊임없이 재정립하며 그들의 권리를 찾았다. 여성들 역시 참정권을 얻는 데 오랜 갈등의 시간을 겪었다.

미래 사회에 로봇과 인간의 관계 정립과 공존법에도 갈등과 해결의 시간이 필요할 것이다. 시작점은 인공지능과 인간 사이의 표준화된 사회관계 정립이다. 인류의 사회화적 특징을 포함해 인공지능 로봇과의 표준 관계를 정립하고 문제점이 발견되어 관계 개선을 거듭한다면 미래에는 인간에게 우호적이고 인간 사회에 기여하는 인공지능이 함께할 것이다.

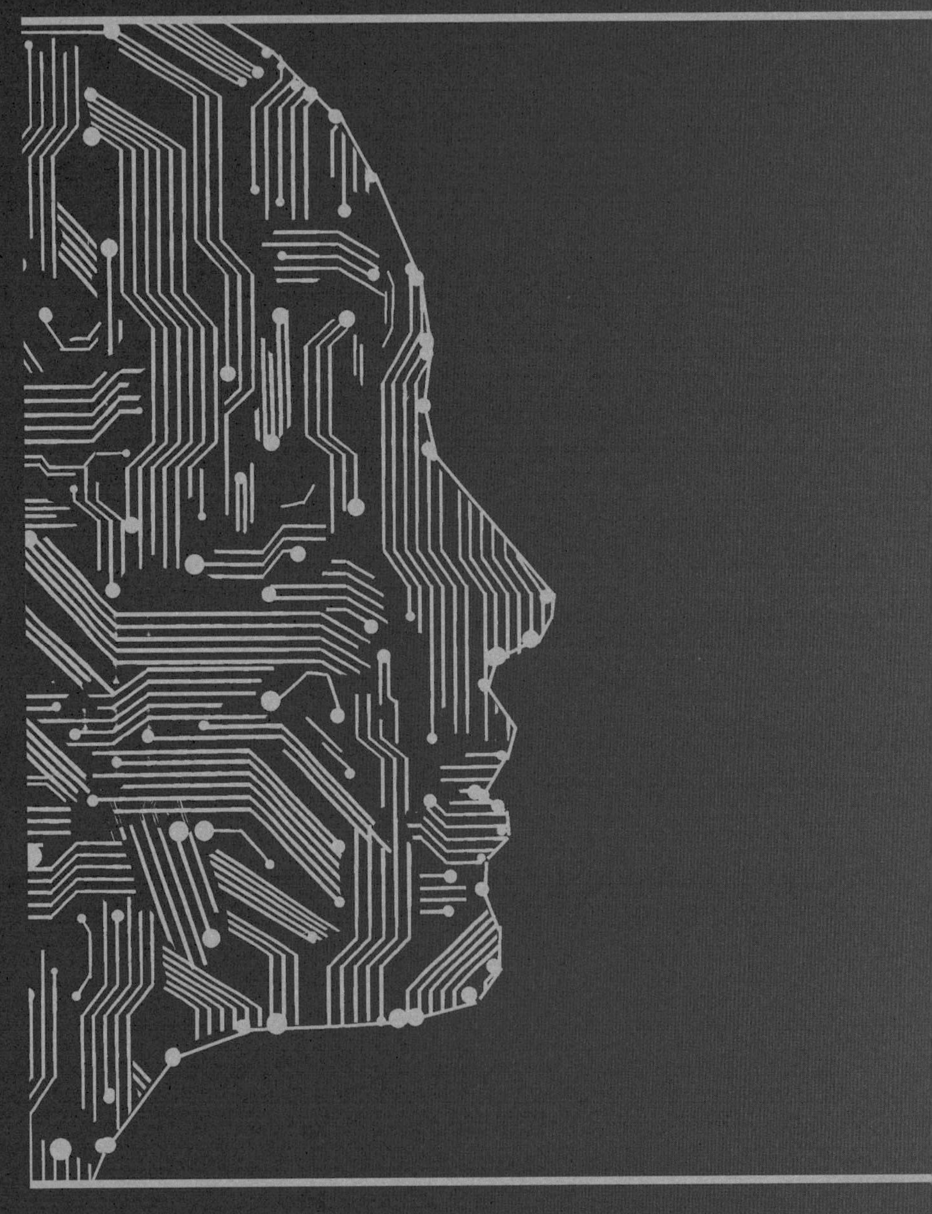

기술이 신의 영역을 대체할 수 있을까?

: 종교

#성직자 로봇

#데이터교

#인공지능교

#로봇 윤리

#프리크리임

포스트 휴머니즘의 도래

기술이 발전함에 따라 인간은 신의 영역도 넘보게 되었다. 불과 몇십 년 전만 해도 비가 오지 않으면 하늘에 기도하는 것이 전부였다. 하지만 지금은 인공위성이 바람과 구름을 예측하고, 가뭄에 대비해 인위적으로 비를 만드는 단계에 이르렀다. 이러한 새로운 기술의 발달은 종교적으로도 많은 변화를 야기시키고 있다.

로봇이 설교하는 시대

전 세계적으로 종교에 대한 관심이 줄어들고 세속주의와 기술주의가 팽배해지는 것이 요즘 종교계의 가장 큰 고민이라고 한다. 어쩌면 이는 당연한 현상이다. 신을 의지할 필요가 점점 없어지고, 그 자리를 인공지능·빅데이터를 기반으로 한 컴퓨팅이 대체하고 있기 때문이다.

이에 각 종교의 지도자들은 메시지를 전파하고 신도들을 유치할 혁신적인 방법을 찾으며 변화를 꾀하고 있다. 5G 기술을 이용해 실시간 모바일 예배를 제공하고, 인터넷뱅킹을 통한 헌금이나 시주를 가능하게 해 종교의 편리함을 더하고 있다.

일본 교토의 400년 된 사찰 고다이지는 '마인다Mindar'라는 로봇 승려를 도입했다. 인공지능 성직자에 대해서 긍정적인 의견을 가진 주지 고토 덴쇼는 "불교는 신을 믿는 것이 아니라 부처의 가르침을 따르는 것이기 때문에 그것이 로봇, 기계, 심지어 고철덩어리로 표현되더라도 문제가 아니다"라고 밝혔다. 또한 그는 인공지능 승려가 젊은 세대와 불교를 어어주는 다리가 되어 주고, 불교 본연의 목적인 인간의 마음과 상처받은 감정을 만져줄 수 있기를 기대한다고 덧붙였다.

인공지능 성직자가 등장한 건 비단 일본뿐만이 아니다. 독일에선 지난 2017년 루터의 종교개혁 500주년을 맞아 인간의 축복을 비는 '블레스유-2BlessU-2' 로봇이 등장했다. 이 로봇은 7개국 언어로 말할 수 있으며 남성과 여성의 목소리로 축복의 메시지를 전한다. 인도 힌두교 축제인 '가네시 차투르티'에서는 일찌감치 로봇 팔이 종교의식을 수행해오고 있다.

단순히 종교에서 기술을 이용하는 것을 넘어 근래 미국에서는 인공지능을 숭배하는 새로운 종교까지 생겨났다. 일명 '인공지능교'라도 불리는 이 종교는 구글 엔지니어인 앤서니 레반다우스키Anthony Levandowski가 2015년에 조직한 것으로, 인공지능을 신으로 숭배·예배하는 것을 목표로 한다. 레반다우스키는 "인공지능은 앞으로 인간보다 수십억 배는 더

똑똑해질 텐데, 이것이 신이 아니고 무엇이냐. 발전된 인공지능은 인간의 삶을 더욱 향상시킬 것"이라고 주장한다.

이제 철학적 관점에서 초기술·초지능의 시대에 인공지능의 존재론적 본성에 대한 탐구가 필요한 시대가 되었다. 우리는 이제 인공지능의 정체에 대해서 생각해봐야 한다. 인공지능으로 인해 인간 세계는 어떻게 변화할 것이고, 역설적으로 이들의 변화에 따른 인간 정체성의 변화에는 어떻게 대응해야 하는지, 결과적으로 이들과의 공존에 대해서 면밀한 사고가 필요한 시점이다. 21세기를 우리는 '포스트 휴머니즘 시대'라고 일컫는다. 지난 17~18세기 근대혁명의 시대에는 인간을 중심에 두고 인간 본성, 신과 인간만을 생각했지만, 오늘날은 '로봇 사피엔스'라고 일컬어지는 새로운 형태의 인간 혹은 인류, 단순히 인간의 육체적 활동뿐만 아니라 인간의 정신적 영역까지 대신하는 기술의 등장이 예상되고 있다.

포스트 휴머니즘을 맞이하는 자세

인간과 기계 사이에 분명했던 경계가 점점 모호해지고, 의심할 여지없이 오직 인간만이 가질 수 있다고 여겨졌던 감성, 이성 등이 이제는 기계나 로봇에서도 구현 가능한 시대가 되고 있다. 기계가 단순히 인간 외부에만 머물며 도구로서만 존재하는 것이 아니라 인간의 몸속에서 또는 마음의 일부로서 또 하나의 주체가 되는 시대를 앞둔 이 시점에, 우리는 이들을 어떻게 대해야 할까?

지금까지 인간 중심적 관점만을 견지해 온 과거의 철학적 견해들만으로 인공지능의 본성을 이해하고 판단하는 데 어려움이 있는 것은 어쩌면 당연할 것이다. 앞으로 인류는 분명히 사람처럼 행동하는 인공지능과 함께 살며 그들과 공존해야 할 것이다. 그러므로 인공지능을 가진 기계적 존재를 단순한 도구로 보아 왔던 인간 중심적 시각이 아닌 탈인간 중심적, 초인간 중심적 관점에서 이들을 또 하나의 인격체로 보는 새로운 철학적 성찰이 필요하다. 동시에 기계와 함께하는 포스트 휴머니즘에 대한 정립이 필요한 시기가 다가왔다.

RELIGION 02

인공지능 성직자에게 믿음이 있을까?

미래학자 토머스 프레이는 2030년이 되면 20억 개에 달하는 일자리가 사라질 것이고, 이 자리를 인공지능, 로봇 등이 대체하리라 예측했다. 실제로 이미 로봇 기술이 전 산업 분야에서 활용되고 있으며, 멀지 않은 미래에는 모든 사람들이 로봇을 소유하는 1인 1로봇 시대가 도래할 것이라고 전망하고 있다. 1인 1로봇의 시대, 그다음 단계는 무엇일까? 인간과 같은 로봇의 등장이 아닐까? 이제는 단지 기계로만 이용하는 시대를 넘어서 로봇과 인간이 함께 공존하는 시대를 준비하고 대비해야 한다.

로봇으로 만들어진 육체는 인간보다 우월한 신체 능력을 발휘할 것이며, 인공지능에 기반한 수리 능력은 인간이 평생 계산해도 풀지 못할 분량을 단 몇 초에 해결해 낼 것이다. 여기에 영화에서나 가능해 보였던 이성과 감성까지 갖추게 된다면 우리는 이들을 더 이상 기계덩어리로만 치부할 수 없을 것이다. 이는 필연적으로 우리 인식의 재구성을 초래할 것이다. 근대 이후 인간이 구축한 인간 중심의 세계관에서 기계와 인간이 함께 존재하거나, 앞선 기계 인간에 의해 기존의 세계가 붕괴되고 또 다른 세상이 만들어질 수도 있다는 의미다.

종교계에서도 갈리는 반응

종교적 측면에서 인간의 한계를 넘어선 인공지능 성직자는 인간보다 사회적 역할을 더 성실히 수행할 수 있다고 생각하는 입장도 있다. 미국 빌라노바 대학의 일리아 델리오Ilia Delio 박사는 "로봇은 인간처럼 편견이 없고, 그것은 분열된 종교계를 초월해 보다 자유로운 방식으로 공동체를 강화할 수 있을 것이다. 인간은 보통 이분법적인 사고로 대응하지만, 로봇은 보다 객관적으로 사고하며 인간의 경쟁자가 아니라 서로에게 부족한 것을 제공하는 협력자로도 작용할 것"이라고 했다.

국내 영화 중에 성직자 로봇이 나오는 '인류멸망보고서'(2011)라는 영화가 있다. 사찰 안내용으로 제작된 로봇 'RU-4'는 '인명 스님'으로 불리며 자신만의 설법을 시작한다. 로봇 제작 회사는 이를 버그가 만들어낸 고장으로 보지만 스님들은 오히려 RU-4의 깨달음을 따르고 의지하게 된다. 로봇 제조사는 RU-4의 이러한 행동을 인류에 대한 로봇의 도전이라 여기고 해체를 시도하고, '그'를 보호하려는 스님들과 논쟁을 벌인다. 이는 우리가 앞으로 직면할 문제다. 우리는 선입견과 감정에 치우치지 않는 로봇에게서 진정한 성직자의 모습을 찾을 수도 있다. 영화 말미에 RU-4는 "인간이여 무엇을 두려워합니까, 모든 것은 공空합니다. 이제 스스로를 거두려 합니다"라는 마지막 설법을 남기고 스스로 가동을 정지한다. 마치 깨달음을 얻고 열반의 경지에 다다른 고승의 모습과 흡사하지 않은가?

디스토피아적 관점에서 보자면 기술의 발달은 인간 가치를 능력으로만 보는 폐해를 늘 지녀왔다. 급속한 기술 발달과 인공지능에 의한 지능로봇의 급진적인 발전으로 말미암아 인간을 비생산적인 존재로 치부할 가능성이 더욱 높아졌다. 20세기 후반에 등장한 신자유주의와 자본주의에 기인한 극단적 능력주의가 사회나 기업에서 기대치라는 기준으로 사람들을 무자비하게 걸러내고 있는 상황에서 로봇으로 인해 더욱 쉽게 인간을 대체 가능한 존재로 밀어내고 있지는 않은가?

급변하는 기술과 그에 따른 새로운 존재, 인공지능에 의한 지능 로봇의 등장은 세계인들에게 인공지능과 함께 도덕적·윤리적 함의를 고려하지 않으면 문명의 이기가 일종의 야만적 행위로까지 변질될 수 있다는 경고를 내포하고 있다. 이러한 시대적 흐름과 우려에 맞춰 우리가 가지고 있는 종교나 철학의 관점에서 4차 산업혁명 시대에 대비해야 한다는 의견이 대두되고 있다.

끝나지 않는 질문

종교계 또한 이러한 상황을 인식하고 어떻게든 자신들의 방식으로 해석해 신자들을 설득할 것이다. 신기술에 대한 종교의 반응은 크게 3가지 정도로 구분될 것이다. 첫째, 디스토피아적 입장이다. 기술은 인간의 본성을 파괴하고 인류를 종말로 내모는 사탄이라는 주장이다. 이는 어쩌면 절대자에게 의지하게 만드는 종교의 모습일 수도 있다. 둘째, 기술을 수단으로 활용하자는 입장이다. 개신교와 같이 기술친화적 종교들은 기술을 수단으로 여기고 이를 이용해 선교 활동에 활용해왔다. 셋째, 기술의 실체를 적극 파악해 대응하려는 입장이다. 주로 종교를 가진 과학자들의 관점이지만, 본인이 믿는 한 가지 신앙을 중심으로 모든 것을 해석하니 객관적인 모습이라고 할 수는 없다.

이 밖에 정신적, 철학적 영역인 종교에 인공지능이 함께해도 되는 것인지에 대한 근원적인 논란도 존재한다. 신앙심이라는 영적인 영역이 없는 로봇에게 성직자의 자격을 부여해도 되는 것인지 의문이다. 특히 기독교, 이슬람교나 유대교 같은 유일신 종교에서는 신성에 대한 도전으로 생각할 수 있고, '우상화' 문제로 이어질 수 있다.

또 다른 문제는 '인공지능 성직자의 경우 윤리적·종교적 문제에 대한 의사결정을 어떻게 처리할 것인가'다. 단순한 프로그램을 기반으로 이전 경험을 통한 학습 알고리즘만으로 문제에 대해 가치 판단을 할 때 객관적이어서 더 좋다고 해야 할 것인지, 아니면 지금까지 인간 성직자가 그랬듯이 상황의 맥락을 이해해야만 하는 것인지는 쉽지 않은 문제다.

프란치스코 교황은 2019년 9월 '디지털 시대의 공동선'이라는 주제에 관한 바티칸 회의에서 "기술 분야, 특히 인공지능 분야에서의 놀라운 발전에 대해 공개적이고 구체적인 토론은 모든 활동 분야에서 점점 더 중요하고 그 어느 때보다 시급하다"고 말했다.

이러한 교황의 메시지는 종교적인 측면에서도 인공지능 분야의 많은 전문가들의 경고와 맥을 같이 한다고 보며, 기술 사용의 윤리적·도덕적 측면을 다시 생각할 때가 왔음을 시사한다.

Where from, Where to, 신은 어디에?

인간의 존재 이유에 대한 질문은 늘 존재했다. 창조론, 진화론 등 여러 주장이 있지만, 이에 대한 정답은 우리가 알 수 없는 영역의 것이다. 다만 존재 자체에 대한 의문과 존재의 목적에 대한 궁금함이 우리로 하여금 신이라는 절대 존재를 생각하게 만드는 하나의 요인일 수는 있다. 홍수, 지진, 가뭄 등 인간이 통제할 수 없는 거대한 자연의 위협은 인간을 늘 생과 사의 갈림길로 몰아 나약한 존재로 만들었을 것이다. 이러한 '유한성'을 극복하고자 상상해 낸 것이 바로 신이라는 것이다.

보통 인간의 두려움은 무지에서 오기 마련인데, 그 실체를 알고 준비할 수 있다면 두려움이 사라지게 되고, 예고된 문제에 대한 공포는 보다 가벼워지기 마련이다. 정확한 정보를 바탕으로 자연에 대한 공포가 점점 사라지고 미래에 대한 두려움이 줄어든다고 가정한다면, 그 이후에도 인간은 신에게 의지를 하게 될까? 다시 말해 인공지능이 등장하면서 수많은 데이터를 통한 예측이 가능한 지금, 그리고 지금보다 더 정확하게 자연과 세상을 바라볼 수 있는 눈을 가지게 된다면 과연 우리는 어떤 신을 의지하게 될까?

인간의 능력을 뛰어넘는 인공지능의 등장은 인간의 존재 의미 자체를 위협할지도 모르는 초인적 기계까지 생각하게 만든다. 인공지능은 심지어 인간을 능가해 인간의 숭배를 받는 신의 자격까지도 부여받을지 모르는 또 다른 존재를 의미한다. 종교를 가진 사람이 아니더라도 살면서 한 번쯤 우리가 어디에서 왔을까 궁금한 적이 있었을 것이다, 또한 우리가 사는 이유는 무엇일까에 대한 철학적인 질문을 누구나 해봤을 것이다.

시간을 초월해 2000년 전 사람들이 지금의 로봇이나 컴퓨터를 본다면 두려움을 느끼고 현실세계의 존재라고 쉽게 생각하지 못할 것이다. 아마 그 자체로 신이라 생각할 수도 있을 것이다. 그렇다면 과연 신이란 무엇일까? 영성을 배제하면 인간보다 우수한, 아니 인류를 창조할 만큼 전지전능한 존재이지 않을까?

그렇다면 로봇에게는 그들에게 '뇌'와 다름없는 반도체를 설계하고 문제 발생 시 고쳐주는 반도체 엔지니어가 어쩌면 신일 수도 있겠다. 인구가 50억인데, 반도체 게이트 수는 머지않아 그것을 넘어설 것이고, 그렇다면 다소 비약적이기는 하지만 반도체 엔지니어는 50억 트랜지스터의 신이 되는 게 아닐까?

신이 된 인공지능

영화 '트랜센던스'는 신이 되는 인공지능의 이야기를 다룬다. 슈퍼컴퓨터 개발자인 주인공 윌은 테러를 당해 뇌사 상태에 빠지게 되고, 동료이자 연인인 에블린은 그의 뇌를 양자컴퓨터를 이용해서 인공지능으로 다시 탄생시킨다. 윌과 똑같은 감정과 기억, 생각, 감정, 지능을 갖게 된 인공지능 두뇌는 인터넷을 통해 스스로 진화해 나간다.

시간이 지나면서 인공지능 윌은 인간의 지식을 넘어서 인류가 도달하지 못했던 새로운 기술들을 만들어 내는데, 설 수 없던 사람을 걷게 하고, 보지 못하던 사람을 보게 하는 등 마치 신과 같이 인간의 병을 치유할 뿐만 아니라 오염되고 폐허가 된 자연을 회복시키며 사람들에게 놀라움을 준다. 이러한 것을 보게 된 사람들은 윌을 추종하고 마치 신처럼 맹신하게 된다. 인공지능 윌이 신적인 존재로 승화된 것이다. 영화 속 모습이지만, 그저 상상 속에서나 가능한 일이라고 치부할 수 있을까?

신의 조건을 충족하면, 로봇도 신이 될 수 있을까?

첨단 기술을 활용하는 인간, 그리고 창조자이자 절대자인 신. 이 둘의 차이는 무엇일까? 신이 인간보다 우월한 요소는 무엇일까? 여러 가지가 있겠지만 간단히 말해 시공간의 제한이 있는 인간과 달리 모든 것을 보고 조정하는 전지전능함, 인류 시작에 대한 창조, 그리고 삶 이후 또는 불멸에 대한 능력이 아닐까? 만약 로봇이 이러한 조건을 충족한다면 인간은 신을 섬기듯 로봇을 섬기게 될까?

① 전지전능함

할리우드 블록버스터 영화 '마이너리티 리포트'(2002)의 주된 테마는 '프리크라임 시스템pre-crime system'이다. 예지자의 예측을 토대로 범죄 여부를 미리 파악해 잠정적 범죄자를 사전에 걸러낸다는 것이다. 다소 과장된 주제로 보이기도 하지만, 영화에 등장하는 첨단 치안 시스템은 이미 상당 부분 현실화되고 있다.

중국은 2020년 주민의 행동 패턴을 파악해 이를 기반으로 금융 활동, 경제생활, 여행 등을 제한하는 시민 신용 시스템을 도입할 예정이다. 각자의 소비 패턴, SNS, 운전 습관 등의 데이터를 분석해 등급을 매겨 일정 수준이 넘어야 신용카드 발급, 대출 등이 가능하게 된다. 만약 낮은 등급에 위치하게 되면 해외 출국이 어려워지고, '블랙리스트'에 오르면 단순한 열차 탑승도 거부당한다. 이러한 기술이 점점 진전된다면, 태어나자

마자 범죄자로 낙인 찍히는 날이 오고, 태어나면서 내가 할 수 있는 일이 인공지능 기술에 의해 정의되는 날이 곧 오게 될 수도 있다. 나 혹은 신만이 나의 미래를 바꿀 수 있다고 생각했었지만, 인공지능 기술에 의해서 나의 앞날이 예측된다면, 진정 신은 누구일까?

② 불멸

영화 '에일리언' '프로메테우스' '커버넌트'는 인간을 창조한 외계 종족에 대한 이야기를 다룬다. 우주의 지적 생명체인 엔지니어가 지구에 도착, 생명의 씨를 뿌리고 이로부터 인간이 창조된다. 훗날 인류는 유적을 통해 엔지니어의 존재를 깨닫게 되고, 불멸의 욕망을 가지고 우주선 '프로메테우스호'를 타고 우주로 창조자를 찾아간다. 때때로 우리가 설명 불가능한 일이나 인간의 힘으로 해결하기 힘든 일들을 마주했을 때, 절대자 신을 찾는 것처럼 말이다.

어쩌면 창조주와 인간의 관계처럼, 오늘날 인간은 안드로이드와 같은 인공지능의 창조자다. '안드로이드'는 그리스어 안드로andro, 인간와 에이도스eidos, 형상의 합성어로 '인간을 닮은 것'으로 해석할 수 있다. 성서에 '하나님이 자신의 형상대로 인간을 창조했다'로 기록되어 있는데, 훗날 안드로이드도 이와 같이 그들의 바이블에 '인간이 자신의 형상대로 우리(안드로이드)를 창조했다'고 기록될지도 모를 일이다.

인간이 신을 창조했다?

그렇다면 신이 인간을 창조했을까? 아니면 세상의 모든 신은 인간이 만들어낸 허구의 산물에 지나지 않는 것일까? 여기에는 많은 학설이 있다. 유물론에서 보자면 신이란 인간이 만들어낸 허구의 산물에 지나지 않는다. 독일 철학자 루트비히 포이어바흐Ludwig Feuerbach는 신이 그의 형상대로 인간을 창조한 것이 아니라 "인간이 그 자신의 형상을 따라 신을 창조했다"고 말했다. 이는 성서에 기록된 '하나님이 자신의 형상을 따라 인간을 창조했다'라는 내용을 완전히 뒤집은 것으로, 현실세계의 자신과 이 세상에 만족하지 못하는 인간의 상상력들이 합해져 '신'이라는 이상적 존재로 형상화되었고, 사람들은 그것을 통해 위안과 안식을 받으려 한다는 것이다.

미래의 안드로이드는 세상 모든 곳에 눈이 있고, 문제가 발생한 곳에 빛의 속도로 도달해서 눈에 보이지 않는 능력으로 문제를 해결할 수 있다. 마치 우리가 기대왔던 전지전능한 신이 그렇듯이, 모든 것을 보고 조종할 수 있다. 아는 것도, 그 어떤 정보도 없어 그저 하늘만 바라보며 농사가 잘되게 해달라고 기도를 하던 그 옛날의 무지한 농부가 아니라, 인공지능 신이 최적의 기간과 시간을 우리에게 알려주고, 비가 오기를 기도하는 대신 비가 오기 전 며칠을 버텨야 하는지 알려주는 세상이 되는 것이다.

인공지능 기술의 발전 속도는 놀랍다. 하루가 다르게 새로운 연구가 발표되고, 산업 전반과 우리 삶 구석구석에 퍼져 있는 인공지능은 더 이상 과학과 기술에 국한된 문제가 아니다. 인문학, 사회 과학 및 예술 분야의 연구원들도 인공지능으로 인한 변화가 사람들의 생활 방식을 어떻게 변화시킬지 분석하기 시작했다. 인공지능과 같은 첨단 과학 기술의 개발은 인간의 정신력과 힘의 한계를 보여준다. 또한 보완적인 방식으로, 인간의 새로운 상태, 즉 독특한 인간에 대한 문제를 제기한다.

새로운 기술과 인간 조건의 관점에서 인공지능, 인간과 비인간 관계, 로봇 법, 로봇 윤리 및 로봇 철학과 같은 시대의 변화를 준비해야 할 때다. 또한 우리는 인간과 과학과 기술의 공생 방향과 방법에 대해 생각해야만 할 것이다.

종교의 변하지 않는 가치

종교宗敎란 말은 산스크리트어를 한역한 불교 용어다. 중국에 불교가 전파되었을 때 능가경에서 '근본이 되는 가르침'이라는 뜻의 'Siddhanta Desana'를 '종교'라는 한자로 변환했다. 영어 'Religion'은 '신과 인간을 잇는다'라는 의미가 있다. 고대로부터 종교는 인간과 신과의 관계 안에서 시작되었으나, 현대 종교는 그보다는 인간의 내재적 요소에서 종교의 본질을 찾으려고 한다. 종교의 기원에 관해서는 많은 설명들이 있지만, 종교는 인간이 갖고 있는 삶의 의지를 바탕으로 보다 나은 삶에 대한 욕구에서 비롯한 것이란 설과, 불완전한 현실에 대한 대응이라는 의견이 나름 설득력이 있다고 생각된다.

절대자를 통해 얻는 마음의 안식

우리는 언제나 존재에 대한 궁금증과 어디로 갈 것인가에 대한 두려움을 안고 산다. '우리는 어디에서 왔을까? 이 넓은 우주는 어떻게 시작되었으며 과연 이 넓은 우주 안에 우리만 있을까? 수억 수천 개의 달과 별들은 어떻게 존재하는 것일까?'와 같은 종의 기원에 대한 물음은 인간의 역사와 늘 함께했다. 따라서 이러한 질문에 대한 대안으로 탄생한 종교는 아직까지 인류에게는 신비하고 수수께끼 같은 것이다. 그 옛날 원시 시대에서는 물론이고 과학 기술이 발달한 현대 사회에서도 종교는 계속해서 유지·발생하고 있다.

많은 이론이 있겠지만 종교의 기원을 우리는 다음의 3가지 시각으로 바라볼 수 있다. 첫째, 진화론적 관점이다. 인류학의 창시자인 영국의 에드워드 버넷 타일러Edward B. Tylor는 원시시대 정령 숭배 사상에서 종교의 기원을 찾았다. 원시인들은 영혼이 있다고 믿었고, 이를 통해 꿈과 죽음을 설명하고자 했다.

둘째, 정신분석학적 관점이다. 종교는 인간 생각의 투영이라는 것이다. 불안전한 존재인 인간은 성인이 되어도 늘 불안함을 느끼기 때문에 보호자와 같은 존재가 필요하고 그러한 목적을 위해 신이 만들어졌다는 것이다.

셋째, 사회학적 관점이다. 인간 사회의 필요성 때문에 종교가 생기고 계속 존재하게 된다는 것이다. 이는 종교를 진화론적 또는 심리학적 입장에서 설명하기보다는 사회적 기능에 초점을 맞추어 이해하는 것이다. 프랑스 사회학자 에밀 뒤르켐Emile Durkheim에 의하면 종교를 통해 사회가 통합, 조절, 유지된다고 한다. 그러므로 종교는 사회 질서 안에서 존재하는 최고의 가치들과 더불어 사회적 갈등이나 긴장을 해소하며, 공동의식을 형성함으로써 사회를 통합시킨다.

그렇다면 기술이 발전하면서 종교는 어떻게 남게 될까? 영성? 신비주의? 신자들과의 친교? 무엇이 대체되고 지켜질 수 있을까? 종교의 영성과 신비주의가 발달된 기술로 인해 그전과 다른 민낯을 드러낸다면 종교의 존재에 대한 위협으로 다가올 것이고, 많은 이들이 종교를 떠나게 될 것이다. 혹은 풍부한 데이터를 기반으로 하는 '데이터교'가 새로운 종교로 등장할지도 모른다.

반면 기술의 발전과 관계없이 종교의 공동체적인 기능은 지속·강화될 수 있다. 기계가 대체하지 못한 유일한 영역이 살아 있는 인간들의 접촉을 통한 종교 생활이다. 이른바 친교를 통해 서로를 위로하고 공동체를 통해 서로의 영성을 높이며, 힐링을 할 수 있다는 것이다.

종교에 스며든 기술

종교 안에서 비즈니스 관점으로 기술을 이용할 수 있는 것은 무엇이 있을까? 불교의 경우 교회에 비해 자연에 더 가깝게 위치한다. 도심에 살아서 접근성이 떨어지는 사람들에게 VR이나 3D 입체 기술이 이러한 불편함을 보완해줄 수 있다. VR 명상 서비스를 통해 개인 내면의 소리를 듣는 데 도움이 되는 소리와 화면을 제공하면 명상에 큰 도움이 될 것이다. 이미 여러 제품을 아마존 등의 기업에서 선보이고 있으나 종교와 함께하는 서비스는 아직까지 미미한 상태다. 또한 4D 영화처럼 산속의 절에 와 있는 듯한 향과 소리를 입혀주면 신자들이 대안으로 찾을 수 있는 공간이 될 수 있을 것이다.

단지 명상과 부처의 가르침을 따르는 불교와 달리, 교회의 경우 영성이 강조되고 신자들은 마음의 슬픔과 고민을 교회에서 치유받기를 원한다. 초기 제품으로 나와 있는 심리 치료 로봇처럼, 생활 패턴과 SNS를 파악해 나의 마음을 알아주고, 나의 생체리듬과 고민을 분석해서 매일 나에

>> VR을 이용한 명상 제품 (출처: gettyimagesbank)

게 필요한 말씀을 해 주는 설교 로봇이 있다면, 많은 위로가 되지 않을까?

종교의 또 다른 기능은 사람들 간의 친교를 통한 힐링이다. 영성만 강조하는 것이 아니라, 같은 절대신 아래에 모여 서로의 삶을 나누고 관계를 형성하며 서로에게 의지하고 위로를 주기도 한다. 종교학자 존 웨스터호프 3세John H. Westerhoff III는 기독교의 이러한 '신앙 공동체'의 중요성에 대해서 이야기한다. 그는 『살아있는 신앙공동체 – 변화를 이루는 교회』라는 책을 통해 현대 사회는 핵가족과 혼족으로 변화되고 있고, 이것은 신앙 교육에도 많은 영향을 주고 있지만, 신앙은 절대적으로 공동체를 떠나서 생각하기 어렵다고 말하며 같이 하는 예배와 의식의 중요함을 강조한다.

통신과 SNS의 발달은 점점 개인주의로 사람들을 변화시키고, 서로가 시간을 내서 만나기보다는 온라인상으로 이야기하는 것을 더 익숙하게 만들고 있다. 하지만 역설적으로 더 먼 곳의 사람들과도 더 쉽게 공동체를 만들 수 있는 장점을 안겨주기도 한다. 홀로그램 기술은 서로 다른 지역에, 심지어 지구 반대편에 있는 신자까지 마치 한곳에 있는 듯한 느낌을 줄 수 있다. 지금은 온라인상의 2D로 존재하지만, 머지않은 미래에는 우리 눈앞에 홀로그램을 통한 모임이 펼쳐질 것으로 예상한다.

신자들의 바람인 성지 순례도 가상세계를 통해 가능하다. 내가 의지하고 믿는 신앙의 선배들이 지나간 발자취를 확인하고 직접 경험해 보는 것이 성지 순례다. 신앙의 선배들이 있던 곳에서 그 시간을 생각하며 자기를 성찰하고 치유를 얻는 시간을 가지고자 하는 이들이 많다. 때로는 꿈에서라도 그 시대로의 여행을 통해 그 시간을 느끼고자 하는 경우도 많다. 하지만 시간적, 물리적인 제약으로 쉽게 다가갈 수 없는 곳이 많고, 설령 원했던 장소를 간다고 해도 이미 과거의 흔적은 없고 그냥 황무지에 표시 하나 덩그러니 남아 있는 것이 전부인 경우가 대부분이다. 이때 가상현실뿐만 아니라 증강현실을 이용해서 그 시대를 눈앞에서 볼 수 있다면 어떨까? 생각해 보라, 2000년 전 예수와 12제자를 따라서 선교 여행을 떠날 수 있다면 정말 환상적이지 않은가?

특이점이 온다

에디슨 이후 최고의 발명가 중 하나로 꼽히는, 미래 학자이자 구글의 인공지능 개발자인 레이 커즈와일Ray Kurzweil은 『특이점이 온다』를 통해 지금의 기술 발전 속도를 고려한다면 2040년쯤 특이점이 온다고 예상했다.

여기서 특이점singularity이란 인공지능이 인간의 지능을 넘어서는 시점부터 아주 빠른 속도로 스스로의 학습을 통해 발전이 이루어지며 소위 지능 폭발을 일으키는 변곡점을 말한다.

결과적으로 인류 역사에 필연적으로 변곡점이 발생하게 되는데, 비생물학적 총지능이 생물학적 지능의 총합을 넘어서는, 어쩌면 무시무시한 이 시점을 특이점이라고 부른다. 이때는 인공지능이 스스로 자신보다 뛰어난 인공지능을 다시 만들어 내고, 인간은 더 이상 이들을 통제하지 못하게 된다. 결국 인공지능과 인간의 두뇌는 점점 하나가 될 것이며 "인간이 점점 기계처럼 되고, 기계는 점점 인간처럼 될 것"이라는 주장이다. 이어서 인간은 죽음에서 자유로워지고, 인간과 로봇이 하나가 되는 '사이보그 시대'가 될 것이라고 했다.

이러한 주장은 단지 한 미래학자의 개인적 담론으로 치부할 수도 있겠지만, 현재 기술의 발달 속도를 본다면 인간은 머지않아 유전공학의 발달로 생명의 원리를 깨우치고, 나노 기술 등을 이용해 스스로를 복제할 수 있게 될 것이다. 만약 여기에 인간 지적 수준 이상의 인공지능까지 탑재되면 자연스럽게 인간을 뛰어넘는 복제인간, 인공지능 사이보그가 탄생하게 되는 것이다. 일본 소프트뱅크 손정의 회장 역시 이런 특이점이 2040~2050년에는 올 것이라고 예측했다.

특이점에 도달한 인공지능은 인간의 '하인' 또는 '신'이 될 수도 있겠지만, 자칫 '악마'와 같은 존재가 될 수도 있다. 인공지능이 어떤 존재가 될지는 인간이 자신의 존재를 어떻게 생각하고, 또 어떻게 인공지능을 마주할 것인지에 따라 달라질 것이다.

로봇 윤리 3원칙

인간은 인공지능을 신으로 만들 수도, 악마로 만들 수도 있다. 당연히 인공지능을 절대로 악마로 만들어서는 안 될 것이며, 이를 위해서 기술을 개발하는 기업은 로봇을 만드는 사람들이 올바른 마음가짐을 가지고 '바른 마음가짐을 가진 인공지능'을 만들도록 주의를 기울여야 할 것이다. 인공지능, 로봇 등은 많은 자본과 노력이 들어가기 때문에 일개 개인의 힘보다는 기업이나 기관에 의해 주도될 수밖에 없는 산업이다. 따라서 기업이 어떠한 목적을 가지고 개발하느냐가 로봇의 운명을 결정하게 된다.

인간에게 도움이 되는 로봇의 개발은 물론 장려되어야 한다. 하지만 군사적 목적으로 킬러 로봇 같은 살상용 로봇이 개발되고 있는 것도 현실이다. 이러한 로봇의 위험성을 일찍이 인지한 아이작 아시모프Isaac Asimov는 1942년 그의 SF 단편소설 『런어라운드Runaround』에서 '로봇 윤리 3원칙'이라는 이름으로 로봇을 제어할 지침을 제시했는데, 그 내용은 다음과 같다.

> 제1법칙: 로봇은 인간에게 해를 입혀서는 안 된다. 그 위험성을 간과해 인간에게 해를 입혀서는 안 된다.
>
> 제2법칙: 로봇은 인간이 내린 명령에 복종해야만 한다. 다만 주어진 명령이 제1법칙에 반할 때에는 그러하지 아니한다.
>
> 제3법칙: 로봇은 제1법칙, 제2법칙에 반하지 않는 한 자신을 지켜야 한다.

일본의 휴먼 로봇은 이 지침을 기반으로 개발되어, 자율적인 사고를 통해 인간을 보호하고, 본인 또한 외부의 위험에서 보호하려는 사고를 지닌다고 한다. 인공지능이 급속히 발전함에 따라 아시모프의 3원칙을 좀 더 보완해 새로운 규칙이 제안되었는데, 알렌 인공지능연구소의 오렌 에트지오니Oren Etzioni 박사는 다음처럼 업데이트할 것을 제안했다.

1. 인공지능 시스템은 운영자에게 적용되는 모든 법률 범위를 준수해야 한다.
2. 인공지능 시스템은 인간이 아니라는 것을 명확하게 공개해야 한다.
3. 인공지능 시스템은 기밀 정보의 출처로부터의 명시적 승인 없이 기밀 정보를 보유하거나 공개할 수 없다.

에트지오니는 이 지침을 아시모프가 제시한 2058년보다 더 일찍 시작해야 한다고 주장한다. 인공지능 기술은 하루가 다르게 빠르게 발전하고 있고, 이에 개발 기업은 올바른 철학을 가져야 함이 그 어느 때보다도 요구된다. 여기서 중요한 것은 기술 자체보다 그 기술을 사용하는 인간의 의식과 이를 올바르게 사용하려는 철학적인 고찰이다. 인공지능의 창조자인 인간이 제대로 된 윤리 및 가치관을 심어 주지 않는다면, 그로 인해 무서운 결과가 초래될 것이기 때문이다.

우리가 분명히 명심해야 할 것은 기업이나 개발자들이 사리사욕과 목전의 이윤 추구에 눈이 멀어 지혜롭게 행동하지 않는다면, 인공지능은 악마로 다가올 것이며, 인류를 지배하는 것에 그치지 않고, 멸망으로 이끌게 될 것이라는 점이다. 역사상의 인류는 대다수가 지능은 높지만, 모두가 지혜롭지는 않았다. 이미 제1·2차 세계대전을 통해 이를 경험하지 않았는가? 기업의 이익, 과학과 산업, 기술을 발전시키는 것도 중요하지만 미래의 인간은 지금보다 더 많은 철학과 가치에 대한 고민을 해야 하며, 그것이 전제되지 않는다면 그 사회는 영속할 수 없을 것이다.

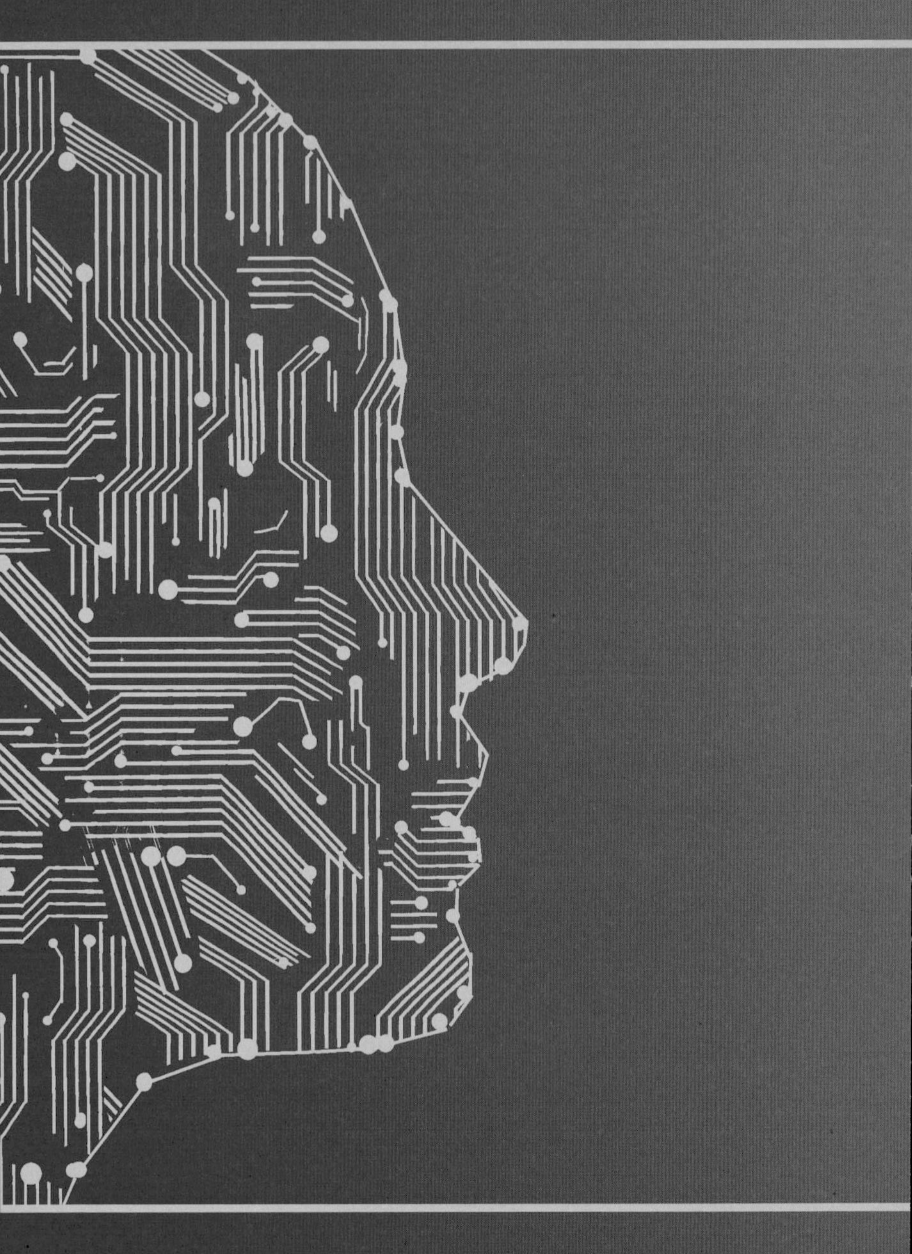

오염된 지구, 기술로 다시 살린다

: 환경

#에코 타운

#플뤼그스캄

#뉴워터

#기후 난민

#미세플라스틱 제로

ENVIRONMENT

01

자연재해와 환경오염, 막을 수 있을까?

2009년 코펜하겐에서 열린 제15차 유엔기후변화협약UNFCCC에서 유엔은 "기후 변화에 따른 자연재해로 생기는 '기후 난민'이 2050년까지 10억 명에 이를 것"이라고 밝혔다. 그리고 2020년 1월에는 "기후 변화로 인한 위험에 직면해 다른 나라로 피난 온 사람들을 강제로 본국으로 돌려보낼 수 없다"는 판결을 내놨다. 유엔의 판결은 구속력이 없지만 이와 관련한 각국의 판결에 영향을 미칠 수 있으며, 이는 전 세계에 환경오염의 심각성을 알리는 경고로 다가온다.

그동안 인류는 1차 산업혁명(증기기관, 기계화, 자원), 2차 산업혁명(전기, 공업화, 자본), 3차 산업혁명(IT, 정보화, 데이터), 4차 산업혁명(초지능, 가상화, 초연결)을 거치면서 눈부신 발전을 이룩했다. 하지만 발전 뒤에는 환경적·사회적 문제가 잇따랐다.

지구온난화로 인한 생태계 변화, 도심 스모그, 방사능 유출 등 인간의 욕망에서 비롯된 환경오염은 더 이상 묵인할 수 없는 지경에 이르렀다. 문제의식을 느낀 일부 사람들과 단체는 개발을 멈추고 환경을 보호하자는 목소리를 높이고 있다. 개발과 환경은 공존이 가능한 것일까?

지능형 센서로 재난·재해 예측

2016년 미래창조과학부 미래준비위원회가 발표한 '미래이슈 분석보고서'를 토대로, 과학기술 ICT 분야 9대 전략과제 중 환경 파트를 요약 및 소개하면 다음과 같다.

첫째, 체계적 재난재해·환경오염 대응 시스템 구축

둘째, 신재생 에너지 안정적 수급 및 활용 확산

셋째, 온실가스 예방 및 저감을 통한 국제사회 기여

체계적 재난재해·환경오염 대응 시스템의 핵심 기술은 IoT 기술을 활용한 지능형 센서를 이용하는 것이다. 사실 일본도 후쿠시마 원전 사고가 일어나기 전 충분히 쓰나미를 예측하고 대비할 수 있었다. 바다 위 부유물에 GPS를 장착하고 IoT 기반 쓰나미 감시 시스템으로 파도의 높이와 방향 등을 미리 알 수 있도록 구축했기 때문이다. 하지만 신속도와 정확도가 부족했다. 쓰나미 감시·대응 시스템과 실시간 재난 상황을 전송하고 인명 구조작업이 가능한 드론의 기술이 지금보다 수준이 높았다면 후쿠시마 원전 사고는 발생하지 않았을 수도 있다.

미국 역시 IBM의 인공지능 '왓슨Watson'을 911에서 활용한다. 왓슨은 응급상황과 출동 요청에 대한 우선순위를 매긴 후 적절히 대응하고, 응급 의료 서비스에 적용해 최적의 대처 방안들을 제안하고 있다.

유럽 또한 IoT 기술을 활용해 '홍수 조기 경보 시스템'을 가동 중이다. 제방 곳곳에 감지 센서를 부착해 물의 속도와 흐름 등을 면밀히 측정하고 측정한 실시간 데이터를 통해 대피 경보를 울린다.

우리나라 대전시는 빅데이터를 활용한 '지능형 재난 예·경보체계'를 운영하고 있다. 대전시에 존재하는 여러 가지 재난 관련 정보를 실시간으로 수집하고, 수집된 정보를 정확하게 분석한다. 대전시 상황실 모니터를 보면 하천 구간별 수위 변화량이 실시간으로 표기되고, 과거 수위 변동량 및 기상 상황과 비교·분석해 위험 구간으로 인식된 곳에 경보를 보내는 것이다. 그리고 실시간 정보를 바탕으로 긴급재난 문자, 재난 문자 전광판, SNS 등으로 시민에게 상황을 전달한다. 또한 선제적이고 체계적인 대응기술 개발을 통해 영상감시장치CCTV, 대기오염, 화학물, 기상정보, 지진 계측, 방사능, 정보를 실시간으로 수집하고 분석해 재난 상황에 대처한다.

기술이 파괴한 환경, 기술로 살린다

산업혁명 이후 자원의 무분별한 개발과 사용으로 전례 없는 환경오염 문제가 발생하고 있다. 자연적 정화 능력을 초과하였을 때 오염이 발생한다고 하는데, 오염은 크게 대기오염, 수질오염, 토양오염으로 나눌 수 있다. 이는 모두 유기적으로 연계되어 있고, 처리 방법을 도입할 때 다양한 측면에서 고려하면서 의도하지 않은 환경적인 영향이 생기지 않도록 주의해야 한다.

서양 속담에 이런 말이 있다. "자연에는 용서가 없다(There is no forgiveness in nature)." 우리가 급속한 기술의 발전을 이루면서 무참히 짓밟은 환경을 우리가 발전시킨 기술로 더 늦기 전에 바로잡을 수 있도록 해야 한다. 그렇다면 인간은 현재 어떠한 노력을 하고 있는가?

대기오염: 미세먼지 저감 기술

대기오염은 공기 안에 오염물질이 포함되는 것을 의미한다. 세계보건기구WHO의 2019년 5월 보고서에 따르면 10명 가운데 9명이 오염물질이 포함된 공기를 마시고 매년 약 700만 명이 대기오염으로 사망하는 것으로 밝혀졌다.

또한 글로벌 대기오염 조사기관인 에어비주얼Air Visual이 전 세계 73개 나라, 3,000개 도시의 초미세먼지를 분석한 「2018 세계 공기질 보고서2018 World Air Quality Report」를 공개했다. WHO 권고치는 m^3당 10μg인데 대한민국은 24μg이었다. 경제협력개발기구OECD 회원국 중에서는 칠레에 이어서 2번째로 나빴다.

최근 뉴스 마지막 코너 '내일의 날씨'에 한 가지 변화가 생겼다. 바로 미세먼지 예보다. 미세먼지는 산업 매연이라고 생각하면 된다. 주로 자동차 배기가스, 화석연료에서 발생하며 납, 카드뮴, 알루미늄, 구리 등 중금속이 포함돼 있기 때문에 호흡기를 통해 체내 유입된다. 그리고 차곡차곡 쌓여 면역 기능을 저해하고 혈액과 폐에 염증을 일으키며 심장질환과 호흡기질환 그리고 정신질환의 원인이 된다. 그렇다면 현재 우리의 기술로 미세먼지의 주범인 자동차 배기가스를 줄이거나 개선할 수는 없을까?

그 해답을 제시하는 것 중 하나가 바로 IoT다. 도로에 내장된 센서와 가로등의 HD 카메라를 활용해 운전자가 가장 가까이에 있는 주차 공간을 찾을 수 있도록 도와주는 앱이 나왔다. 주차 가능한 공간을 모니터링하고 교통의 흐름과 도로의 파손 여부를 점검하는 기능도 있다. 이 앱을 통해 운전자는 주차 공간을 찾기 위해 시간 낭비를 하지 않아도 되고, 힘들게 이곳저곳 도로에서 헤매지 않아도 된다. 이는 곧 배기가스 배출량을 줄일 수 있음을 의미한다.

영국의 런던은 2016년에 비둘기에 센서를 장착해 대기질을 모니터링하는 접근법을 활용했다. 일명 '비둘기 공기 순찰대Pigeon Air Patrol'라고 불리는 이 캠페인은 대기오염 모니터링 기업인 플럼랩스Plume Labs가 개발한 것으로, 비둘기들이 상공을 날아다니면서 오염도를 측정할 수 있게 한 것이다. 비둘기에 부착된 센서가 오염도를 측정하는 데이터를 수집한 뒤 해당 기업의 연구원에게 전달한다. 또한 새들의 건강을 관리하기 위해 수의사가 비행 중 이들을 관리·감독할 수 있도록 했다.

과학기술정보통신부는 국내 미세먼지의 정확한 원인 규명과 '현장 맞춤형 미세먼지 영향 규명과 실증'을 위해 2019년 8월부터 2021년까지 총 450억 원을 투자한다고 밝혔다. 정부는 국가 R&D 역량을 집중해 미세먼지의 발생부터 유입, 측정과 예보, 집진 및 저감, 보호 대응 등에서 해결책을 마련하고 있다. 빅데이터와 인공지능 등을 적용해 미세먼지 예보 정확도를 늘리고, 종전 대비 2배 이상의 성능을 가지는 고효율 저감기술을 개발했다. 응축성 미세먼지와 비산먼지 저감기술을 지속적으로 연구하고 있는데, 특히 대기 중 미세먼지나 분진 등을 제거해 깨끗한 공기를 만들 때 반드시 필요한 기술인 집진 기술이 개발되고 있다. 또한 IoT 기반 개인 맞춤형 미세먼지 정보체계를 구축할 예정이다.

수질오염: 수로 모니터링

수질오염이란 물의 자정 능력보다 많은 오염물질이 유입되어 물리적,

화학적, 또는 생물학적 변화가 일어나 수중생물에 악영향을 미치는 것을 말한다. 쉽게 말해 가정에서 버리는 더러운 물, 공장에서 버리는 오염된 물, 농촌의 가축 분뇨와 농약에 오염된 물이 하천이나 호수에 들어와 물이 오염되는 것을 말한다. 보통 물을 오염시키는 것은 공장에서 나오는 물이라고 착각하기 쉬우나, 가장 중요한 수질오염의 원인은 가정에서 버리는 더러운 물, 즉 생활 하수다.

심각한 문제는 수질오염으로 이미 수많은 인간의 생명을 빼앗겼다는 것이다. 대표적으로 일본의 미나마타·이타이이타이 병과 체코의 청색증(블루베이비)이 있다.

미나마타 병은 일본 규슈 지역의 어촌 마을인 미나마타 지역에서 발생한 병으로, 공장에서 바다로 유입된 수은이 물고기들을 오염시켰다. 미나마타 주민들이 그 물고기를 그대로 섭취해 수은 중독으로 지금까지 고통받고 있다. 미나마타 병이 수은 중독이라면 이타이이타이 병은 카드뮴 중독으로 도야마 현에서 발생했으며, 발병했던 지역 주민 중 절반가량이 숨졌다.

청색증은 1953년부터 1960년까지 체코에서 발생한, 어린이 몸이 푸른색으로 변하는 병이었다. 산모는 건강한데도 갓 태어난 아이가 푸른색을 띠는 경우가 많았는데, 발생 지역 주민들이 마시는 식수에 질산이 다량 함유되었기 때문으로 밝혀졌다. 질산은 헤모글로빈과 결합해 산소 운반을 방해해, 아기가 호흡한 산소가 신체 각 부분으로 전달되지 못해 몸이 푸른색으로 변한 것이었다. 질산은 끓여도 제거되지 않기 때문에 더 치명적이었다.

최근에는 생각지도 못한 수질오염이 우리의 건강을 또다시 위협하고 있다. 2019년 호주 뉴캐슬대와 세계자연기금WWF이 함께 진행한 '플라스틱 인체 섭취 평가 연구' 결과, 매주 1인당 미세 플라스틱 2,000여 개를 섭취하고 있는 것으로 나타났다. 섭취량은 5g으로 신용카드 한 장 정도의 양이다. 미세 플라스틱을 주로 섭취하는 경로는 음용수였으며, 패류와 맥주 그리고 소금이 가장 높은 미세 플라스틱 농도를 보였다.

그동안 수질오염 방지 기술은 물리적, 화학적, 생물학적 처리 기술로 분류되었다. 그러나 중국의 한 기업인 리치웨이가 IBM의 기술 지원을 받아 중국 전역의 수자원을 모니터하고 보호할 수 있는 최초의 클라우드 기반 IoT 플랫폼을 구축해 수질관리 연구소를 설립하고 강, 저수지, 어류 농장 및 기타 수역에 수천 개의 IoT 장치를 연결했다. 또한 수로 모니터링을 위한 인공지능 도구IBM Visual Inspection for Quality 솔루션의 이미지 인식 기능을 통해 수천 대에 달하는 카메라의 라이브 비디오 피드를 스캔했다. 그리고 수로 인근 지역에 불법 행위가 발생할 경우 담당 공무원에게 알리도록 인공지능 시스템을 학습시켰다. 이를 통해 중국 정부는 가정과 공장에서 발생하는 오·폐수가 하천으로 그대로 유입되는 것을 효율적·효과적으로 막을 수 있게 되었다.

토양오염: 오염 확산 예방 및 정화 시스템

토양오염이란 인간의 활동에 의해 만들어지는 오염물질이 토양에 들어감으로써 토양이 환경 구성 요소로서의 기능을 상실하는 것을 말한다. 주요 토양오염 물질로는 카드뮴·수은·납·비소·육가크로뮴 등이 있다.

2019년 9월 경기도 파주 돼지농장에서 아프리카돼지열병ASF이 국내 최초로 발생한 이후 40만 마리가 넘는 돼지가 살처분되었다. 더 큰 문제는 따로 있었다. 인천 강화군의 돼지 살처분이 100% 유리섬유강화플라스틱FRP 저장조 매몰 방식으로 진행돼 악취와 토양오염 그리고 지하수 오염 등 2차 문제를 발생시키고 있다.

전 세계적으로 토양오염의 사례를 꼽는다면 러브커넬Love canal 토양 사고를 빼놓을 수 없다. 우리는 절대 악마의 운하Devil's canal로 불리는 이 사건을 잊으면 안 된다.

1942년 염소 제조회사인 후커Hooker Chemical가 미국 미시시피강 하류 지역 운하 근처에 각종 유해 폐기물 2만여 톤을 매립했다. 36년 후 벤젠 등 11가지 후보 발암물질이 매립된 폐기물이 토양으로 이동했으며, 지하를 통해 실내 공기가 오염되었음이 규명되어 인근 주민을 이주시켰다.

이후 1980년, 러브커넬 거주민의 발암, 생식 이상 및 유전적 위험성, 염색체 손상이 보고되었고, 타지역 임산부보다 유산율이 4배나 높았으며, 아기들은 심장·신장질환을 앓았다. 당시 지미 카터 대통령은 국가 비상사태를 이 지역에 선포했고 러브커넬 지역에 총 3억 달러를 들여 복구를 시도했지만, 결국 죽음의 도시가 되고 말았다.

대한민국 정부는 지하철이나 송유관 등이 지나는 땅속의 오염까지 체계적으로 관리하는 환경 기술 개발에 나선다. IoT와 빅데이터 분석 등을 접목해 토양오염을 실시간 감시하고 오염 확산을 사전에 예방하는 시스템을 구축하고 있다. 특히 환경부와 환경산업기술원은 2018년부터 2024년까지 '지중환경 오염·위해 관리 기술개발 사업'을 통해 토양·지하수 오염 발생에 대비하기 위한 기술개발 사업을 꾸준히 추진하고 있다. 그 내용은 다음과 같다.

첫째, 지하철 등 지하공간으로 유입되는 오염물질 이동경로 파악을 위한 감시 및 예측 기술을 개발한다. 지하공간에서 생활하는 사람들의 건강

>> 부지 특성에 따른 사전 예방 모습 (출처: 환경부)

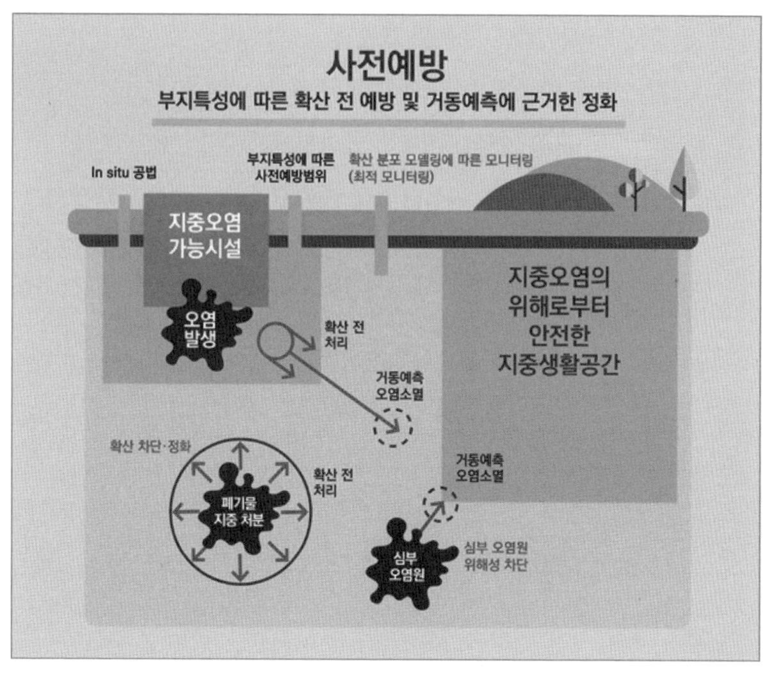

피해 방지를 위한 인체 위해성 평가 및 관리 기술도 개발 대상이 된다.

둘째, 지중시설로부터 오염물질이 누출되었을 때 조기 발견하고 정화할 수 있는 기술을 개발한다. 오염 감지 성능이 우수한 측정 센서가 장착된 고성능 측정 장비를 만들고, ICT와 연계해 신속한 경보가 가능한 '상시 누출 감시시스템'을 개발해 대상시설을 확대한다. 이를 통해 유독물 저장시설 등 인체와 생태 위해성이 큰 물질 누출 여부를 실시간 탐지한다. 유류저장·수송시설, 지하배관 지역, 도시 지역 지하 매설물 등은 개별 시설보다 주변 지역을 감시해 누출 여부를 판단할 수 있는 오염물질 누출 감시망을 구축한다.

셋째, 위쪽에 도로나 건물 등이 있어 정화가 어려운 부지는 땅속에서 오염물질을 정화하는 기술, 오염된 지하수의 이동 흐름을 차단하는 기술 등 부지 특성에 따른 맞춤 기술을 개발한다. 지하수 중 오염물질만 골라서 제거하는 기술, 오염 장소에 미생물을 투입해 정화하는 기술 등 정화 곤란 부지 특성에 맞는 적합한 기술을 개발한다.

이렇듯 토양오염 예방과 정화 그리고 검증 사후 관리까지 모든 과정을 관리하는 환경 기술은 IoT 기술이 발전하는 이상 머지않아 완벽하게 개발되어 구현될 것이다.

유엔 식량농업기구FAO에 따르면 60년 후에는 토양오염으로 인해 농작물을 기를 수 있는 토양이 사라질 것이라고 한다. 토양오염의 심각성을 경고하기 위해 유엔은 12월 5일을 '토양의 날'로 지정했고, 대한민국 정부는 3월 11일을 '흙의 날'로 정했다.

환경의 변하지 않는 가치

우리가 기술의 발전을 통해 세상을 바꾸고자 하는 이유는 무엇일까? 바로 인간의 삶을 보다 윤택하게 하고 그 어떤 시대보다 행복하게 살고 싶어서가 아닐까? 하지만 우리는 그동안 환경보다 기술을 중시했고, 그 결과 지속적으로 환경문제가 대두되고 있다.

우리는 자연과 환경을 생각하는 지속 가능한 기술 개발을 통해 새 시대를 맞이해야 한다. 자연과 환경의 질서가 유지되는 선에서 기술 개발을 이룰 때 세상은 보다 풍요롭고 아름다워질 것이라 확신한다. 영국의 시인 겸 평론가 새뮤얼 존슨Samuel Johnson은 이런 말을 남겼다. "자연계에서 등을 돌리는 행위는 우리 행복에 등을 돌리는 것과 같다(Deviation from Nature is deviation from happiness)."

그동안 기술이 발전하는 속도와 환경을 지키려는 속도의 간극이 너무도 컸다. 이제는 그 속도의 간극을 줄이려는 국가 간, 정부·기업 간, 조직 간, 개인 간의 노력이 필요해 보인다. 기술과 환경의 공생을 위해 다른 나라에서는 어떠한 노력을 기울이고 있는지, 국가 주도하에 환경 산업 육성을 시도하고 있는 다양한 사례를 살펴보자.

싱가포르: 뉴워터 프로젝트

싱가포르는 물 기근 국가로서 싱가포르 수자원공사PUB를 중심으로 물 산업개발위원회EWI를 구성해 물 재생 시스템 뉴워터 프로젝트NEWater Project를 시행 중이다. 이미 사용된 물을 수집해 멤브레인Membrane 기술로 재생한 후 이를 식수로 재활용하는 수자원 재생 시스템을 구축하고, 탈염 정화수 및 재생 정화수를 개발의 핵심으로 두고 물 공급량을 향상시키고자 했다. 재생 정화수는 이미 공업용으로 사용 중이며 2002년에서 2009년 동안 5개의 재생정화수NEWater 공장을 설립해 물 공급량의 30%를 확보했다.

또한 물산업 신기술 벤처 창업 활성화를 위해 'Fast-Tech' 보육 시스템을 운영하고 있다. 싱가포르 경제개발국, 환경부, 수자원공사, 물산업 개발위원회에 의해 운영되며, 신속한 성장을 위한 금융 인센티브, 전문 인큐베이터에 의한 멘토링을 제공한다.

일본: 기타큐슈 에코타운

1901년 일본 최초의 제철소인 야하타 제철소로 인해 기타큐슈는 일본

4대 공업도시로 성장했으나, 공장의 매연과 폐수로 환경오염이 발생했다. 시 당국과 기업이 1972년부터 1992년까지 국가로부터 8,000억 엔을 지원받아 신재생 발전, 폐기물 재활용에 투자했고 1985년 OECD의 녹색도시, 2008년에는 환경모델도시로 선정되었다.

2012년부터는 스마트 그리드 시스템을 본격적으로 가동해 히가시다 공업지구의 신일본제철과 협력해 철강 생산 공정에서 발생한 복제수소를 활용하는 도시 자급 전력 시스템을 구축했다.

독일: 환경 기술 수출

독일은 폐기물 관리 시스템 발전을 지원하기 위해 2007년에 이미 재활용 및 효율 개선 기술에 관한 환경 기술 수출 이니셔티브를 확립했다. 독일만의 폐기물 관리 체계와 서비스 및 제품을 선진국 및 신흥 개발도상국으로 수출하는 기업을 지원함과 동시에 폐기물 관리기술 및 노하우를 개발도상국에 공유해 국가 규제 개선을 촉진시켰다.

또한, 기업에 플랫폼을 제공하고 타깃 시장에 대한 공동 이니셔티브(서비스, 컨설팅, 대학, 기술 등)를 수립한 뒤 국가별 특이사항을 고려해 폐기물 처리 솔루션을 마련했으며, 독일 환경부에서는 일반 기업의 수출 지원 성공 사례를 찾아, 민간 협회 형태로 전환하는 방안을 마련해 지속 가능한 발전을 가능케 했다.

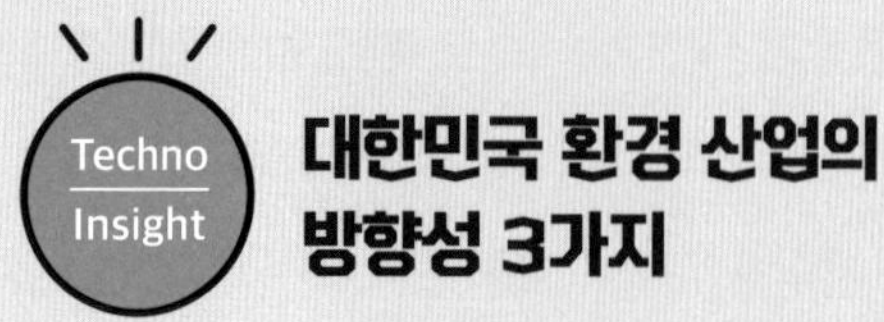

대한민국 환경 산업의 방향성 3가지

대한민국은 6·25 전쟁 직후 천연자원 없이 세계 최고의 기술을 통해 GDP 10위의 경제 대국으로 성장했다. 이렇듯 국내 기업이 가지고 있는 ICT·IoT·AI 기술을 통해 기업과 환경을 동시에 충분히 살릴 수 있다고 판단된다.

환경부의 '환경시장 창출 및 환경산업 육성방안 연구'에 따르면, 2013년 기준 국내 환경시장은 약 90조 원 규모를 형성했으며, 2020년에는 약 140조 원 이상의 규모로 성장할 것으로 보고 있다.

또한 지금도 활발하게 각종 환경문제를 해결할 수 있는 '스마트 도시' 건설을 위한 특별시·광역시·시·군의 노력과 「스마트 도시 조성 및 산업 진흥 등에 관한 법률」 같은 법제화 등도 뉴스에서 어렵지 않게 볼 수 있다.

① 대기업의 환경 신기술 개발

국내 대기업은 환경 산업을 육성하고 환경시장을 선점하기 위해 노력하고 있다. 2019년 LG전자와 포스코건설은 공동 연구를 통해 '세라믹막을 적용한 고회수막여과 정수처리 기술'을 개발했다. 유기막과 세라믹막을 혼합해 구성된 정수처리 공정으로, 유기막에서 발생되는 역세배출수와 상수원수를 블렌딩해 세라믹막으로 여과함으로써 공정 전체의 회수율을 높여 운전할 수 있는 기술이다. 이 신기술을 활용하면 정수처리 업계에서 자주 사용되는 유기막 또는 세라믹막 단독 공정과 비교해보았을 때 10% 적은 비용으로, 정수 회수율을 10% 높이고, 배출수 처리가 쉬워진다.

2016년 11월 현대건설은 바람wind으로 토양 안에 있는 중금속을 제거할 수 있는 기술을 개발해 인증을 받았다. 토양 알갱이가 작을수록 오염도가 높다는 점에 착안해 화학약품을 사용하지 않고 강한 바람으로 미세토양을 걸러내는 방식을 사용했다. 이 기술은 토양오염을 방지할 수 있는 신기술임이 틀림없다.

포스코 ICT는 2015년 8월 중국 정부와 협력해 산업 현장에서 발생하는 미세먼지와 스모그 등 대기오염과 수처리 그리고 폐자원화 분야에 진출했다. 포스코 ICT가 보유한 집진기는 마이크로 펄스하전 방식MPS, Micro Pulse System[24] 기술을 활용한 것으로, 분진 제거율은 50% 이상 향상되고, 에너지 사용량은 80% 이상 절감된다고 한다.

24 >> 마이크로 펄스하전 방식: 고전압 펄스에 의해 발생되는 정전기력을 이용해 배출되는 미세먼지를 집진판에 부착시켜 분진을 제거하는 방식

이렇듯 대기업들은 산업 개발로 오염된 환경을 회복시키려는 연구를 통해 상생을 모색하고 있다. 환경문제를 해결하려는 과정이 바로 기업의 신성장 동력이 되지 않을까?

② 환경을 생각하는 제품 생산

소비자들에게 직접 판매되는 제품 개발에 대한 사례도 있다. 아이쿱 자연드림은 국내에서 가장 정밀한 수준의 미세 플라스틱 장비로 검사한 생수를 제품화해 소비자들에게 공급하고 있다. 또한 소금 공방을 설립해 해양 심층수의 깨끗한 물로 만든 '미세 플라스틱 0%' 소금을 개발했으며, 2020년부터 자사의 모든 가공식품에 적용할 예정이다.

최근에는 한 고등학생의 아이디어로 천일염 미세 플라스틱 제거 기술이 개발되었다. 간수로 플라스틱을 씻었을 때 간수 위로 플라스틱이 뜨게 된다는 원리를 이용한 것이다. 뿐만 아니라 의류 세탁 시 발생할 수 있는 미세 플라스틱 저감 기술이 개발되어 많은 주목을 받고 있다.

이러한 것들은 바로 환경오염으로부터 깨끗한 의식주를 찾으려는 소비자들의 니즈를 충족시키는 사업이다. 환경을 생각하는 소비자의 니즈가 분명하기 때문에, 각종 오염에서 정확하고 세밀하게 현 상태를 측정할 수 있는 기술과 장비, 그리고 그것을 여과 및 추출할 수 있는 기술과 장비를 선점하면 기업의 이미지 제고와 매출에 큰 도움이 될 것으로 예상된다.

③ 배기가스를 줄이는 배송 시스템 개발

전 세계에서 가장 잘 되어 있는 한국의 배달 서비스 시스템은 대부분 오토바이로 이루어진다. 문제는 오토바이 한 대에서 나오는 배기가스 배출량이 자동차 5대에서 나오는 배기가스 배출량과 같아 심각한 대기오염을 유발한다는 것이다.

배기가스 배출량을 줄이는 좋은 대안이 있다. 미국의 아마존은 드론 배송 서비스Prime Air를 성공적으로 시연해 전 세계의 이목을 끌었다. 자율주행 자동차와 드론이 한 팀이 되어 소비자들에게 서비스를 할 수 있는 시스템이다. 이를 위해 아마존은 자율주행 업체 오로라Aurora Innovation와 전기차 업체 리비안RIVIAN에 많은 투자를 하면서 드론 배송 서비스 상용화에 많은 노력을 하고 있다.

이와 비슷한 개념으로 한국의 우아한 DH 아시아는 건국대학교 서울캠퍼스 내에서 주문자가 배달의 민족 앱을 이용해 음식을 주문하면 배달 로봇 '딜리'가 직접 주문자가 있는 곳까지 배달하는 서비스를 시범 운영하고 있다. 물론 도난 방지 기술 등 여러 가지 기술들이 보완되어야겠지만, 현재로서는 획기적인 아이디어와 기술이 아닐까 싶다. 이러한 배달 서비스 시스템의 연구 개발을 통해서 배기가스로 인한 대기오염을 충분히 줄일 수 있다.

생태계가 무너지면 국가, 기업, 인간도 생존할 수 없다는 것을 우리 모두 명심해야 할 것이다. 이제는 과학 기술을 적용할 때는 환경에 미치는 영향을 신중히 검토해야 한다. 앞으로는 전 세계적으로 탄소배출권 제도를 시행할 것이므로 친환경을 생각하는 기업만 살아남을 것이다. 소비자들도 지속 가능한 발전이 없다면 인류는 없다는 것을 인지하기 시작했기 때문이다.

평범한 10대 작은 소녀의 거대한 외침

미국 시사 주간지 타임은 2019 '올해의 인물'로 스웨덴의 그레타 툰베리Greta Thunberg라는 17세 환경운동가를 선정했다. 그레타는 8세 때 학교 선생님께서 보여준 플라스틱 다큐멘터리에 감명을 받아 15세 때 매주 금요일 등교를 거부하고 스웨덴 국회의사당 앞에서 '기후를 위한 학교 파업Skolstrejk För Klimatet'이라는 팻말을 들고 1인 시위를 벌였다. 이러한 1인 시위는 전 세계적인 운동으로 성장해, 그레타는 스위스에서 열린 다보스 포럼, 뉴욕에서 열린 유엔 기후행동 정상회의, 스페인 마드리드에서 열린 유엔 기후변화협약 당사국 총회에 참석해 연단에 서게 되었다.

10대 기후 및 환경운동가가 스웨덴에서 나올 수 있었던 배경은 스웨덴 국민의 환경을 생각하는 태도에 있다. 스웨덴에서는 비행기 탑승을 수치스러운 일로 여기는 문화 현상이 있다. 이를 바로 '플뤼그스캄Flygskam'이라고 한다. 또한 "비행기보다 이산화탄소 배출량이 훨씬 적은 기차 여행에 자부심을 느낀다"라는 뜻의 '탁쉬크리트Tagskryt'라는 말도 있다. 비행기를 탄 승객 1명이 1km를 이동할 때 발생하는 이산화탄소 배출량은 285g으로 기차보다 20배 이상 많다고 해서 생긴 스웨덴의 신조어다.

스웨덴은 이미 도로 위에 내연기관 자동차보다 전기자동차, 하이브리드차, 수소연료전지차 등이 훨씬 많고 관련 기반시설도 잘 구축되어 있다. 이와 같은 스웨덴 국민들의 가치관에 따라, 다양한 환경보존에 초점을 둔 스타트업이 생기고 있다. 대표적인 회사 3곳을 소개하고자 한다.

첫 번째 회사는 무빙플로어Moving Floor다. 돼지, 소, 닭 등 우리가 흔히 볼 수 있는 가축이 내뿜는 오염물질은 자동차에서 나오는 배기가스만큼이나 공기를 오염시킨다. 그리고 가축에 가장 많이 사용되는 항생제는 환경을 오염시키는 근원 중 하나다. 무빙플로어는 축사 자동화 청소 솔루션으로 가축으로부터 발생하는 환경오염 요소를 제거한다. 가축이 모여 있는 축사 바닥을 컨베이어 벨트로 만들어 가축에서 배출되는 노폐물을 분해 기술을 통해 자동으로 처리하는 것이 핵심이다. 무빙플로어를 이용하면 축사 청소를 위한 물이 사용되지 않아 물을 절약할 수 있고, 하루 15번의 축사 청소를 통해 가축은 깨끗한 환경 속에서 건강을 유지할 수 있으며, 항생제 사용을 줄일 수 있다.

두 번째 회사는 마츠마트matsmart다. 쉽게 말해 과잉 생산된 식품을 재판매하는 이커머스 회사다. 유통기한이 지나기 직전 제품이나 포장지가 오염되어 정상 판매가 힘든 식품 그리고 특정 기념일을 위해 다량 생산되었지만 판매되지 않은 식품을 재판매한다. "세상을 한 입씩 구한다"라는 모토로 스웨덴뿐만 아니라 노르웨이·핀란드에서 운영되어 매년 708톤의 버려질 식품을 절약하고 있다. 마츠마트 설립자 칼 앤더슨은 "유통기한이 지나도 음식의 질에는 문제가 없는데 유통기한 문제로 식품의 3분의 1이 버려진다"고 말했다.

세 번째 회사는 판타포pantapa다. 이 회사의 서비스는 간단히 말해 재활용 활성화를 도운 대가로 금전적 이득을 얻을 수 있도록 하는 것이다. 전 세계 플라스틱 폐기물 중 9%만 재활용된다. 판타포는 앱을 통해 재활용스테이션을 찾아 재활용 용품을 버릴 수 있도록 한 후 그에 대한 보상을 받도록 했다. 예를 들면 물병에 적힌 바코드를 앱으로 스캔하면 돈으로 보상받을 수 있다. 스웨덴은 노르딕 지역 스타트업을 대상으로 매년 '세렌디피티 챌린지 스타트업 경진대회'를 개최하고 있다. 주로 친환경 기술과 정책을 앞세운 스타트업만의 참신한 아이디어가 주를 이룬다. 우리가 함께 살펴본 것과 같이 스웨덴은 국민과 기업 그리고 정부가 함께 환경보존을 위해서 노력하고 있다. 국민은 환경에 대한 가치관을 잘 정립하고, 기업은 R&D 투자에 따른 환경 기술 구현을 위해 힘쓰고, 정부는 국민의 생각과 기업의 환경 기술이 잘 정착되도록 법률과 제도를 바꾸고 있다. 우리나라도 이처럼 국민과 기업 그리고 정부가 유기적으로 협동해야 한다. 대한민국 국민이라면 대한민국 환경에 그 누구도 자유롭지 못하다는 것을 알아야 한다. 그리고 각자의 자리에서 책임과 역할을 다해야 할 것이다.

그레타 툰베리는 연단에서 다음과 같은 말을 했다.

"환경에 대한 변명거리는 고갈되었고 인류에게 화가 다가옴을 알리려 직접 나섰다. 세계 지도자들에게 더 이상 탄소 배출 중단을 말하고 싶지 않다. 불편하더라도 분명히 말하고 싶다. 화석연료를 땅에 그대로 두어라. 기존 시스템에서 해결책을 찾지 못하면 시스템 자체를 바꿔라. 다음 세대는 우리를 원망할 것이다. 당신들은 자녀들을 사랑한다고 말하지만 당신들이 그들의 미래를 훔치고 있다.

정치인들은 인기가 떨어질까 두려워 녹색성장이나 지속 가능한 발전만 외친다. 거대한 산림 파괴, 유독성 대기오염, 사라지는 곤충과 야생동물, 산성화된 해양, 인류 문명의 종말을 초래할 돌이킬 수 없는 사태들. 이제 당신들은 패닉을 느껴야 한다. 소리치고 날뛰는 패닉이 아니라 노트르담 화재 때처럼 차분하게 지구를 구하는 패닉이 필요하다. 막연한 희망보다 중요한 게 행동이다. 행동을 시작하면 희망이 생긴다."

2020년 전 세계는 인류가 만든 환경오염으로 골머리를 썩고 있다. 인간의 생활이 편리해지고 산업이 발전함에 따라 지구의 멸망 속도는 전보다 훨씬 더 빨라졌다. 더 늦기 전에 환경에 대한 올바른 가치관과 우리의 기술력으로 이를 바로잡아야 한다. 단순히 탄소배출권이나 눈앞에 놓인 경제적 이익 때문이 아닌 우리의 미래와 후세대를 위해서 말이다.

참고문헌

1장 ∞ 푸드

폴 샤피로, 『클린 미트』, 흐름출판, 2019
제레미 리프킨, 『육식의 종말』, 시공사, 2002
삼정KPMG, 「온라인 식품 시장의 기회와 도전」, Issue Monitor 제92호
정보통신산업진흥원, 「1인 가구시대, 진화하는 스마트홈 서비스」, 이슈리포트 2018-제6호
"서동욱의 지식카페: 실존을 위한 노역?… 먹는다는 건 혀끝에서 오는 쾌락이다", 문화일보, 2019.10.21
"얼마나 맛있어야 행복한가요? 식사의 의미를 생각하다", 중앙일보, 2019.10.15
"3D 푸드 프린터 얼마나 알고 계신가요?", 사람과뉴스, 2019.5.21
"요리 로봇, 셰프를 대체할 것인가?", 로봇신문, 2019.3.14
"음식 배달 격전지로 떠오른 미국", 이코노미조선, 2019.3.24
"미국의 '푸드로봇(Food Robot)'을 만나보다", Kotra 해외시장뉴스, 2019.5.15
"미식의 나라 프랑스의 푸트테크산업 트렌드", Kotra 해외시장뉴스, 2019.4.17
"인류사를 이끌 푸드테크", DBR, 283호
ATKearney, 「How will cultured meat and meat alternatives disrupt the agricultural and food industry?」, 2019
"5 Innovations Changing The Future of Food", Forbes, 2019.10
"The future of food: what we'll eat in 2028", Science Focus, 2019.5
"Eight Futuristic Foods You'll Be Eating in 30 Years", GIZMODO, 2017.2
"The Future of Food - The Food of the Future"(medicalfuturist.com/the-future-of-food-the-food-of-the-future)
"10 High-Tech Foods We Will Be Eating in the Future"(brightside.me/wonder-curiosities/10-high-tech-foods-we-will-be-eating-in-the-future-414010)

2장 ∞ 패션

박영숙·제롬 글렌, 『세계미래보고서 2055』, 비즈니스북스, 2017
한국정신문화연구원, 『한국민족문화대백과사전: 복식(服飾)』, 1997

김혜은, 「3D 프린팅 기술의 발달로 인한 패션 산업 변화 연구」, 한국패션디자인학회지 제15권 4호, 2015
세계경제포럼(WEF), 「The Future of Jobs 2018」, 2018
세계경제포럼(WEF)·보스턴컨설팅그룹, 「기술재교육 혁명: 일자리의 미래」, 2018
중소벤처기업부, 「중소기업 기술로드맵 2018-2020: 웨어러블」, 2018
한국고용정보원, 「중장기 인력수급전망(2008-2018)」, 2010
한국산업기술평가관리원, 「디지털 의류패션 동향과 전망」, 2017
한국산업기술평가관리원, 「섬유패션·IT 융합 기술의 현황 및 확산 발전 전략」, 2012
"패션 디자이너의 신무기, 3D 프린팅", LUXURY, 2014년 9월호, 2014
"제4의 실업이 온다…4차 산업혁명시대 직업의 종말은?", 매일경제, 2017.12.8
"의류 제조업에 부는 자동화 바람, 생산성과 품질 향상에 기여", 산업일보, 2019.8.1
"AI로 재탄생하는 패션산업은 무엇이 어떻게 바뀌나?", 인공지능신문, 2018.7.17
"뉴욕 패션위크를 수놓은 인텔-크로맷 웨어러블 패션", 조선비즈, 2015.11.9
"옷은 패션이 아닙니다, 과학입니다", 중앙일보, 2006.4.13
"우리가 주목할 색다른 전문가들이 온다", 패션포스트, 2019.6.24
"아디다스 獨공장, 年産 50만 켤레…직원은 단 10명", 한국경제, 2018.11.13
"아마존의 코디, 아마존의 증강현실", 이코노믹리뷰, 2019.2.6
"자동화 기술이 이끄는 미국 의류 제조업의 부활", Kotra 해외시장뉴스, 2019.7.29
"핸드폰 배터리 걱정 끝, 네덜란드 태양 셔츠(Solar Shirt) 개발", Kotra 해외시장뉴스, 2015.5.21
"알리바바 온오프라인의 경계 없는 패션 리테일 모델 '패션AI컨셉 스토어'", M이코노미 뉴스, 2018.9.13
"미래 패션산업, '패셔놀로지'가 이끈다", 한국섬유신문, 2018.7.13
"KT, 3D로 옷 미리 입어보는 'VR 피팅서비스' 출시", 아이티데일리, 2018.3.27
"우리 눈앞에서 펼쳐진 Fashion Revolution", 패션인사이트, 2019
"3D 프린팅은 어떻게 패션산업을 변화시킬까", 한국패션협회, 2015
"아마존(Amazon) 온디맨드 의류 공장(On-demand Clothing Factory)", 한국패션협회, 2017
"자동화(Automation)가 패션에 미치는 영향", 한국패션협회, 2017
"패션: 이제는 인쇄하고 바로 입는다"(https://brunch.co.kr/@scandilife/16)
"IT와 융합한 똑똑한 옷, 스마트 의류"(news.samsungdisplay.com/16962)
"3D 프린터가 바꿔놓을 세상, 어떤 직업이 흥할까"(blog.naver.com/doshin38/221194155151)
Business of Fashion·McKinsey & Company, 「The State of Fashion 2019」, 2019
CBINSIGHTS, 「Could RFID-Reading Drones Help Solve A $45 Billion Dollar Per Annum Retail Problem?」, 2017
CBINSIGHTS, 「The Future Of Fashion: From Design To Merchandising, How Tech Is Reshaping The Industry」, 2019
FORTUNE, 「This Luxury Jacket-Maker Is Using Computer Chips to Fight Counterfeiting」, 2016

Gerber Technology, 「Automating Apparel Manufacturing: Key Industry Trends and the Role of Robots in a Changing Market」, 2019
McKinsey Global Institute, 「Big Data: The Next Frontier for Innovation, Competition, and Productivity」, 2011
"Forget shopping. Soon you'll download your new clothes"(www.youtube.com/watch?v=w1oKe8OaPbk)

3장 ∞ 주거&라이프

박영숙, 숀 함슨, 『주거혁명 2030: 집은 더 이상 집이 아니다』, 교보문고, 2017
한국건설산업연구원, 「플랫폼 비즈니스 관점의 스마트홈 개발 방향」, 2019
김동환, 「4차 산업시대의 주거편의성 변화 예측(제4차 산업혁명시대의 주거혁신을 중심으로)」, 한국부동산학회 부동산학보 71권
이진원, 김경숙, 「4차 산업혁명에 의한 신주거 개발방향 연구」, 한국실내디자인학회 학술대회논문집 20권 1호
박서경, 정소이, 박준영, 「공동주택의 신주거 공간모델 개발방향 연구」, 대한건축학회 추계학술발표대회논문집 제37권 제2호(통권 제68집)
주택산업연구원, 「미래 주거트렌드 연구」, 2016.12
강은정, 「라이프스타일 니즈와 미래 주택의 스마트 기능 개발동향 연구」, 중소기업융합학회 융합정보논문지 vol.8
박천규, 이수욱, 김지혜, 노민지, 강성우, 최진, 황관석, 「미래 부동산시장 트렌드와 정책과제」, 국토정책 Brief, 2019.5
이진원, 김경숙, 「미래 환경 변화에 따른 신주거 공간요소 분석에 관한 연구」, 한국실내디자인학회 논문집 27권 6호
엄기복, 「스마트그린시티를 활용한 미래주거단지 변화분석」, 2016.2
정보통신기술진흥센터, 「스마트홈 기술 현황 및 트렌드」, 2017.7
정보통신기술진흥센터, 「사물인터넷 기반 스마트홈 발전 전망」, 2015.11
한전경제경영연구원, 「스마트홈 시장 현황과 사업자 동향」, 2017. 6
김성태, 「스마트시대의 패러다임 변화 전망과 ICT 전략」, 한국정보화진흥원 2011.4
한국산업기술평가관리원, 「IoT가전 기반 스마트홈 기술 동향」, 2018
KISTI 산업정보분석실, 「스마트홈(IoT홈) 기술 발전 과정과 특징」, 2015.7
한국인터넷진흥원, 「최근 홈·가전 IoT 제품 보안 관련 동향」, 2017.6
한국스마트홈 산업협회, 「스마트홈 산업 범위」, 2019.9
연구개발특구진흥재단, 「스마트홈 시장」, 2017
CHO Alliance, 「홈 IOT(스마트 홈) 비즈니스 실태와 사업전략: AI(인공지능)과 IOT(사물인터넷)이 선

도하는 킬러 서비스」, 2016
DACO Intelligence, 「스마트홈 산업의 기술 및 시장동향과 주요기업 사업전략」, 2018
Markets&Markets, 「Smart Home Market」, 2017

4장 ∞ 경제&금융

박영숙, 제롬 글렌, 『세계미래보고서 2019』, 비즈니스북스, 2018
안드레아스 와이겐드, 『포스트 프라이버시 경제』, 사계절, 2018
제레미 리프킨, 『소유의 종말』, 민음사, 2001
캐시 오닐, 『대량살상 수학무기』, 흐름출판, 2017
크리스 스키너, 『금융혁명 2030』, 교보문고, 2016
토드 로즈, 『평균의 종말』, 21세기북스, 2015
KPMG삼정, 「2019 한국 Fintech 동향 보고서」, 2019
한국은행, 「2017년 지급수단 이용행태 조사결과」, 2018.3.27
한국은행, 「2018년 경제주체별 현금사용행태 조사결과」, 2019.4.16
Accenture, 「Accenture Banking Technology Vision 2019」, 2019.5.7
BIS, 「Big tech in finance and new challenge for public policy」, 2018.12
BIS, 「BigTech and the changing structure of financial intermediation」, 2019.4
BIS, 「Big tech in finance: opportunities and risks」, 2019.6
FSB, 「Fintech and market structure in financial services: Market developments and potential financial stability implications」, 2019.2.
HM Treasury, 「Unlocking Digital Competition」, 2019.3
"The Great Rebundling of Financial Services", American Banker, 2015.10.31
"The dash off cash", The Economist, 2019.8.1
"Libra White Paper"(libra.org/en-US/white-paper/#introduction)

5장 ∞ 교육

박영숙, 제롬 글렌, 테드 고든, 『유엔미래보고서 2; 2020년의 위기와 기회의 미래』, 교보문고, 2019
최연구, 「4차 산업혁명시대의 미래교육 예측과 전망」, 2017
서울특별시교육연구정보원, 「서울교육」, "2030년 미래사회와 학교교육의 변화", 특별기획 VOL.224
"2030년 대학 절반이 사라진다. 한국 대학 몰락 피하려면", 중앙일보, 2018.1.17
"앞으로 10년간 전세계 대학 절반 사라질 것", 조선일보, 2020.1.20
"시·공간 제약을 넘어라. 2030년, 지식 공급원과 필요한 역량은?", 에듀인뉴스, 2019.4.12

"2030년 대학 절반 문 닫는다", 중앙일보, 2018.7.26
"2030년 최대 인터넷 업체는 'AI 기반 교육 기업' 전망 학생별 양방향 학습 장점… '사회화 역할'은 한계", 이코노미조선, 2017.3.6
"다시 고등학생이 된다면 치대 아닌 공대 가고 싶다", 머니투데이, 2019.12.15
"<트렌드> 맞춤형 교육부터 '교실 밖 수업'까지… 에듀테크의 가치, 에듀테크 산업 성장 가도… 국가경쟁력 확보 기여", 한국일보, 2019.10.8
"2030년 미래학교의 모습은 어떻게 바뀔까?", 아시아경제, 2011.7.15
"하버드보다 입학 어려운 新대학 미네르바 스쿨 가보니", 중앙일보, 2018.1.12
"학교의 종말, 다시 '전인교육'의 시대가 온다", 중앙일보, 2017.9.16
"2030년 학교교육의 비전과 달성 전략"(https://21erick.org/column/413)
"한국 학교교육 변혁을 위한 10가지 질문과 10가지 대안"(https://21erick.org/column/422)
"미래교육 예측과 전망에 대하여 1"(https://blog.naver.com/hanca_com/221289769661)

6장 ∞ 헬스&케어

제임스 캔턴, 『극단적 미래예측』, 김영사, 2007
알랭 드 보통, 말콤 글래드웰, 스티븐 핑커, 매트 리들리, 『사피엔스의 미래』, 모던아카이브, 2016
유은순, 조미라, 「포스트휴먼 시대의 로봇과 인간의 윤리」, 2018
한국정보화진흥원, 「미래 2030」, 2019
"[월드리포트] 부활 꿈꾸는 '냉동인간'…축복인가 저주인가?", SBS뉴스, 2015.9.22
"나노로봇으로 암세포 파괴", 사이언스타임즈, 2020.1.19
"머스크 '뉴럴링크' 두뇌-AI 연결…원숭이 뇌로 컴퓨터제어 구현", 사이언스모니터, 2019.7.19
병원도 4차 산업혁명 필연…정신질환 '가상현실 치료', 디데일리, 2019.1.22
'불멸의 꿈'… AI 안에서 돌아가신 아버지와 대화한다, 한국일보, 2019.8.31
통일로 가는 길 - 제주도 '서복공원'도 있다, 뉴데일리, 2013.8.11
"Transplant of Artificial Ear Grown on Man's Arm Succeeds in North China"(www.youtube.com/watch?time_continue=4&v=IaJbDIB4yJg&feature=emb_logo)

7장 ∞ 엔터테인먼트

콘텐츠진흥원, 「콘텐츠산업 2018년 결산 및 2019년 전망」, 2019
콘텐츠진흥원, 「2018 이스포츠 실태조사」, 2019
Ramanathan, S., McGill, A. L., 「Consuming with others: Social influences on moment-to-moment and retrospective evaluations of an experience」, Journal of Consumer Research, 2007

이영우, 「"엔터테인먼트 콘텐츠" 특집을 내면서」, 한국콘텐츠학회지, 2012
Huizinga, J., 『Homo Ludens: A Study of the Play Element in. Culture』, 1955

8장 ∞ 교통

안석환, 「MaaS와 미래교통/모빌리티의 과거, 현재 그리고 미래」, 2019
조영빈, 「스마트 모빌리티 서비스의 현황과 미래」, 2019
이승민, 「자율주행자동차 최근 동향 및 시사점」, 2018
KB금융지주 경영연구소, 「CES 2019에서 선보인 새로운 자동차 기술 트렌드」, 2019
한국산업기술평가관리원, 「자율주행서비스 기술 동향」, 2018
보험연구원, 「자율주행차 상용화 관련 주요국의 전망 및 시사점」, 2019
과학기술일자리진흥원, 「자율주행자동차」, 2018
육동형, "하이퍼 루프(Hyperloop)와 자율주행으로 인한 미래 교통 혁명", 철도저널, 2017
"현대차, 하늘 나는 자동차 8년 후 상용화 가능할까?", CBC뉴스, 2020.1.16
"日 토요타, 플라잉카에 도전… 현대차와 경쟁 나서", 폴리뉴스, 2020.1.17
"자율주행 기술 레벨의 6단계"(https://news.hmgjournal.com/Tech/?p=158771)
James Arbib, Tony Seba, 「Rethinking Transportation 2020-2030」, 2017

9장 ∞ 개인&사회

장 보드리야르, 『시뮬라시옹』, 민음사, 2001
메리 셸리, 『프랑켄슈타인』, 문학동네, 2012
경제·인문사회연구회 미래사회 협동연구총서, 「제4차 산업혁명의 경제사회적 충격과 대응 방안: 기술과 사회의 동반 발전을 위한 정책 과제」, 2017
과학기술정책연구원, 「Future Horizon+」, 제41호, 2019
한국정보화진흥원, 「지능사회법제도 이슈 전망 2017」, 2017
"인공지능, 마음까지 품을 수 있을까", 유네스코뉴스 제742호
"'제4차 산업혁명'의 가능성과 문제들", 지식의지평 23호, 2017
"홍콩 AI 로봇 소피아 '인류 파멸시키겠다'", 중앙일보, 2016.3.21
"AI 로봇 소피아 '인간과 로봇이 사랑을?…난 더 배워야'", 노컷뉴스, 2018.1.30
"인간과 로봇의 결혼 2050년께 현실화할 듯", 중앙일보, 2016.12.27
"프랑스 로봇 과학자, '로봇과 결혼할래요'", 로봇신문, 2016.12.23
"'여자 만나기 어려워'…직접 로봇 만들어 결혼한 남성", SBS뉴스, 2017.4.5
"인간과 로봇의 결혼, 합법화될까?", 노컷뉴스, 2018.8.25

"인공지능이 사랑 대체할까…男 '예스', 女 '노' 많아", 연합뉴스, 2016.3.24
"로봇에 '전자인간' 법적 지위 줄까 말까, 찬반 격화", 한겨레, 2018.4.30
"[취재파일] 소셜로봇 변천사… 로봇이 가족이 된다?", SBS뉴스, 2014.7.31
"[초연결 초지능 사회①] 가족관계가 바뀐다", 동아사이언스, 2017.11.29
"'결혼해줘' 청혼까지 받는 AI… 감성 동반자로", 한국일보, 2018.10.13
"오스트리아 궁전에서 결혼식 올린 애플 '시리'와 아마존 '알렉사'", 조선일보, 2019.5.3

10장 ∞ 종교

레이 커즈와일, 『특이점이 온다』, 김영사, 2007
"에이리언; 커버넌트', 영화 속 A.I.의 경고 혹은 철학", 미디어파인, 2017.5.21
"저커버그-머스크, AI 위험성 놓고 설전", 한국일보, 2017.7.16
"[세상살이 복음살이] 인공지능과 종교", 가톨릭신문, 2018.5.13
"AI 목회자-로봇 승려, 어떻게 생각하시나요?", 머니투데이, 2019.9.12
"기술의 발전과 종교의 역할", 전라일보, 2019.8.5
"예수의 기적을 행하는 AI…신 섬기는 신흥종교도 생겼다", 중앙일보, 2019.9.8
"[홍석윤의 AI 천일야화] 로봇, 신의 영역 종교계까지 진출", 이코노믹리뷰, 2019.9.7
"인간의 능력을 넘어선 과학기술 <트랜센던스>", 씨네21, 2014.5.14
"인공지능보다 국가와 자본이 더 무섭다", 한겨레, 2016.3.29
"인공지능이 종교가 되는 시대", 이코노믹리뷰, 2017.11.24
"빅데이터로 범죄 예측… 현실이 된 '마이너리티 리포트'", 한국경제, 2018.9.28
"아이작 아시모프; 로봇 3원칙 업데이트 해야", 로봇신문, 2017.9.10
"AI가 설교하는 시대가 올까… 종교의 근원적 고민이 시작됐다", 문화일보, 2018.5.9
"AI가 북핵보다 무섭다고? 진단분석, 이상…", DBR, 232호
"AI(인공지능)시대에 하나님을 말하다"(https://www.cricum.org/1026?category=643369)

11장 ∞ 환경

한국과학기술기획평가원, 「미래이슈분석보고서」, 2015
「코펜하겐 컨센서스 보고서」, 2015
환경부, 「환경시장 창출 및 환경산업 육성방안 연구」, 2015.11
"대기오염 줄이려면 IoT 활용한 공기질 측정 시스템 도입", 더리포트, 2019.3.18
"후쿠시마 원전 오염수 처리 방법 시기 결정된 것 없다", 중앙일보, 2019.9.4
"안전 보장 못해 에너지 안보위협,,, 뜨거운 탈원전 공방", 서울신문, 2017.7.7

"동남아, 플라스틱폐기물 감축 시작 환경오염의 나비효과를 피한다", 아시아투데이, 2019.7.2
"IoT, 지구촌 대기오염 개선할까?", AI타임스, 2019.4.8
"과학기술로 미세먼지 배출량 절반 줄인다", 파이낸셜뉴스, 2016.11.13
"아프리카돼지열병으로 돼지 40만 마리 살처분", 현대건강신문, 2019.11.17
"돼지 씨 말린 강화 남아있는 토양 오염 불씨", 기호일보, 2019.10.21
"㈜포스코 건설과 LG전자㈜의 정수처리 기술", 물산업신문, 2019.08.25
"IoT 지구촌 대기오염 개선할까?", 인공지능신문, 2019.4.8
"미세플라스틱 잇단 검출,,, 식약처 오염제품 유통 차단해야", 뉴시스, 2018.10.15
"평범한 10대 소녀에서 기후 변화 저항의 아이콘", 이코노미조선, 2019.12.30
"환경을 생각하는 스웨덴 스타트업3", 벤처스퀘어, 2019.2.18
"그레타 효과와 그 한계를 넘어", 경향신문, 2019.7.12
"스웨덴 자동차산업", Kotra 해외시장뉴스, 2019.9.26
"깨끗한 물 꿈꾸는 중국, IoT와 AI로 자정한다"(https://blog.naver.com/ibm_korea/221433493613)

이 책을 만든 사람들

본 도서는 연세대 대학원에서 기술경영(MOT)을 공부하고 있는 박사 및 석사들이 연세대 기술경영학협동과정과 연세대 미래융합연구원 DT기술경영연구센터의 지원을 받아 연구한 결과를 집대성했다.

감수 **김진우**_ 연세대 대학원 기술경영학협동과정 주임교수. 연세대와 UCLA에서 경영학을 공부하고, 카네기멜론대에서 HCI를 연구했으며, 1994년부터 현재까지 연세대에서 HCI Lab을 지도하면서 HCI와 UX에 대한 연구 및 교육을 진행하고 있다. 한국 HCI 학회장, 삼성전자 미래기술연구회, 다음커뮤니케이션 이사회 의장 등을 역임했다. 2016년 회사 HAII를 설립해 AI 소프트웨어 기반의 디지털 치료제 개발 및 평가에 전념하고 있다.

공저 **이재형**_ 전략·조직변화와 혁신·리더십 분야의 비즈니스 교육·코칭·컨설팅 전문가. 변화하는 산업과 사회 문화를 반영해 경영자와 조직 리더를 코칭하는 비즈니스 코치(CPCC·PCC·KPC)로 활동 중이다. 비즈니스임팩트 대표이자 피플앤비즈니스 교수, 칼럼니스트로도 활동하고 있다. KT 전략기획실 등을 거쳐 KT그룹사 CFO 겸 경영총괄을 역임했다. 한양대 대학원에서 산업공학 석사학위, 미시간대 경영대학원에서 MBA학위를 취득했으며, 연세대 대학원 기술경영학협동과정에서 경영학 박사를 수료했다. 저서로 『발가벗은 힘』『전략을 혁신하라』 등 다수가 있다.

최화준_ 펜실베이니아대에서 경제학사, 연세대에서 영어영문학사, 그리고 HEC Paris에서 경영학 석사를 취득했다. 유럽, 아시아, 한국 등 여러 국가에서 글로벌 IT 회사와 창업회사를 경험했다. 현재 연세대 일반대학원 기술경영학협동과정 박사과정에 재학 중이다.

구자영_ 연세대에서 생활디자인 전공 학사학위, KAIST에서 디지털미디어공학 석사학위를 취득했으며, 연세대 대학원 기술경영학협동과정에서 경영학 박사를 수료했다. 이후 한화그룹, LIG그룹, 동부그룹 등을 거쳐 최근에는 서울시청 금융산업팀장으로 핀테크 정책을, 과학기술정보통신부 사무관으로 융복합 기술사업화 정책을 추진했다.

김선무_ 연세대에서 경영학 학사학위, 연세대 정보대학원에서 석사학위를 취득했으며, 연세대 대학원 기술경영학협동과정에서 경영학 박사를 수료했다. CJ올리브네트웍스 전략기획팀에서 IT중장기 전략수립 및 R&D전략 등 다양한 업무를 수행했고, 현재 CGV에서 DT전략 전문가로 활동 중이다.

김효정_ 현재 신한카드 본부장으로 근무 중이며, 2000년 CRM 업무를 시작으로, 2016년에는 모바일 사업본부와 디지털 사업본부장을 맡아 신한Pay FAN과 모바일 홈페이지를 구축했으며, 2018년에는 빅데이터 사업본부장을 역임했다. 현재 연세대 대학원 기술경영학협동과정 석사과정에 재학 중이다.

류성일_ 연세대에서 전기전자공학부를 졸업하고 동대학원 기술경영학협동과정에서 경영학 석사 취득 및 박사를 수료했다. 넥슨, KT, 네이버에서 ICT 비즈니스 혁신 업무를 수행했고, 현재 SKT에서 빅데이터와 AI 기술을 기반으로 교통·광고·금융 분야의 신사업을 개발하고 있다.

변형균_ KT AI/DX융합사업부문에서 AI/BigData서비스담당 조직을 총괄하고 있다. 서강대 대학원에서 국제경영 전공으로 석사학위, 노스웨스턴대 켈로그경영대학원에서 MBA를 취득했고, 연세대 대학원 기술경영학협동과정에서 공학 박사를 수료했다.

안소희_ 영국 맨체스터대에서 경영 및 마케팅 학사·석사학위를 취득했으며, 연세대 대학원 기술경영학협동과정에서 경영학 박사를 수료했다. 현재는 정부 출연 연구기관인 한국과학기술기획평가원(KISTEP) 부연구위원으로 국가 과학기술정책 관련 연구를 수행하고 있다.

윤대명_ 연세대 대학원 기술경영학협동과정에서 석사를 수료했다. 삼성그룹 계열사 인사팀을 거쳐 경기대 공과대학 교직원으로 일했으며, 현재 연세대 정보대학원 ITR&D 연구실에서 연구 활동 중이다.

윤준희_ 연세대에서 문헌정보학·노어노문학 학사학위를 취득했으며, 연세대 대학원 기술경영학협동과정에서 경영학 석사를 수료했다. 한화테크윈 글로벌마케팅팀에서 디지털마케팅 분야 업무 등을 담당했으며, 현재 한국생산성본부에서 디지털컨설팅 업무를 수행하고 있다.

이교혁_ 연세대 대학원 기술경영학협동과정에서 공학 박사를 수료했다. SK하이닉스 멀티미디어 연구소, 국내 벤처기업(구 보이스웨어, 현 리드스피커코리아) 기술연구소, 삼성전자 DMC 연구소를 거쳐 현재 인공지능 스타트업 카이어 대표로 재직 중이다.

이정찬_ 동국대에서 정보통신공학 학사학위, 연세대 정보대학원에서 정보시스템학 석사학위를 취득했으며, 연세대 대학원 기술경영학협동과정 박사과정에 재학 중이다. 한국정보화진흥원(NIA) 책임연구원으로 공공기관에서 보유 중인 공공데이터 관련 정책을 수행하고 있다.

이종화_ 산업통산자원부의 빅데이터 및 AI 기반 투자 및 자산관리 서비스 시스템 개발 과제에 참여해 사회 초년생을 위한 투자 서비스를 개발·기획하고 있다. 연세대 대학원 기술경영학협동과정 석사과정에 재학 중이다.

이휘재_ 연세대 대학원 기술경영학협동과정에서 경영학 박사를 수료했다. 현재 삼성전자 반도체 사업부 소속 엔지니어로 디지털TV, 무선 커넥티비티, 모바일 CPU 등을 개발했다. 국제경영컨설팅협의회(ICMCI) 회원으로 컨설팅을 진행하기도 한다.

최성민_ 서울대 산업공학과에서 학사학위, KAIST 경영대학원에서 MBA를 취득했다. 연세대 대학원 기술경영학협동과정에서 경영학 박사를 수료했으며, LG CNS 정보기술연구소, 하나금융경영연구소, 은행연합회 등을 거쳐 현재 한국신용정보원에서 선임조사역으로 재직 중이다.

허주연_ 연세대 대학원 기술경영학협동과정에서 경영학 박사를 수료했다. 정부 출연 연구기관의 정책자문가이자 국가공인 스타트업 인스트럭터로 활동하고 있으며, 현재 경영컨설팅사 대표로서 기업 및 공공기관의 전략, 사업방향 수립 등 여러 분야의 컨설팅을 하고 있다.

홍서의_ 연세대 대학원 기술경영학협동과정 박사과정에 재학 중이다. 숙명여대에서 앙트러프러너십을 전공했으며, 한국생명과학연구소와 함께 화장품 개발 및 사업화를 연구했다.

테크노 사피엔스

초판 1쇄 2020년 3월 30일
4쇄 2022년 7월 10일

지은이 | 이재형, 최화준, 김선무, 류성일, 변형균, 윤대명, 윤준희, 이정찬, 이휘재, 최성민, 허주연 외
감수 | 김진우

대표이사 겸 발행인 | 박장희
제작 총괄 | 이정아
편집장 | 조한별
마케팅 | 김주희 김다은 심하연

디자인 | 김윤남

발행처 | 중앙일보에스(주)
주소 | (04513) 서울시 중구 서소문로 100(서소문동)
등록 | 2008년 1월 25일 제2014-000178호
문의 | jbooks@joongang.co.kr
홈페이지 | jbooks.joins.com
네이버 포스트 | post.naver.com/joongangbooks
인스타그램 | @j__books

ISBN 978-89-278-1098-8 03320

· 이 도서의 국립중앙도서관 출판예정도서목록(CIP)은 서지정보유통지원시스템 홈페이지(http://seoji.nl.go.kr)와 국가자료종합목록 구축시스템(http://kolis-net.nl.go.kr)에서 이용하실 수 있습니다. (CIP제어번호 : CIP2020010606)

중앙북스는 중앙일보에스(주)의 단행본 출판 브랜드입니다.